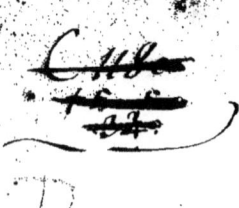

ŒUVRES

DE MESSIRE

ANTOINE ARNAULD,

DOCTEUR DE LA MAISON ET SOCIÉTÉ

DE SORBONNE.

D

4877

ŒUVRES
DE MESSIRE
ANTOINE ARNAULD,
DOCTEUR DE LA MAISON ET SOCIÉTÉ
DE SORBONNE.

TOME QUARANTIEME,
Contenant les cinq derniers Nombres de la septieme Classe.

A PARIS, & se vend à *LAUSANNE*,
Chez SIGISMOND D'ARNAY & COMPAGNIE.

M. DCC. LXXX.

Les Ouvrages contenus dans ce Tome font :

SEPTIEME CLASSE.

N°. X. Avis à l'Auteur des Nouvelles de la République des Lettres, fur ce qu'il avoit dit en faveur du P. Malebranche, touchant les plaifirs des Sens. . . . . page 1

N°. XI. Differtation fur le prétendu bonheur des plaifirs des Sens; pour fervir de replique à la Réponfe qu'a faite M. Bayle, pour juftifier ce qu'il a dit fur ce fujet dans fes Nouvelles de la République des Lettres du mois d'Août 1685, en faveur du P. Malebranche, contre M. Arnauld. 10

N°. XII. Quatre Lettres de M. Arnauld au P. Malebranche, de l'an 1694, fur deux de fes plus infoutenables opinions. 69

N°. XIII. Differtation latine de M. Arnauld fur la vue des Vérités en Dieu. 111

N°. XIV. Regles du bon fens, pour juger des Ecrits polémiques dans des matieres de Science, appliquées à une difpute entre deux Théologiens touchant cette queftion métaphyfique : *Si nous ne pouvons voir les vérités néceffaires & immuables que dans la Vérité fouveraine & incréée.* 153

AVIS
A L'AUTEUR DES NOUVELLES
DE
LA RÉPUBLIQUE DES LETTRES (a)

[*Sur ce qu'il avoit dit en faveur du P. Malebranche, touchant le Plaisir des Sens, &c.*]

Voilà, Monsieur, les Avis que je vous ai adressés dès le mois passé. Vous y avez répondu d'une maniere fort honnête & fort civile, & en témoignant beaucoup d'estime pour la personne de M. Arnauld. Mais en même temps que vous déclarez que les difficultés que je vous y avois proposées, ne vous avoient pas fait changer de sentiment, vous vous excusez d'y répondre, pour n'en avoir pas le loisir. Puis donc que notre différent n'a pu être terminé par cette voie, je me suis trouvé engagé de chercher quelqu'autre moyen, de satisfaire à ce que j'ai cru devoir à la vérité & à la justice. Je n'en ai point trouvé d'autre que de m'adresser à un Juge que vous ne pouvez pas récuser, puisque vous l'avez choisi vous-même. C'est-

VII. Cl. N°. X.

(a) [Sur l'édition faite à Delf, chez la Veuve de Jager, en 1685.]

Philosophie. Tome XL.   A

à-dire, Monsieur, que je me suis senti obligé de défendre M. Arnauld devant le public, comme c'est devant le public que vous avez pris le parti de son adversaire en faveur des Plaisirs des Sens, & que, touchant la Liberté, vous lui avez attribué une opinion condamnée par tout ce qu'il y a dans l'Eglise de Théologiens Catholiques. C'est, Monsieur, ce qui m'a porté à faire imprimer ces Avis, ayant perdu l'espérance que j'avois eue, que vous les pourriez vous-même donner au public, en lui en laissant le jugement. Je n'ai pas osé en faire autant de votre Réponse, parce que j'ai cru que cela ne m'étoit pas permis, mais que je devois vous laisser la liberté de la publier si vous le jugiez à propos. Ce 10 Octobre 1685.

Comme il paroît, Monsieur, que vous ne trouvez pas mauvais que l'on vous avertisse des choses contraires à la vérité ou à l'équité, qui vous pourroient être échappées en écrivant vos Nouvelles, & qu'en diverses occasions vous avez reconnu que vous vous étiez trompé, j'ai cru que vous ne prendriez pas en mauvaise part, que je vous parlasse de deux choses, qui ne me paroissent pas justes dans le jugement que vous avez fait du premier Livre de M. Arnauld, contre le Système du P. Malebranche, dans vos Nouvelles du mois d'Août dernier.

La premiere est, ce que vous dites en la page 860.

L'Auteur montre, que le nouveau Système est sujet aux mêmes inconvénients & à de plus grands, & par occasion, il explique de quelle façon on peut aimer & craindre les créatures. Il y a beaucoup d'apparence que la plupart des Lecteurs trouveront fort évident ce qu'on dit ici, & bien plus raisonnable que la longue dispute où M. Arnauld est entré, touchant ce que le P. Malebranche avoit dit du Plaisir des Sens.

Vous louez un endroit de ce Livre, pour en blâmer un autre comme peu raisonnable. Mais ce que vous ajoutez est beaucoup plus désobligeant; puisque vous y faites entendre, que ce Docteur peut être soupçonné d'avoir voulu chicaner son adversaire, afin de le rendre suspect du côté de la morale, & qu'il n'y a que le serment de bonne foi qu'il a fait dans la Préface de son Livre, qui puisse empêcher qu'on n'ait de lui cette pensée.

Mais ceux, dites-vous, *qui auront tant soit peu compris la doctrine du P. Malebranche s'étonneront sans doute, qu'on lui en fasse des affaires. S'ils ne se souviennent pas du serment de bonne foi, que M. Arnauld vient de prêter dans la Préface de ce dernier Livre, ils croiront qu'il a fait des chicanes à son adversaire, afin de le rendre suspect du côté de la morale.*

Supposons donc que ce serment ne fût point dans la Préface, & voyons si ce qui est dans le Livre, est de soi-même capable de donner cette méchante idée de M. Arnauld : *qu'il fait des chicanes à son adver-*

faire pour le rendre suspect du côté de la morale. Il est aisé, Monsieur, de vous faire voir, qu'il n'y a rien de plus mal fondé.

1°. Ce n'est pas chicaner son adversaire que de rapporter très-fidellement un point de sa doctrine, qui regarde la matiere la plus importante de toute la morale, & de prendre un soin tout particulier d'y joindre toutes les explications & les limitations qu'il y met en divers endroits, & principalement celles qui pourroient rendre sa doctrine plus plausible. Or c'est ce qu'a fait M. Arnauld, en réduisant à cinq Propositions tout ce qu'a dit le P. Malebranche sur les Plaisirs des Sens ; dont *la quatrieme est ; qu'il faut fuir ces plaisirs, quoiqu'ils nous rendent heureux.*

2°. Ce n'est point l'avoir voulu chicaner, & lui faire un méchant procès, que d'avoir remarqué, comme fait M. Arnauld, que cette Proposition, *les Plaisirs des Sens rendent heureux ceux qui en jouissent*, peut être prise en deux manières : ou selon les idées populaires, selon lesquelles on tient pour heureux tous ceux qui sont contents, parce qu'eux-mêmes se croient heureux : ou selon la vérité, reconnue par tous les Philosophes, mêmes Payens, selon laquelle on n'appelle *bonheur*, que la jouissance du souverain bien, dont la principale propriété est, d'être desiré pour lui-même, *quod est propter se expetendum.* Et d'avoir déclaré, que ce n'est point dans le premier sens qu'il combattoit cette Proposition, mais seulement dans le second, l'Auteur qu'il réfutoit faisant profession de parler exactement, sans s'arrêter aux preuves vulgaires. Outre que ce seroit une étrange confusion dans la Morale, lorsqu'on la traite en Philosophe dans des livres dogmatiques, & non pas en Orateur dans des discours populaires, que de changer les notions des principales choses qui s'y traitent, en prenant les termes les plus communs, tel qu'est celui de *bonheur* ou *de ce qui rend heureux*, en des sens éloignés, dans lesquels aucun Philosophe ne les auroit jamais pris.

3°. Ce n'est pas avoir eu dessein de lui faire des affaires mal-à-propos, que de faire un Chapitre exprès, " *où on rapporte diverses raisons, qui ont empêché qu'on n'ait expliqué cette Proposition, les Plaisirs des Sens rendent heureux ceux qui en jouissent, d'une maniere plus favorable & moins choquante, comme on l'auroit bien voulu* ". Je veux croire que vous ne vous êtes pas souvenu de ce Chapitre, lorsque vous avez porté un jugement si défavantageux de cet endroit du Livre de M. Arnauld ; parce que si vous vous en étiez souvenu, il n'y auroit pas eu de bonne foi de le dissimuler. Car si ces raisons sont bonnes, il falloit s'y rendre ; & si elles ne vous paroissoient pas bonnes, vous deviez montrer en quoi elles ne valoient rien : ce qu'on ne croit pas qui vous fût facile, n'y ayant rien, ce semble, de plus clair & de plus convaincant, & sur-tout la derniere.

4°. Ce n'est pas vouloir rendre un Auteur suspect d'avoir une méchante morale, que de reconnoître, qu'il recommande fort *de fuir les Plaisirs des Sens*, quoiqu'on lui représente en même temps, que ce n'est pas un bon moyen de porter à les fuir, que de dire tant de fois, qu'ils rendent heureux ceux qui en jouissent. Souvenez-vous que dans vos Nouvelles du mois de Septembre de l'année derniere, en parlant de la *Défense* de M. Arnauld, vous avez reconnu, *comme une doctrine fort sensée*, " que ce n'est point blesser l'amitié, que de se servir, pour combattre les sen-timents d'un ami, que l'on croit faux, de cette sorte de preuve, qu'on appelle dans l'Ecole *per reductionem ad absurdum* ; parce que ces ar-guments ne consistent pas à tirer une absurdité de la doctrine que l'on combat, en attribuant cette absurdité à celui contre qui l'on dispute, mais en espérant, au contraire, que la vue de cette absurdité, que l'on fait voir être une suite de son opinion, l'obligera de demeurer d'ac-cord, que son opinion est insoutenable ". Or c'est tout ce que fait M. Arnauld sur cette Proposition du P. Malebranche : *Que les Plaisirs des Sens rendent heureux ceux qui en jouissent*. Il l'a combattue par les mauvaises suites qu'elle peut avoir ; mais il ne lui attribue pas ces mauvaises suites. Il suppose, au contraire, qu'il est fort éloigné de les approuver, & c'est pour cela qu'il les lui fait envisager, afin que l'éloignement qu'il en a lui fasse abandonner un sentiment qui pourroit naturellement causer de fort mauvais effets. On peut voir que c'est ainsi qu'il en parle dans l'examen *de la troisieme Proposition touchant les Plaisirs des Sens*. Il n'y a donc pas la moindre ombre d'équité, d'insinuer au monde, que si ce n'étoit le *ferment de bonne foi* qu'il a fait dans sa Préface, on auroit lieu de croire qu'il a *fait des chicanes au P. Malebranche, afin de le rendre suspect du côté de la morale*.

En voilà assez, Monsieur, pour ce qui regarde la bonne foi & la sin-cérité de M. Arnauld. Mais pour ce que vous dites d'abord, que cet endroit de son Livre ne paroît pas au Lecteur *si raisonnable* que les au-tres, je doute que le public soit de votre avis, & si on ne jugera pas, au contraire, qu'il n'y en a guere où ce Docteur raisonne plus solidement & plus juste.

Pour en convenir, il y a ici deux questions, qu'il ne faut pas confon-dre. L'une, s'il a bien pris le sens de son adversaire. L'autre, si dans le sens qu'il a pris, il l'a bien réfuté. Il a représenté dans le Chapitre XXII, les raisons qui l'ont empêché de le prendre dans un sens plus favorable. Il faut avoir réfuté ce Chapitre pour le condamner sur ce point

DE LA RÉPUBLIQUE DES LETTRES.

de fait. Mais quand on voudroit douter du fait, on ne peut douter, qu'il n'ait prouvé, d'une maniere très-convaincante, que, prenant le mot de *bonheur*, comme on le doit prendre dans la Morale, selon tous les Philosophes, ce soit un paradoxe insoutenable, de vouloir qu'on soit heureux en jouissant des Plaisirs des Sens.

Je vous prie aussi, Monsieur, de remarquer, que des cinq Propositions auxquelles M. Arnauld a réduit toute la doctrine du P. Malebranche touchant les Plaisirs des Sens, il y en a trois, la deuxieme, la quatrieme & la cinquieme, qui sont indépendantes de la question de fait; c'est-à-dire, à l'égard desquelles on ne peut pas feindre, qu'il n'ait pas combattu le vrai sentiment du P. Malebranche. Afin donc que ce que vous dites généralement soit vrai, que ce qu'a dit M. Arnauld, pour réfuter la doctrine de cet Auteur, touchant les Plaisirs des Sens, n'est ni évident ni raisonnable, il faudroit que votre censure s'étendît aussi à ce qu'il a dit sur ces trois Propositions. Or on vous croit trop équitable pour ne pas changer de sentiment, quand vous l'aurez examiné de nouveau : car on est persuadé que tous les habiles gens jugeront, qu'il n'y a rien dans tout le livre de plus raisonnable & de plus évident, que la réfutation de ces trois points.

On espere aussi que vous reconnoîtrez, après y avoir pensé davantage, que ce que vous avez trouvé de plus plausible, pour défendre la doctrine du P. Malebranche sur cette matiere, n'est point solide.

Ce n'est point une preuve, ce que vous dites d'abord, " *car enfin, il* „ *est aisé de connoitre, qu'il n'y a rien de plus innocent & de plus certain* „ *que de dire, que tout plaisir rend heureux celui qui en jouit, pour le temps* „ *qu'il en jouit, & que néanmoins il faut fuir les plaisirs qui nous attachent* „ *au corps* ". Ce n'est que la Proposition que vous avez à prouver : la preuve ne peut donc commencer qu'à ce que vous dites ensuite.

" *S'imagine-t-on*, dites-vous, *qu'en disant aux voluptueux, que les plai-* „ *sirs où ils se plongent sont un mal, un supplice, un malheur insupporta-* „ *ble, non seulement à cause des suites, mais aussi pour le temps où ils les* „ *goûtent, on les obligera à les détester ? Bagatelles. Ils prendront un tel* „ *discours pour un paradoxe ridicule, & pour une pensée outrée d'un homme* „ *entêté, qui s'imagine fiérement, qu'on déférera plus à ses paroles qu'à l'ex-* „ *périence. Le plus sûr est, d'avouer aux gens qu'ils sont heureux pendant* „ *qu'ils ont du plaisir* ".

Je suis surpris, Monsieur, qu'ayant la réputation d'être bon Philosophe, vous ayiez cru pouvoir rien prouver par une si fausse alternative. Car, croyez-vous qu'il n'y ait point de milieu, entre *ce qui nous rend heureux*, & ce qui est *un mal, un supplice, un malheur épouvantable* ? Si

VII. Cl. N°. X.

cela étoit, on pourroit prouver par-là, que le sommeil rend heureux celui qui dort, & d'autant plus heureux qu'il dort plus profondément. Car on pourra réfuter celui qui n'en voudroit pas demeurer d'accord par un discours semblable au vôtre". *S'imagine-t-on, qu'en disant à ceux qui* „ *aiment à dormir, que le sommeil est un mal, un supplice, un malheur* „ *épouvantable, on les portera à ne plus vouloir tant dormir? Bagatelles.* „ *Ils prendront un tel discours pour une pensée outrée d'un homme entêté,* „ *qui s'imagine fiérement, qu'on déférera plus à ses paroles qu'à l'expérience*". Que diriez-vous, Monsieur, à un homme qui vous parleroit de la sorte, pour vous persuader que le sommeil est le souverain bien de l'homme, & qu'un homme est heureux tant qu'il dort? Ne seriez-vous pas obligé de lui représenter, que c'est abuser du mot de *bonheur*, que de vouloir que le sommeil nous rende heureux; mais qu'il ne s'ensuit pas, que, s'il ne nous rend pas heureux, ce doit être *un mal, un supplice, un malheur épouvantable?* Qu'au contraire, quand il n'est pas excessif, c'est un moyen innocent de conserver notre corps: d'où il s'ensuit seulement, & que ce n'est pas un mal, ni un supplice, & que ce n'est point aussi ce qui nous rend heureux; puisque c'est renverser les premiers principes de la Morale, que de mettre notre bonheur dans ce qui n'est qu'un moyen que nous ne devons point desirer pour soi-même, comme M. Arnauld l'a montré dans le vingt-unieme Chapitre, par le consentement de tous les Philosophes & Payens & Chrétiens. Or il en est de même des Plaisirs des Sens. Ce ne sont que des moyens, dont il nous est permis d'user pour la conservation de notre corps, *utentis modestiâ, non amantis affectu*, comme dit S. Augustin. Et par conséquent, ce seroit en effet une extravagance, de dire à un voluptueux, que ces plaisirs sont *un mal, un supplice, un malheur épouvantable*. Mais ce n'en seroit pas une moindre, de s'imaginer, qu'il n'y a point de milieu entre leur dire, que c'est un mal & un supplice, & leur avouer, que c'est leur vrai bien, qui les rend heureux tant qu'ils en jouissent.

" *Mais après cet aveu*, dites-vous, *on lui représentera, que s'il n'y re-* „ *nonce, ce bonheur présent le damnera*". Vous croira-t-il, après que vous lui aurez avoué, que le bonheur qu'il ressent, en jouissant des Plaisirs des Sens, est un véritable bonheur? Ne vous pourra-t-il pas dire? L'Auteur que vous défendez, ne demeure-t-il pas d'accord, que nous tenons de Dieu l'inclination que nous avons de vouloir être heureux, & que nous le voulons être invinciblement? Pourquoi donc Dieu me damneroit-il pour avoir suivi cette inclination, qu'il m'a lui-même donnée? Car vous ne pouvez plus lui dire, que l'inclination que nous avons vient de Dieu: mais que nous en abusons, lorsque nous mettons le bonheur où il n'est pas. Vous vous êtes ôté cette réponse, en lui avouant que ce n'est point seulement un bonheur imaginaire, mais un vrai bonheur, que celui que l'on ressent en jouissant des Plaisirs des Sens.

Mais que ferez-vous de plus, si vous avez à faire à un jeune débauché, qui soit assez malheureux pour ne point croire d'autre vie que celle-ci ? Il prendra, pour se confirmer dans la vie qu'il mene, l'aveu que vous lui aurez fait de son bonheur présent, & il ne sera point touché de ce que vous lui pourrez dire, que ce bonheur présent le damnera, s'il ne renonce à ses plaisirs. N'est-il pas certain, que, pour retirer ces gens-là du libertinage, la premiere chose ordinairement que l'on peut faire, est, de leur faire perdre, autant que l'on peut, l'amour des plaisirs. Or les raisons de la foi n'ayant point encore d'entrée dans leur esprit, y aura-t-il rien de plus foible, que tout ce qu'on leur pourra dire, pour les détourner de ces plaisirs, lorsqu'on les aura confirmés dans cette fausse opinion : " *Qu'on est heureux quand on en jouit, & d'autant plus heureux qu'ils sont plus grands* " ? Leur persuadera-t-on qu'ils ne doivent pas rechercher ce qui les rend véritablement heureux ? *Bagatelles*. Comme nous voulons invinciblement être heureux, on peut se tromper en mettant le bonheur où il n'est pas ; mais quiconque m'a persuadé qu'une telle chose me rendra vraiment heureux, n'est plus propre à corriger mon cœur, tant qu'il laissera mon esprit dans cette fausse persuasion.

Ce que vous dites ensuite ne paroît pas mieux fondé. C'est une objection que vous vous proposez en ces termes. " *Mais*, dit-on, *c'est la vertu, c'est la grace, c'est l'amour de Dieu, ou plûtôt c'est Dieu seul qui est notre béatitude*". Et voici la réponse que vous y faites. " *D'accord, en qualité d'instrument ou de cause efficiente, comme parlent les Philosophes ; mais en qualité de cause formelle, c'est le plaisir, c'est le contentement qui est notre félicité* ".

Vous demeurez donc d'accord, que Dieu seul est notre béatitude, & on vous accorde aussi, que pour être actuellement heureux, il faut qu'il y ait en nous une béatitude formelle, qui ne peut être que quelque action, par laquelle nous jouissions de notre souverain bien, qui est Dieu selon vous-même. Or les uns mettent cette béatitude formelle dans la claire vision de l'Etre infini ; les autres dans son amour immuable, dont notre cœur sera tout rempli, & quelques autres dans une volupté ineffable, qui sera une suite de l'un & de l'autre. Mais que fait tout cela, je vous prie, pour en conclure, que si notre béatitude formelle peut consister dans le plaisir spirituel & tout divin, que nous ressentirons en possédant Dieu, on ne doit donc pas trouver étrange, qu'on la mette, comme faisoient les Epicuriens, dans le sentiment du Plaisir des Sens, en ajoutant, comme

VII. Cl N°. X.
ils faisoient aussi-bien que vous, " soit que ce soit un sentiment vif, soit qu'il ne consiste que dans l'exemption de chagrin & de douleur ". N'est-ce pas argumenter de l'espece au genre; comme qui diroit : quelqu'animal raisonne : donc tout animal raisonne. Quelque plaisir rend heureux, savoir celui qu'on ressent en jouissant pleinement de Dieu : donc tout plaisir rend heureux tandis qu'on en jouit : donc on est heureux par le plaisir qu'on a à boire du vin d'Espagne, & à *manger des perdrix* ou *des confitures*.

La seconde chose, dont j'ai à vous donner avis, est, ce que vous dites à la fin de ce troisieme article de vos Nouvelles. Je ne dis rien ni de la supposition *du monde créé selon les desirs d'un Ange :* c'est au P. Malebranche à voir s'il veut bien qu'on la lui attribue, ni de la conséquence que vous en tirez. Il faudroit trop de temps pour l'examiner. Je m'arrête uniquement à ce que vous dites, que M. Arnauld *ne croit ni science moyenne, ni liberté d'indifférence*. Vous n'avez nulle raison de lui attribuer le premier : car je ne sache point qu'il se soit jamais expliqué sur ce qu'il croit de la science moyenne, s'étant toujours contenté de montrer, que l'efficace de la grace ne dépend point de cette science, mais du souverain empire que Dieu a sur les volontés des hommes ; leur faisant vouloir tout ce qu'il veut, pour les porter à lui, sans blesser leur liberté. Mais pour ce qui est *de la liberté d'indifférence*, il est bien étrange que vous supposiez comme une chose certaine, qu'il ne la croit pas, le livre même dont vous parlez dans ces *Nouvelles*, vous ayant pu assurer du contraire.

Vous n'avez qu'à lire ce que dit M. Arnauld en ces termes : " Ce
" Rabbin ne réfute la (*b*) troisieme opinion touchant la Providence qu'il
" attribue à une secte des Ismaélites, que par des inconvéniens qu'il pré-
" tend en être des suites, & qu'il dit être reconnus pour vrais par ceux
" qui sont de ce sentiment. Le principal est, qu'il n'y auroit point de liberté
" parmi les hommes, & qu'il auroit été inutile de leur donner des loix,
" puisqu'ils n'auroient aucune puissance, ni de faire ce qui leur est com-
" mandé, ni de ne pas faire ce qui leur est défendu. Il dit que ces Ismaé-
" lites avouoient tout cela, & nioient que cela fût absurde. Ainsi ce qui
" leur seroit arrivé, si ce que ce Rabbin leur attribue est vrai, & ce que
" l'Auteur du systême dit arriver à des personnes, *qui, ne pouvant conce-*
" *voir que la Providence de Dieu puisse subsister avec la liberté de l'homme,*
" *& le respect qu'ils ont pour la Religion les empêchant de nier la Providence,*
" *ils aiment mieux ôter la liberté aux hommes, parce que, ne faisant pas*
assez

_____

(*b*) Il faut remarquer que c'est une faute d'impression, de ce qu'en citant ce Rabbin, on a mis seconde Partie pour troisieme Partie.

DE LA RÉPUBLIQUE DES LETTRES.

„ *assez de réflexion sur la foiblesse de leur esprit*, ils s'imaginent pouvoir
„ pénétrer les moyens que Dieu a, pour accorder ses Décrets avec notre
„ liberté. Ces Ismaélites, dont parle ce Rabbin, ressembloient donc à ces
„ personnes ; & par conséquent ILS ERROIENT EN CE QU'ILS NIOIENT LA
„ LIBERTÉ , & non en ce qu'ils disoient de la Providence ".

Il est aisé de voir, que la Liberté, dans ce discours, se doit prendre pour la Liberté d'indifférence ; car il n'y a que celle-là qu'on puisse s'imaginer être contraire à la Providence. Or M. Arnauld dit expressément, qu'on ne peut nier sans erreur, la liberté que nioient ces Ismaélites dont parle Rabbi Maïmonidès, qui ne peut être que la liberté d'indifférence. Comment avez vous donc pu lui attribuer qu'il ne croit point *de Liberté d'indifférence* ?

Philosophie. Tome XL.

DISSERTATION

SUR LE PRÉTENDU BONHEUR

DES PLAISIRS DES SENS,

Pour servir de Replique

A la Réponse qu'a faite M. Bayle (a), pour justifier ce qu'il a dit sur ce sujet dans ses Nouvelles de la République des Lettres, du mois d'Août 1685, en faveur du P. Malebranche contre M. Arnauld.

[Sur l'édition faite à Cologne, chez Nicolas Schouten, en 1687.]

AVIS.

*I*L y a plus d'un an que cette Dissertation est faite, & toute prête à être imprimée. Mais ne l'ayant pas été en ce temps-là, par la raison que fait bien un des amis de M. Bayle, on l'avoit comme oubliée. Une rencontre y a fait penser depuis peu, & c'est ce qui est cause qu'on la donne présentement au public. Ceux qui la liront, trouveront peut-être, que cette fameuse & ancienne question, renouvellée en nos jours, touchant le bonheur des Plaisirs des Sens, y est traitée assez à fond, & d'une maniere qui les pourra satisfaire.

Puisque vous m'apprenez, Monsieur, *que les connoisseurs se préoccupent aisément contre un Ecrivain prolixe*, je tâcherai de les satisfaire, en retranchant tous les discours superflus. Car c'est sans doute ce que ces connoisseurs appellent *prolixité*. Ainsi, sans autre préambule, je dirai en un mot de quoi il s'agit entre vous & moi.

Dans vos Nouvelles du mois de Septembre de l'année derniere, où vous parlez du premier Livre de M. Arnauld contre le Nouveau Systé-

---

(*a*) [La Réponse de M. Bayle étoit datée du 30 Décembre 1685, & fut imprimée l'année suivante à Rotterdam, chez Henri de Gruet, en cent vingt-trois pages, petit in-12. avec un *Avertissement* de quatre pages.]

me, &c. Vous avez témoigné ne pas approuver qu'il y ait combattu la doctrine de M. Malebranche, touchant les Plaisirs des Sens.

Vous en dites deux choses. L'une, qu'il est à craindre qu'on ne le soupçonne d'avoir agi de mauvaise foi, en faisant des chicanes à son adversaire, afin de le rendre suspect du côté de la morale.

L'autre, que dans le fond il a tort, & qu'il n'y a rien que de vrai dans ce que le P. Malebranche soutient par-tout : *Que les plaisirs rendent heureux ceux qui en jouissent, & d'autant plus heureux qu'ils sont plus grands : & qu'il ne faut pas dire aux hommes, que ces plaisirs ne rendent pas plus heureux ceux qui en jouissent, parce que cela n'est pas vrai.*

On a tâché de vous faire voir, dans l'*Avis* qui vous a été adressé le mois d'Octobre dernier 1685, que vous étiez mal fondé dans l'une & dans l'autre. Mais comme il paroît par votre Réponse à l'Avis, que vous n'en êtes pas demeuré tout-à-fait persuadé, j'ai cru devoir traiter encore cette matiere avec vous, & je ne désespere pas que vous ne vous rendiez, quand vous aurez eu le temps d'y faire plus de réflexion.

PREMIER POINT.

Si M. Arnauld donne lieu d'être soupçonné d'avoir combattu de mauvaise foi, la doctrine du P. Malebranche touchant les Plaisirs des Sens.

§. I.

Déclaration de M. BAYLE.

IL paroît, Monsieur, qu'à l'égard de ce premier point, vous vous battez en retraite.

Vous voulez *qu'on prenne garde, que vous n'avez pas dit absolument & universellement, que tous les Lecteurs pourroient croire que M. Arnauld a voulu chicaner celui contre qui il écrivoit.*

Que vous n'avez dit cela que de ceux qui ont compris la doctrine du P. Malebranche.

Que vous ne l'avez pas même entendu de tous ceux qui l'ont comprise, & qu'on sait dans le monde jusqu'où doivent s'étendre ces sortes d'expressions.

Et enfin, *que, quoiqu'il semble que vous ayiez parlé dans vos Nouvelles sans exception, vous vous exceptez vous-même.* Et vous ajoutez ces paroles, qui ont rapport à une premiere Réponse aux Avis, qui n'a point

VII. Cl. *été imprimée. Car je continue, Monsieur, à vous déclarer, qu'encore qu'il*
N°. XI. *me semble, que j'aie compris la doctrine combattue par M. Arnauld, je*
ne pense pourtant pas qu'il ait agi de mauvaise foi, ni par esprit de chi-
cané contre le P. Malebranche. Et vous marquez en un autre endroit, que
page 16. ce qui vous fait avoir cette opinion de M. Arnauld, *est, qu'il fait pro-*
fession d'une morale trop sévère, pour ne pas mieux aimer qu'on l'accusât
de n'avoir pas bien compris un sentiment, que si on disoit qu'il l'auroit
combattu sans bonne foi, avec une finesse d'esprit extraordinaire.

Je n'ai garde, Monsieur, de rien contester de tout cela, & je crois
sans peine que vous n'avez jamais été dans un autre sentiment. Mais
vous m'avouerez, qu'il s'ensuit de-là, qu'on ne doit regarder ce que
vous dites dans votre Réponse, pour donner quelque couleur à ce soupçon de mauvaise foi, que comme dit, non en votre personne, mais en
celle d'autres amis du P. Malebranche, qui ne seroient pas si raisonnables que vous. Vous ne trouverez donc pas mauvais que je vous prie
de m'aider à répondre à des arguments, que vous ne devez point approuver, puisque vous condamnez la conclusion qu'on en tire.

§. II.

Premier Argument des amis de M. Malebranche, qui soupçonneroient M.
Arnauld de mauvaise foi.

Replique,   Cet argument se peut réduire à ces termes.
page 12 &
13.   La doctrine du P. Malebranche touchant les Plaisirs des Sens, *ne peut*
être combattue que par ignorance ou de mauvaise foi. Or M. Arnauld a
trop de pénétration d'esprit pour l'avoir combattue par ignorance. On a
donc raison de le soupçonner de l'avoir combattue de mauvaise foi.

Premiere Réponse. C'est vous-même, Monsieur, qui me fournirez de
quoi faire cette Réponse. Car vous reconnoissez que si M. Arnauld passe
dans le monde pour avoir beaucoup *de pénétration d'esprit*, il y passe
aussi pour faire profession *d'une morale si sévère*, qu'on le peut encore
moins soupçonner de mauvaise foi que d'ignorance. Voici donc ce que
vous-même pourriez opposer à cet Argument.

M. Arnauld a trop de pénétration d'esprit, pour avoir combattu par
ignorance la doctrine du P. Malebranche, touchant les Plaisirs des
Sens. C'est ce que prétendent ces amis du Pere Malebranche, que vous
faites parler.

Il a aussi trop de probité & de conscience, pour l'avoir combattue de
mauvaise foi & par esprit de chicane. C'est ce que vous reconnoissez

quand vous dites, qu'il fait profeffion d'une morale trop févere pour n'aimer pas mieux qu'on le foupçonnât d'avoir mal compris un fentiment, que de donner lieu qu'on le pût accufer de l'avoir combattu de mauvaife foi.

Ce n'eft donc ni de mauvaife foi, ni par ignorance qu'il a combattu la doctrine du P. Malebranche, touchant les Plaifirs des Sens: mais on a fujet de croire qu'il ne l'a combattue, que parce qu'elle méritoit de l'être.

Seconde Réponfe. Si cette Réponfe vous paroît trop forte, en voici une autre qui ne l'eft pas tant; mais qui ne fait pas voir avec moins d'évidence, l'injuftice de cette accufation de mauvaife foi.

Quelque pénétrant que l'on foit, on fe peut tromper quelquefois; mais on ne fauroit être homme de bien, & agir *de mauvaife foi & par efprit de chicane.* C'eft de plus un reproche infiniment plus outrageux, d'imputer à un homme de bien, d'avoir agi de mauvaife foi, que fi l'on prétendoit qu'il a mal compris l'opinion de fon adverfaire. Et enfin, c'eft une regle indubitable, non feulement de la morale chrétienne, mais de l'équité naturelle, que fi on étoit contraint d'attribuer à un homme de bien, l'un ou l'autre de ces deux défauts, on feroit obligé de lui attribuer celui, qui, d'une part, eft le plus croyable, & qui, de l'autre, bleffe moins fon honneur. Cela étant, Monfieur, comme on n'en peut douter, quelques perfuadés que puffent être ces amis du P. Malebranche, qu'il n'y a rien de répréhenfible dans fa doctrine touchant les Plaifirs des Sens, voilà l'ufage qu'ils devroient faire de cette fauffe fuppofition, pour raifonner non feulement en Chrétiens, mais en honnêtes gens.

Nous ne croyons pas que cette doctrine de notre Maître puiffe être combattue que de mauvaife foi, ou par ignorance.

Or, quelque pénétration d'efprit qu'ait M. Arnauld, comme il fait d'ailleurs profeffion d'une morale fort févere, il eft plus croyable qu'il l'a mal comprife, que non pas qu'il l'ait combattue de mauvaife foi. Nous ne pourrions donc, fans injuftice, le foupçonner de ce dernier: & nous fommes obligés de croire que c'eft qu'il l'a mal entendue.

Il paroît, Monfieur, que c'eft comme vous avez raifonné. Avouez donc, qu'on ne pourroit raifonner d'une maniere toute oppofée, qu'en bleffant également les regles du bon fens, & celles de l'honnêteté, fans parler de la piété chrétienne, qui en feroit encore bien plus offenfée.

§. III.

Second Argument, pour justifier ce soupçon de mauvaise foi.

Vous le proposez en ces termes dans la page 15.

Il est quelquefois préjudiciable de passer pour un grand esprit. Car combien de fois cela est-il cause que le monde prend pour artifice ce qui ne l'est pas ? C'étoit le malheur d'Alcibiade, comme nous l'apprend (a) un de ses Historiens. Je suis fort trompé si M. Arnauld n'a eu quelquefois sujet de se plaindre d'une pareille infortune. D'où vous laissez à conclure, qu'il ne doit pas s'étonner, si, en cette occasion, on le soupçonne de mauvaise foi,

Réponse. Ce que je viens de dire sur le premier Argument, fait voir encore la fausseté de celui-ci, outre d'autres défauts qui lui sont particuliers.

Car quand il s'agit d'un artifice blâmable, tel qu'est *la mauvaise foi & la chicane*, la réputation de *grand esprit*, *ne fait prendre pour artifice ce qui ne l'est pas*, que lorsqu'elle n'est pas jointe à la réputation de probité; étant certain que plus un homme a d'esprit, plus il est capable de toutes sortes de méchantes finesses, quand il n'a point de conscience. Mais quand on a la réputation d'avoir de la probité, quoique l'on ait aussi celle d'avoir de l'esprit, jamais cela ne sera cause que des gens raisonnables *prennent pour artifice ce qui ne l'est pas*. On ne peut donc appliquer à M. Arnauld l'exemple d'Alcibiade, qu'en supposant que cet illustre Grec ne passoit pas seulement pour un grand esprit, mais qu'il étoit, de plus, regardé comme *faisant profession d'une morale aussi sévere* que Socrate ou Aristide. Mais si cela eût été, ceux qui jugeoient de lui, comme vous dites, auroient été fort téméraires & fort injustes. Et ainsi ce ne seroit pas une bonne raison, pour excuser ceux qui feroient de semblables jugements de M. Arnauld. Aussi est-il vrai, qu'on ne jugeoit ainsi d'Alcibiade, que parce que, d'un côté, on le jugeoit capable, par la grandeur de son esprit, de réussir dans tout ce qu'il entreprenoit, & que, de l'autre, ayant vécu d'une maniere si libertine, qu'on n'avoit garde de le prendre pour un fort homme de bien, on étoit fort porté à croire, ou que l'attachement à ses plaisirs l'auroit fait agir *négligemment*, ce qui auroit été cause que les affaires auroient mal réussi, ou que des vues d'ambition l'auroient porté, par *malice*, à sacrifier le bien de la République à ses propres intérêts. Je ne vois donc pas, com-

---

(*a*) Ex quo fiebat ut omnia minus prosperè gesta ejus culpæ tribuerentur, cùm cum aut negligenter aut malitiosè fecisse loquerentur. *Cornelius Nepos.*

ment cela peut revenir à M. Arnauld, ni quel sujet on pourroit avoir VII. Cl.
de dire, *qu'on est fort trompé, s'il n'a pas eu quelquefois sujet de se plain-* N°. XI.
dre d'une pareille infortune. Mais c'est ce que nous aurons encore à examiner dans l'Argument suivant.

§. IV.

Troisieme Argument, pour appuyer ce soupçon de mauvaise foi.

Il se trouve dans votre page 13.
Il est d'autant plus facile de donner dans ces soupçons de mauvaise foi & de chicanerie, que, de tout temps, les adversaires de M. Arnauld & le P. Malebranche en dernier lieu, se sont plaints de lui sur ce pied-là, d'une maniere connue de toute l'Europe.

Réponse. Je veux croire, Monsieur, que, de vous même, vous n'auriez jamais fait un semblable raisonnement. Je suppose donc que c'est encore en la personne de quelques autres amis du P. Malebranche, que vous faites cette remarque, quoique je doute qu'il s'en trouve qui s'en voulussent servir. Car le fait n'est pas vrai pour la plus grande partie, & la conséquence en est très-mauvaise.

Il n'est pas vrai *que, de tout temps, les adversaires de M. Arnauld se soient plaints, qu'il les combattoit de mauvaise foi & par un esprit de chicane.* Je ne sache point que M. Habert, Théologal de Paris, & depuis Evêque de Vabres, M. Morel & M. le Moine, Docteurs de Sorbonne, le P. Annat & le P. Ferrier, Jésuites, & tant d'autres, contre qui il a soutenu les vérités de la Prédestination & de la Grace, *se soient plaints de lui sur ce pied-là.* Ils ont combattu comme ils ont pu, la doctrine qu'il soutenoit, & soutenu celle qu'il combattoit, ou ils sont demeurés dans le silence, comme il est arrivé à la plupart, s'étant contentés d'employer contre lui leur crédit & leurs intrigues, parce qu'ils n'avoient rien de bon à lui répondre. Il n'y a donc de considérable, à l'égard de ces accusations de mauvaise foi, faites à M. Arnauld, que les reproches que lui en ont fait depuis peu M. Jurieu, d'une part, & le P. Malebranche, de l'autre.

Mais, pour ce qui est du P. Malebranche, les neuf Lettres que ce Docteur vient de lui écrire, avec tant de sincérité & de modération, peuvent faire juger si ces reproches de ce Pere ont été bien fondés.

Et quant à M. Jurieu, il s'est rendu si fameux dans toute l'Europe, par ses médisances & ses calomnies, qu'il n'est plus capable de faire du mal à ceux qu'il déchire. Je sais que deux diverses personnes, tous deux

Protestants, en ont écrit à M. Arnauld, comme d'un homme décrié parmi les siens, & dont les emportements leur faisoient honte, & qu'ils se sont offerts de lui en envoyer des mémoires, qui le feroient connoître pour tel qu'il est. Mais on ne s'étonne pas que M. Arnauld ne les ait pas pris au mot, & qu'il n'ait pas voulu perdre le temps à écrire contre un homme qui n'est fort qu'en injures & en médisances.

En voici un exemple, afin que vous ne vous imaginiez pas, Monsieur, que je parle en l'air. Il a voulu faire croire qu'on avoit à Port-Royal de l'éloignement du Calvinisme, mais qu'on y avoit un grand penchant pour les héréfies des Sociniens; & voici la preuve qu'il en donne. On instruisoit à Port-Royal dans les Lettres humaines, des jeunes enfants de condition, qu'on travailloit en même temps à élever dans la piété. Ils n'avoient la plupart que dix, douze ou quatorze ans, & le plus âgé en avoit à peine seize. C'est pour eux qu'ont été faites les Méthodes grecques & latines, & les Racines grecques en vers françois. Ecoutons maintenant ce que M. Jurieu nous conte dans son fameux Livre de *l'Esprit de M. Arnauld*. Il dit qu'on leur cachoit avec grand soin les Livres des Calvinistes; mais que pour ceux des Sociniens on les leur laissoit lire tant qu'ils vouloient; & que c'est par la lecture de ces Livres, qu'un de ces enfants, qu'il nomme, & qu'il dit qui étoit d'Orléans, s'étant entêté des erreurs des Sociniens, avoit quitté l'Eglise & s'étoit fait huguenot. Or tout cela est faux de la derniere fausseté. Il n'y a jamais eu d'enfants à Port-Royal du nom & de la famille dont il est dit qu'étoit celui-là, & il n'y en a même jamais eu aucun de la ville d'Orléans. Et le fondement de tout cela, qui est, qu'on laissoit lire à des enfants de cet âge là des Livres des Sociniens, ne montre que trop, qu'il n'y a rien qu'on ne doive attendre d'un homme qui est capable de débiter des mensonges si horribles & si incroyables.

En voici de plus récents, qui ne sont pas une moindre preuve de sa hardiesse à publier des faussetés. C'est ce que M. Brueys rapporte qu'il a dit contre lui, en répondant à son examen par un libelle de soixante-huit pages, dont il en emploie vingt-huit à lui dire des injures, en quoi il a été secondé par un autre de ses associés en l'art de médire. " Je ne
„ saurois, dit M. Brueys, donner d'autre nom que celui de calomnie, à
„ ce que disent ceux qui m'accusent d'avoir consumé par mes débauches
„ le bien que mon pere, qui étoit, disent-ils, d'une fort basse naissance,
„ avoit gagné dans les affaires du Roi, & plus de cent mille livres au-
„ de-là, que j'avois emprunté de mes amis; qui me reprochent d'avoir
„ eu des vues intéressées dans ma conversion, d'avoir trahi ma conscience
„ par une pension de quinze cents livres, & par un Arrêt du Conseil
qui

„ qui me donne fix ans de terme pour le payement de mes dettes. Que VII. Cl.ᵉ
„ dans le temps que je m'éclairciſſois auprès de M. l'Evêque de Meaux, N°. XI.
„ je proteſtois que je n'abandonnerois jamais ma Religion, & que j'allai
„ exprès dans une Aſſemblée célèbre, pour aſſurer tous les membres de
„ l'envie que j'avois de vivre & de mourir dans la Communion où j'é-
„ tois né. Que tout mon emploi a été toute ma vie de jouer, de faire
„ l'amour, de me divertir, & de faire bonne chere avec mes amis : qu'en-
„ fin on a lieu de douter de ma piété, & que je ne fuis pas fort éloi-
„ gné de l'Athéïſme".

M. Brueys fait voir enſuite avec tant d'évidence la fauſſeté de cette diffamation ſcandaleuſe, qu'on eſt bien aſſuré que ceux qui en font les auteurs, ne paſſeront jamais dans le monde que pour des calomniateurs inſignes, qui ne font point de ſcrupule d'employer des menſonges ſi groſſiers pour décrier les converſions qui ſe font en France, en voulant faire croire, qu'il ne s'y convertit guere que de gens ſans conſcience & ſans honneur.

Mais pour revenir à M. Jurieu, on vous prie, Monſieur, de vous ſouvenir de ce que vous avez dit de lui & de M. Arnauld, dans vos Nouvelles du mois de Novembre 1684, pag. 426. " C'eſt une choſe
„ étonnante, dites-vous, que de voir l'aſſurance avec laquelle ces deux
„ antagoniſtes parlent, l'un de ſa bonne foi, l'autre de la mauvaiſe foi
„ de ſon adverſaire. M. Jurieu a ſoutenu mille fois, que M. Arnauld étoit
„ un malin calomniateur : & M. Arnauld, après avoir lu tout ce qu'on
„ avoit écrit contre le *Renverſement de la Morale*, a défié publiquement
„ tous les Miniſtres, *d'y trouver une ſeule page, ſur laquelle ils puiſſent*
„ *fonder*, L'AYANT RAPPORTÉE MOT A MOT, *une accuſation de mauvaiſe*
„ *foi, d'impoſture & de calomnie*. Il faut de néceſſité que l'un ou l'au-
„ tre ſe trompe"? Il paroit que vous avez jugé que ce défi de M. Arnauld étoit quelque choſe de conſidérable. D'où vient donc que M. Jurieu, dans la Réponſe au Livre de M. Arnauld où eſt ce défi, l'ayant rapporté en ces propres termes : *Il défie*, dit-il, *tous les Miniſtres prétendus Réformés, de trouver une ſeule page &c.* Au lieu d'y ſatisfaire, ce qui lui auroit été bien facile, ſi ces accuſations de calomnie étoient bien fondées, il fait ſemblant de n'avoir pas compris, qu'il s'agit *de trouver, dans le Livre du* Renverſement, *une page entiere, rapportée mot à mot, ſur laquelle on puiſſe fonder une accuſation d'impoſture*, & il recommence, à ſon ordinaire, à crier que M. Arnauld eſt un calomniateur quand il dit telle & telle choſe, en n'alléguant toujours que des paſſages tronqués, dont le ſens dépend de ce qui eſt devant & après, & que ſouvent même il ne cite pas; afin de donner la peine à celui qui lui voudroit ré-

pondre, de trouver trois ou quatre lignes détachées, dans un gros Volume de près de douze cents pages, pour vérifier ſi elles ſont fidellement rapportées, & pour montrer quel eſt leur vrai ſens, par ce qui les précede & ce qui les ſuit.

Après cela, Monſieur, ſeroit-ce être ſage que de raiſonner en cette maniere : M. Jurieu, cet homme ſi grave, ſi modéré, ſi ennemi du menſonge, & ſi éloigné de jamais outrager perſonne par de fauſſes accuſations, a donné pour titre à un de ſes Livres contre M. Arnauld : *le Janſéniſte convaincu de vaine ſophiſtiquerie*, & il a dit, dans un autre ; que c'eſt *un Tartuffe*, & que l'on ſait *qu'il n'a fait ſon Appologie pour les Catholiques par aucune vue de Religion, mais pour ne pas perdre ſes Bénéfices* : Donc ce ne ſeroit pas ſans raiſon, que quelques amis du P. Malebranche ſoupçonneroient ce même M. Arnauld, de n'avoir combattu la doctrine de ce Pere, touchant les Plaiſirs des Sens, que par un eſprit de chicane.

Encore donc qu'il fût vrai, ce qui n'eſt pas, que de tout temps on eût fait des reproches à M. Arnauld *ſur ce pied-là*, il ne s'enſuivroit pas qu'on eût droit de lui en faire de ſemblables dans le point dont il s'agit. Mais afin qu'il y eût en cela quelque probabilité, il faudroit que non ſeulement on lui eût fait de tout temps de tels reproches, mais qu'on les eût appuyés de bonnes preuves ; c'eſt-à-dire, qu'on l'eût ſouvent convaincu d'avoir agi de mauvaiſe foi. Car des accuſations ſans preuve contre un homme de bien, en quelque nombre qu'elles puiſſent être, ne furent jamais une préſomption, qu'il eſt capable de faire les choſes dont il auroit été accuſé. Tout ce que cela prouveroit eſt, qu'il auroit eu de tout temps beaucoup d'ennemis, & des ennemis fort injuſtes & fort emportés.

§. V.

Quatrieme Argument, pour juſtifier le ſoupçon qu'on auroit de la mauvaiſe foi de M. Arnauld.

Vous croyez, Monſieur, qu'on le pourroit tirer du peu de liaiſon qu'il y a entre le principal ſujet du Livre de M. Arnauld, & ce qui eſt traité dans ces quatre grands Chapitres des Plaiſirs des Sens.

Réponſe. Je doute, Monſieur, qu'il y eût aucun ami du P. Malebranche qui voulût ſe ſervir de cette raiſon. Elle ne lui a pas réuſſi à lui-même, quand il en a employé une ſemblable, pour faire croire que c'étoit par chagrin que M. Arnauld avoit écrit ſon Livre *des Idées*. Mais

DES PLAISIRS DES SENS. 19

de plus, on ne voit pas qu'on fût bien fondé de prendre pour une épi- VII. Cl.
fode hors de propos, ce que M. Arnauld dit dans fon Livre touchant les N°. XI.
Plaifirs des Sens. Car ayant entrepris de réfuter le *Traité de la Nature*
& de la Grace, & y ayant trouvé cette propofition plufieurs fois répé-
tée, *qu'on eft heureux en jouiffant de ces plaifirs*, pourquoi voudroit-on
qu'il l'eût laiffé paffer fans en rien dire, s'il l'a jugée non feulement
fauffe, mais tout-à-fait contraire aux vrais principes de la Morale.

§. VI.

Cinquieme Argument, pour appuyer ce même foupçon.

Ce que j'appelle un cinquieme Argument n'en eft pas proprement un.
C'eft la maniere dont vous dites, que ceux qui foupçonneroient M. Arnauld de mauvaife foi, pourroient répondre aux quatre preuves que je
vous ai données du contraire dans *l'Avis*.

Vous leur faites dire, *que tout ce qu'on peut conclure en général des pré-* page 18.
cautions que M. Arnauld a obfervées, c'eft qu'étant homme d'efprit, &
aguerri dans les difputes plus que perfonne du monde, IL A BIEN CACHÉ
SON JEU, *& s'eft ménagé des lieux de retraite en cas de befoin, comme*
font les bons guerriers: Qu'on fait affez qu'un Auteur habile ne fait pas
groffiérement une chicane à fon adverfaire, ET SANS SE COUVRIR DES AP-
PARENCES DE LA BONNE FOI: *Et qu'ainfi ceux qui auroient une fois cru*
que M. Arnauld ne pouvoit écrire, qu'avec des vues un peu malicieufes,
contre la doctrine des Plaifirs des Sens, ne changeroient pas d'opinion en
remarquant les quatre chofes que l'on a développées dans l'Avis.

Vous reconnoîtrez, Monfieur, quand vous y aurez bien penfé, que
rien ne feroit plus indigne d'un Chrétien, & même d'un homme d'honneur, que cette forte de réponfe; parce que rien ne feroit plus propre
à juftifier les jugements les plus téméraires & les plus malicieux. Quelque réglée, par exemple, que puiffe être la conduite d'une femme, fi
elle a un peu de beauté, qui puiffe malgré elle faire concevoir de mauvais deffeins contre fon honneur, qui empêchera que la malice de ceux
mêmes qui défefpéreront de pouvoir rien obtenir d'elle, ne la décrie par
des médifances adroites, fans qu'on la puiffe défendre par toutes les précautions qu'elle apporte pour éloigner d'elle ces mauvais foupçons; puifqu'on pourra toujours dire, quoi qu'elle faffe pour ne point donner de
prife fur elle, que tout ce qu'on peut conclure du réglement de fa
conduite, c'eft *qu'elle cache bien fon jeu*, & *qu'on fait affez qu'une fem-*

VII. Cl. *me habile ne fait pas grossièrement une telle faute, sans se couvrir des ap-*
N°. XI. *parences de la vertu.*

    Je n'ai pas besoin de m'arrêter davantage, pour faire voir quelle ouverture cela donneroit, à rendre presque incurables les plaies de la médisance. Vous le sentez bien, Monsieur, & vous jugez assez qu'on n'y peut rien opposer de plus fort, qu'une conduite toute contraire à ce qu'on impute à ceux de qui on médit. Or que gagnera-t-on par-là, puisqu'on pourra toujours dire, que c'est *qu'ils cachent bien leur jeu*, & que *d'habiles gens ne font pas grossièrement une trahison, sans se couvrir des apparences de la bonne foi?* Mais cela peut être, dira-t-on, & il arrive quelquefois, que des personnes, qui paroissoient gens de bien, n'étoient que des hypocrites. Cela est vrai, mais il faut que ce soit autre chose que des imaginations & des soupçons, qui les ait fait reconnoître pour hypocrites. Il est donc très-faux qu'il soit permis, sur ces sortes de *peut-être*, sans des preuves positives & bien fondées, de soupçonner personne de mauvaise foi ou d'hypocrisie: & c'est une des plus damnables propositions de Morale que l'on se pût imaginer, de prétendre que ces soupçons ne soient pas défendus, lorsque l'on peut dire, *que ce qui est cause qu'on ne trouve rien dans ce que font ceux contre qui on les forme, qui puisse donner lieu de les regarder comme des chicaneurs ou des hypocrites, c'est qu'ils savent bien cacher leur jeu.*

    Vous voyez donc, Monsieur, qu'il n'y a rien de solide dans tout ce que vous avez cru qui pourroit venir dans l'esprit de quelque partisans du Pere Malebranche, qui auroient soupçonné M. Arnauld d'avoir combattu de mauvaise foi la doctrine de ce Pere touchant les Plaisirs des Sens.

    Mais cela vous importe peu, puisque vous n'avez pas cette pensée de M. Arnauld, & que vous déclarez positivement, que vous ne croyez point qu'il ait agi de mauvaise foi, ni par un esprit de chicane. Nous voilà donc assez d'accord sur ce premier chef. Voyons si nous pourrons nous accorder de même sur le second, qui est plus important en soi, mais qui l'est moins à l'égard de M. Arnauld. Car vous dites vous même, Monsieur, que vous êtes sûr, qu'il aimeroit mieux que l'on crût qu'il auroit manqué de lumière, en reprenant dans son adversaire ce qui ne seroit pas répréhensible, que non pas qu'on le soupçonnât d'avoir manqué de probité, en le chicanant & le combattant de mauvaise foi, pour le rendre suspect du côté de la morale.

SECOND POINT.

S'il est vrai dans le fond que M. Arnauld a eu tort, de trouver à redire à la doctrine du P. Malebranche, touchant les Plaisirs des Sens.

§. I.

Etat de la dispute.

IL s'agit de savoir si on ne peut raisonnablement douter de la vérité prétendue de cette proposition : *les Plaisirs des Sens rendent heureux ceux qui en jouissent, & d'autant plus heureux qu'ils sont plus grands.*

Si le P. Malebranche n'avoit dit cela qu'en passant, une fois ou deux, & sans y faire de réflexion, apparemment on l'auroit aussi laissé passer sans le contredire. Mais il paroit qu'il est fort attaché à ce sentiment. On le trouve dans tous ses ouvrages. Il le regarde comme un principe dont il ne croit pas que l'on puisse douter. Il distingue avec grand soin les corps d'avec les Plaisirs des Sens : car en même temps qu'il assure par-tout, que ces derniers nous rendent heureux, il nous avertit sérieusement, que c'est une grande erreur de croire que les corps soient notre bien. Il nous donne un avis contraire touchant les Plaisirs des Sens, qui est, qu'il faut bien se donner de garde de dire aux voluptueux, que ce ne nous sont pas des biens, & *qu'ils ne rendent pas heureux ceux qui en jouissent*, PARCE QUE CELA N'EST PAS VRAI.

Il a cherché dans la Métaphysique de quoi appuyer sa pensée. Il y a trouvé que ce ne sont pas les corps qui sont la cause de ces plaisirs, comme on se l'imagine faussement, mais que c'est Dieu qui les forme immédiatement dans notre ame, quoiqu'à l'occasion de quelque changement dans notre corps. Et c'est sur cela qu'il fonde cette nouvelle spiritualité, *que le plaisir est imprimé dans l'ame, afin qu'elle aime la cause qui la rend heureuse* (c'est-à-dire Dieu) *qu'elle se transporte vers elle par le mouvement de son amour, & qu'elle s'y unisse étroitement pour être continuellement heureuse.*

On voit par-là quelle liaison a cette matiere avec celle des causes occasionnelles, qui déterminent l'action de la cause générale, qui est le sujet du premier Livre contre le nouveau Système. Quoi qu'il en soit, & quelque raison qu'ait eue M. Arnauld d'y entrer, il paroit qu'il a combattu de très-bonne foi l'opinion de son adversaire, & qu'il a eu raison de supposer, comme vous l'avouez vous-même, que le P. Malebran-

VII. Cl. che ne vouloit pas dire, qu'on étoit heureux en jouissant des Plaisirs
N°. XI. des Sens, parce que l'on croyoit l'être, mais parce qu'on l'étoit effectivement.

Ayant donc pris en ce sens la pensée de ce Pere, il l'a combattue par diverses preuves. Mais il est important, Monsieur, de remarquer qu'entre ces preuves, il s'est bien gardé d'employer les deux, qu'on auroit lieu de croire, par votre réponse, qui feroient les principales dont il se feroit servi. L'une, que les Plaisirs des Sens ne sauroient être notre bonheur, parce que nous n'en avons point d'autre que celui dont nous jouirons dans le ciel. L'autre, qu'ils ne peuvent aussi être notre bonheur, parce qu'ils devroient plutôt être appellés notre malheur, à cause des peines dont Dieu punira en l'autre vie ceux qui s'y feront abandonnés en celle-ci. Il n'a pas dit un seul mot dans son Livre de l'une ou l'autre de ces deux choses: & cependant, Monsieur, nous verrons dans la suite, que c'est par-là que vous croyez satisfaire à toutes les preuves de M. Arnauld, comme si elles consistoient en cela.

§. II.

Diverses choses dont M. Bayle convient en partie avec M. Arnauld sur cette matiere.

Je ne savois, Monsieur, ce que vous pourriez opposer à diverses choses que dit M. Arnauld pour établir son opinion, tant elles me paroissoient bien fondées. Mais il se trouve aussi que vous ne les avez pas contestées.

Liv. I. Il dit d'abord: *Que ce feroit une étrange confusion dans la Morale,*
Chap. 21. *que de changer les principales notions des choses qui s'y traitent;* & il recherche ensuite *qu'elle est la notion du mot de bonheur, lorsqu'on demande dans la Morale: en quoi consiste le bonheur de l'homme?*

Vous demeurez d'accord, qu'en prenant *le mot de bonheur comme on le prend dans la Morale,* il a raison de nier que les Plaisirs des Sens nous rendent heureux. C'est ce que vous faites entendre lorsque vous dites,
Replique, *que ceux qui jugeront de cette dispute selon le tour de morale que l'on donne*
page 17. *ordinairement à cette doctrine, & non selon la vérité littérale d'un dogme métaphysique, feront favorables à M. Arnauld.*

2°. Il fait voir en quel sens tous les anciens Philosophes & S. Augustin ont pris le mot de bonheur.

Vous ne prétendez pas qu'il se soit trompé dans cette explication : vous vous êtes trouvé obligé d'avouer, que tous les anciens Philosophes

& tous les Peres ont parlé comme M. Arnauld. Vous dites feulement, qu'on le pourra foupçonner de n'avoir dit tout cela que *pour former une oppofition odieufe, entre la doctrine des anciens Philofophes & des Saints Peres, & celle de l'Auteur de la Recherche de la Vérité.* Que cette oppofition foit odieufe ou non, il me fuffit maintenant que vous n'ayiez pas nié qu'elle ne fût véritable.

VII. Cl.
N°. XI.

3°. M. Arnauld a fait remarquer, que la principale propriété de ce qui rend l'homme heureux, eft, d'être defirable par lui-même. Et c'eft ce qu'il montre encore par le confentement unanime des Philofophes, approuvé par S. Auguftin.

Vous n'en avez pu difconvenir: mais vous avez prétendu, que cela ne fait rien contre le P. Malebranche; parce qu'il eft clair, dites-vous, *qu'il n'a pas donné au mot de bonheur, l'appliquant au plaifir, le fens que lui donnent les Philofophes, quand ils traitent du fouverain bien, dont la principale propriété, eft, d'être defiré pour lui-même*: QUOD EST PROPTER SE EXPETENDUM.

4°. Cette propriété du bonheur, d'être defirable pour foi-même, fournit à M. Arnauld une preuve convaincante, que les Plaifirs des Sens ne nous rendent point heureux. *Car ce qui n'eft qu'un moyen n'eft pas defirable pour foi-même.* Or les Plaifirs des Sens ne font qu'un moyen pour nous faire difcerner ce qui eft propre à la confervation de notre corps, comme on le prouve par l'Auteur même du Syftême, dans fa dixieme Méditation N°. XV. Les Plaifirs des Sens ne nous rendent donc pas heureux, parce que, n'étant que des moyens, ils ne font pas defirables par eux-mêmes.

Vous paffez tout cela comme étant inconteftable, & vous n'y répondez encore autre chofe, finon, que *le P. Malebranche n'a pas fuppofé que le bonheur, que le Plaifir des Sens nous apporte, foit defirable pour foi-même*; c'eft-à-dire, qu'il a voulu que ce fût un bonheur qui n'eût point la propriété effentielle du bonheur. C'eft comme fi quelqu'un avoit dit, qu'un finge eft un homme; mais qu'on prétendit, pour l'excufer, qu'il n'auroit pas fuppofé que la nature humaine, qu'il auroit attribuée au finge fût une nature raifonnable.

Replique, page 24.

5°. M. Arnauld a tourné encore cette preuve d'une autre maniere: *Rien ne nous peut rendre heureux que ce qui eft defirable pour lui-même. Donc fi les Plaifirs des Sens nous rendent heureux, il faut qu'ils foient defirables pour eux-mêmes; & que, par conféquent, il foit permis de rechercher la volupté pour la volupté.* Or rechercher la volupté pour la volupté, eft ce qui eft appellé par S. Auguftin, libido fentiendi, & par l'Apôtre S. Jean, concupifcentia carnis.

VII. Cl.   Vous ne sauriez encore rien nier de tout cela ; mais tout ce que
N°. XI. vous pourrez faire, est, de dire seulement, que *le bonheur que le P. Malebranche attribue aux Plaisirs des Sens, est tout différent de celui qui est desirable pour soi-même*: comme si dire cela, n'étoit pas la même chose que de dire, que ce n'est pas un véritable bonheur; comme une figure qu'on appelleroit un cercle, mais dont on avoueroit que tous les diametres ne seroient pas égaux, ne seroit pas un vrai cercle.

Liv. I.   6°. M. Arnauld ajoute encore cette preuve: *Les plaisirs que l'on prétend nous rendre heureux, sont des plaisirs prévenants, tels que sont ceux que nous sentons en mangeant des confitures & des perdrix* (ce sont les exemples du P. Malebranche) *Or nous sentons ces plaisirs en mangeant des confitures & des perdrix, soit que nous le voulions, ou que nous ne le voulions pas. Il n'y a donc rien de moins convenable à la dignité de l'homme, fait à l'image de Dieu, que de mettre son bonheur dans des modifications de son ame, qui ne dépendent ni de sa raison, ni de sa volonté, & qui se forment en elle à l'occasion de quelque changement qui arrive dans son corps, soit qu'elle le veuille, ou qu'elle ne le veuille pas.*

Que pourriez-vous répondre encore, sinon, que cela est vrai du *bonheur moral*; mais non du *bonheur physique ou métaphysique*, tel qu'est, selon vous, celui que le P. Malebranche attribue aux Plaisirs des Sens.

7°. La derniere preuve de M. Arnauld est, *que si les plaisirs nous rendent heureux, c'est une suite, qu'ils nous doivent rendre d'autant plus heureux qu'ils sont plus grands: & c'est aussi ce que prétend le P. Malebranche. Cependant il prétend ailleurs, qu'ils peuvent être si grands, qu'ils nous ôtent l'usage de notre liberté; & il est bien certain, que, pendant que notre ame en est occupée, elle est incapable de ses plus nobles fonctions, qui sont la contemplation de la vérité, & le goût des biens spirituels. N'est-ce donc pas une chose honteuse, que de vouloir que nous soyons d'autant plus heureux, que nous sommes plus déchus de la noblesse de notre nature, & plus approchant de l'état des bêtes, ou au moins de celui des enfants, qui n'ont point encore le libre usage de leur raison? C'est une des preuves dont se sont servis les adversaires d'Epicure, pour combattre son opinion brutale de la volupté. Elle doit être bien plus forte contre des Chrétiens, qui doivent mieux connoître que des Payens quelle est l'excellence de l'homme, & quel est le bien proportionné à cette excellence, dont la jouissance le doit rendre heureux.*

Pouvez-vous faire à cela d'autre réponse que la précédente ; & ainsi, réduisant tout à une question de nom, vous avouez que M. Arnauld a raison, en prenant le mot de *bonheur* comme il le prend ; & que le P. Malebranche l'a aussi de son côté, en le prenant comme il l'a pris. Mais

en même temps vous mettez tout votre fort à montrer, que le P. Ma- VII. Cl.
lebranche parle plus correctement que M. Arnauld, & qu'ainsi on a N°. XI.
eu tort de le critiquer. Il reste donc à faire voir que ce que vous dites sur cela pour justifier le langage du P. Malebranche, n'est fondé que
sur des suppositions arbitraires, que vous jugerez vous-même qui n'ont
aucune vraisemblance, quand vous les aurez considérées avec plus
d'attention.

§. III.

*Suppositions de M. Bayle, pour justifier que le P. Malebranche n'a point
du être repris, pour avoir dit que les Plaisirs des Sens nous rendent
heureux.*

Premiere supposition. *Que le mot de bonheur a deux notions; l'une de
Morale, & l'autre de Physique ou de Métaphysique.*

Il faut bien que vous supposiez cela, puisque vous dites en un endroit, que les uns jugent de cette proposition, *les Plaisirs des Sens nous rendent heureux, selon le tour de morale que l'on donne ordinairement à cette doctrine, & les autres selon la vérité littérale d'un dogme métaphysique.* Et en un autre, *que le peuple, qui en toute autre chose a besoin d'être redressé par ceux qui parlent exactement, est fort littéral & fort* PHYSICIEN, *en disant que les plaisirs font un bonheur.* Par où vous voulez faire entendre, qu'il parle fort bien du *bonheur*, quand il l'attribue aux Plaisirs des Sens, parce qu'il en parle comme on en doit parler, quand on considere le bonheur *en Physicien.*

Replique, p. 17 & 18.

page 28.

Cette supposition est fort nouvelle, & on ne voit pas bien comment vous avez pu croire qu'on vous la passeroit sans contredit. Car il me semble que jusques-ici, tout le monde a cru, que les mots de *bonheur* & de *malheur*, aussi-bien que ceux de *vertu* & de *vice*, de *juste* & d'*injuste*, d'*honnête* & de *déshonnête*, de *louable* & de *blâmable*, de *permis* & de *défendu*, étoient des mots de Morale, & non de Physique ou de Méta-physique: c'est-à-dire, que c'étoit de la Morale & non de la Physique, ou de la Métaphysique, qu'on en devoit apprendre les véritables notions. Je doute, Monsieur, que vous osiez dire le contraire. C'est donc en vain que vous nous renvoyez à la Physique ou à la Métaphysique, pour avoir le sens d'aucun de ces mots, qui ne sont point du ressort de ces sciences, où l'on ne fait pas profession d'enseigner ce qui rend l'homme heureux ou malheureux, ou ce qui est juste ou injuste. Quoique cela

Philosophie. Tome XL. D

VII. Cl. ſoit très-clair : quelques exemples y pourront donner encore plus de
N°. XI. lumiere.

C'eſt à la Phyſique à rechercher ce que c'eſt que le vin, quels en ſont les effets, & quelle eſt la cauſe de ces différents effets : d'où vient qu'étant bu ſobrement, il réveille l'eſprit ; & qu'étant bu avec excès, il l'abrutit & le trouble ? Le Phyſicien en demeure-là, & il ne s'aviſera jamais, à moins qu'il ne voulût joindre à la Phyſique des digreſſions de Morale, de demander, ſi c'eſt un vice ou une vertu de ſe provoquer à le boire ſans bornes & ſans meſure, & de prendre pour un ſujet de louange, d'avoir pu le faire plus que pas un autre ? Il s'aviſera encore moins de mettre en queſtion, ſi un yvrogne eſt heureux, tandis qu'il boit de fort bon vin ? C'eſt ce qu'il laiſſe à diſcuter aux Philoſophes moraux. Liſez toutes les Phyſiques bien faites, & vous trouverez que je dis vrai.

La Métaphyſique a été plus avant, depuis quelques années, ſur la nature des Plaiſirs des Sens. Elle a découvert que ces plaiſirs ne ſont pas des modifications du corps, mais des modifications de l'ame, & elle prétend que c'eſt Dieu qui les forme en elle, à l'occaſion de ce qui ſe paſſe dans le corps auquel elle eſt unie, pour lui être une courte preuve de ce qui eſt propre à le conſerver.

Réflex.
Phil. &c.
Livre I.

Vous avez vu dans le vingt-unieme Chapitre de M. Arnauld, ce que le P. Malebranche dit ſur cela dans ſa dixieme Méditation. *Tu as un corps, ton ame y eſt unie.... Tu veux & tu dois le conſerver. Tu dois donc travailler à la recherche de deux ſortes de biens ... Et tu dois avoir deux marques différentes pour diſcerner ces deux ſortes de bien. L'ordre veut que le bien de l'eſprit ſoit aimé par raiſon, & le bien du corps par l'inſtinct du plaiſir : Que le bien de l'eſprit ſoit recherché avec application, & le bien du corps diſcerné ſans peine.... L'ordre veut donc que tu ſois averti, par la preuve courte & inconteſtable du ſentiment, de ce que tu dois faire pour conſerver ta vie.*

Voilà tout ce que la Métaphyſique peut enſeigner. Elle en demeure-là ; & elle laiſſe à la Morale à rechercher, s'il s'enſuit de-là, *que les Plaiſirs des Sens rendent heureux ceux qui en jouiſſent*. Et ainſi je ne ſais comment vous vous êtes pu imaginer, que cette propoſition, *les Plaiſirs des Sens nous rendent heureux*, étoit *la vérité littérale d'un dogme métaphyſique*. Aſſurément, vous vous êtes trompé faute d'application, & vous avez pris pour *la vérité littérale d'un dogme métaphyſique*, la concluſion morale, que vous avez cru que l'on pouvoit & que l'on devoit tirer de ce dogme métaphyſique. Et ce qui eſt de plus fâcheux, eſt, que vous ne vous êtes pas apperçu, que pour bien raiſonner, vous en deviez tirer une toute contraire.

Car ce dogme métaphysique, comme je l'ai déja remarqué, ne dit point du tout, si ces Plaisirs des Sens, sont ou ne sont pas le bonheur de l'homme : mais il en dit trois choses, dont le Philosophe moral, à qui il appartient de déterminer ce qui peut être notre bonheur, doit conclure nécessairement que ces plaisirs ne le sauroient être. Ces trois choses sont. La premiere, que ces plaisirs préviennent la raison, & qu'on en est touché, soit qu'on le veuille, ou qu'on ne le veuille pas. Or l'homme étant ce qu'il est par sa raison & sa volonté, ce n'est aussi que par sa raison & par sa volonté qu'il peut être heureux. La seconde est, que ces plaisirs ne sont que des moyens pour conserver les corps. Or les moyens n'étant pas desirables pour eux-mêmes, ne peuvent être ce qui nous rend heureux. La troisieme est, que ces plaisirs ne sont que pour le bien de notre corps. Or le bien de notre corps n'est pas notre bien, comme l'avoue le P. Malebranche ; & par conséquent ce qui n'est qu'un moyen pour nous procurer ce qui n'est pas notre bien, ne peut être notre bonheur.

Souffrez donc, Monsieur, que je vous dise, que c'est avoir abandonné votre client, que d'avouer comme vous faites, que ceux qui prendront le mot de *bonheur*, comme on le prend dans la Morale, seront du sentiment de M. Arnauld ; car c'est à la Morale seule, ou humaine ou chrétienne, à décider ce différent. La Physique & la Métaphysique n'y ont que faire. Elles nous apprennent seulement quelle est la nature de ces plaisirs : mais ce qu'elles nous en apprennent, loin de nous porter à croire qu'ils nous doivent rendre heureux, nous doit, au contraire, persuader qu'ils ne sauroient être notre bonheur.

§. IV.

Seconde supposition. *Que le P. Malebranche a suffisamment déclaré, qu'il prenoit le mot de bonheur, selon les idées populaires.*

Vous supposez que le P. Malebranche a suffisamment déclaré, qu'il prenoit le mot de *bonheur* selon les *idées populaires*, & non selon les idées philosophiques, & que l'on peut prendre pour chicanerie de lui avoir imputé le contraire. Et pour le prouver vous alléguez un endroit de ce Pere, cité par M. Arnauld, que vous prétendez qui le dit formellement. C'est de son Traité, Disc. 3. n. 4.

„ Le mot de bien est équivoque : il peut signifier ou le plaisir qui rend
„ formellement heureux, ou la cause du plaisir vraie ou apparente. Dans
„ ce discours, je prendrai toujours le mot de bien dans le second sens.....
„ Comme il n'y a que Dieu qui fasse sentir du plaisir à l'ame, il n'y a

VII. Cl. „ que Dieu qui lui foit véritablement bien. J'appelle néanmoins du nom
N°. XI. „ de bien, les créatures qui font caufes apparentes des plaifirs que nous
„ fentons à leur occafion : *car je ne veux point m'éloigner de l'ufage or-*
„ *dinaire de parler, qu'autant que cela eft néceffaire pour m'expliquer clai-*
„ *rement* ".

 Vous trouvez, Monfieur, que ce paffage eft convaincant contre M. Arnauld; & moi je trouve que s'il prouve quelque chofe, ce doit être contre vous.

 Il eft bien certain qu'il ne fait rien contre M. Arnauld. Car ces trois dernieres lignes, *car je ne veux pas m'éloigner*, &c. que vous avez mifes en capitales, comme étant décifives, ne regardent point du tout le mot de *bonheur*, qu'il attribue aux Plaifirs des Sens; mais le mot de *bien*, qu'il attribue à la caufe réelle ou apparente de ces plaifirs. Il eft donc clair, que cela ne prouve nullement ce que vous prétendez, que le P. Malebranche a déclaré formellement dans ce paffage ; *que, lorfqu'il dit que les Plaifirs des Sens, nous rendent heureux, il prenoit le mot de bonheur felon les idées populaires.*

 Mais s'il étoit vrai que ce qu'il dit du mot de *bien*, il l'ait voulu dire auffi de celui de *bonheur*, cela feroit encore davantage contre vous. Car ce qu'il dit, *qu'il appellera bien ce qui eft la caufe apparente du plaifir, parce qu'il ne veut point s'éloigner de l'ufage ordinaire de parler, qu'autant que cela lui eft néceffaire pour s'expliquer clairement*, n'empêche pas qu'il ne déclare immédiatement après : *Que les créatures, quoique bonnes en elles-mêmes....... ne font point un bien à notre égard, parce qu'elles ne font point la véritable caufe de notre plaifir ou de notre bonheur ;* & qu'il n'ait dit dans la Recherche de la Vérité, *page* 587, *que les richeffes & les honneurs ne font point des biens à notre égard, quoique l'Ecriture les appelle des biens en parlant felon le langage ordinaire.* Il en feroit de même du bonheur, fi c'étoit tant à l'égard du mot de *bonheur*, qu'à l'égard du mot de *bien*, qu'il eût déclaré *qu'il s'éloigne le moins qu'il peut de l'ufage ordinaire de parler.* Car cela voudroit dire, qu'à l'égard de l'un & de l'autre, il auroit parlé comme le peuple ; & qu'ainfi, comme il avoit appellé *bien*, ce qu'il ne croyoit pas être notre bien, il avoit auffi appellé *bonheur*, ce qu'il ne croyoit pas être notre bonheur.

 J'ai eu donc raifon, Monfieur, de vous dire deux chofes fur ce paffage, que vous avez mis en lettres capitales pour le faire mieux remarquer : l'une, qu'il ne prouve rien du tout contre M. Arnauld. Car il n'eft pas vrai, que le P. Malebranche y ait déclaré, que ç'avoit été pour s'accommoder au langage du peuple, qu'il avoit appellé *bonheur* la jouiffance des Plaifirs des Sens. L'autre, que s'il l'avoit dit, comme il l'a dit du *bien*, cela feroit entiérement contre vous, ainſi que je viens de le faire voir.

§. V.

Troiſieme ſuppoſition. *Qu'on n'a pas eu raiſon de dire, que le P. Malebranche a dû prendre le mot de* bonheur *autrement que le peuple.*

Nous venons de prouver qu'il n'eſt pas vrai, que le P. Malebranche ait déclaré, qu'en diſant que les Plaiſirs des Sens nous rendent heureux, il prenoit le mot de *bonheur* dans le ſens du peuple. Or ne pouvant plus vous prévaloir de cette déclaration, parce qu'elle n'eſt pas véritable, voyons ſi vous avez pu ſuppoſer d'ailleurs que cela étoit ainſi, & que M. Arnauld a mal prouvé le contraire, lorſqu'il a dit : *Que ce ſeroit une étrange confuſion dans la Morale, lorſqu'on la traite en Philoſophe dans des livres dogmatiques, de prendre les termes de* BONHEUR *ou de ce qui rend heureux, dans des ſens éloignés, dans leſquels aucun Philoſophe ne les auroit jamais pris.*

Vous faites trois réponſes à cela; mais la troiſieme ne fait rien du tout à notre ſujet : car elle conſiſte à dire, *que par cela même que l'Auteur faiſoit profeſſion de parler exactement, & en bon Philoſophe dogmatique, il a dû parler du bonheur ſelon les idées populaires, & non pas ſelon le ſens des Philoſophes.* C'eſt ſuppoſer ce qui eſt en queſtion, & ce que nous ferons voir en ſon lieu n'avoir pas la moindre apparence de vérité.

La ſeconde réponſe vient d'être ruinée. *C'eſt qu'encore*, dites-vous, *qu'un livre ſoit fort dogmatique, & compoſé par un Philoſophe, nous n'avons pas droit d'en prendre les termes en un ſens éloigné du populaire, lorſque l'Auteur nous avertit, qu'il ne veut point s'éloigner du commun uſage.* Vous ſuppoſez donc que le P. Malebranche nous a avertis, qu'il prenoit le mot de *bonheur* dans le ſens populaire, ne voulant pas s'éloigner du commun uſage. Et c'eſt ce qui n'eſt pas vrai, comme on l'a montré dans le §. précédent.

Il ne reſte donc plus que la premiere réponſe, à laquelle néanmoins vous nous permettez de ne nous point attacher; mais ne pouvant nous attacher à d'autre, il faut bien que nous examinions celle-là.

Cette réponſe conſiſte à dire : *Qu'il n'y a rien de plus ordinaire que de voir dans les Livres dogmatiques des Philoſophes, pluſieurs façons de parler priſes ſelon l'idée du Peuple. Qu'il n'y a point, par exemple, de Carteſien qui ne diſe mille fois, qu'un corps en pouſſe un autre, que nous remuons nos mains, que les animaux ſont attirés par l'odeur des viandes,*

VII. Cl. *parce qu'il se contente d'établir, dans le Chapitre où il traite de la cause*
N°. XI. *du mouvement, que Dieu est le moteur immédiat de tous les corps, & après cela il parle comme les autres.*

On demeure d'accord de tout cela. Mais cet exemple, loin de vous servir, vous est tout-à-fait contraire.

Car jamais personne n'a trouvé mauvais, que les Philosophes les plus dogmatiques se servent des façons de parler du peuple, quoiqu'ils ne les prennent pas dans le sens du peuple; c'est-à-dire, qu'ils parlent comme le peuple, quoiqu'ils ne pensent pas comme le peuple. Il a bien fallu que cela fût ainsi: car les Philosophes n'ayant pas une langue qui leur soit particuliere, ils ne se peuvent pas dispenser, à l'égard de la plupart des choses dont ils ont à parler, d'employer les mêmes mots que le peuple: mais parce que le peuple n'en a souvent que des idées fort confuses, & quelquefois même très-fausses, ce que font les Philosophes, est, qu'ils joignent aux mêmes mots, dont le peuple se sert aussi-bien qu'eux, d'autres idées que le peuple, ou au moins de plus nettes & de plus distinctes. Et cela étant, Monsieur, comme on n'en peut douter, n'est-il pas clair que c'est une regle du bon sens, qu'en lisant les livres dogmatiques des Philosophes, & surtout de ceux qui font profession de ne se point laisser emporter aux *préjugés populaires*, on doit prendre les mots & les façons de parler qui sont communes au peuple & aux Philosophes, non selon que les prend le peuple, mais selon que les Philosophes ont accoutumé de les prendre, à moins que ceux qui voudroient être entendus autrement n'en avertissent leurs lecteurs? Et c'est d'où M. Arnauld a eu certainement droit de conclure, que le P. Malebranche n'ayant point averti qu'il prenoit le mot de bonheur, qui est un des plus importants termes de la Morale, dans un autre sens que les Philosophes ne le prenoient ordinairement, on ne pouvoit supposer, sans lui faire tort, qu'il l'eût pris dans le sens du peuple, & non dans celui des Philosophes.

Votre exemple des Cartésiens non seulement n'infirme pas cette regle; mais ne peut servir qu'à la confirmer. Car il ne s'agit pas de savoir (& c'est en quoi vous prenez le change) si les Cartésiens se servent des façons de parler populaires, comme de dire, qu'une boule en pousse une autre? Qui en doute? Mais si ces façons de parler ont le même sens dans leurs livres, que dans la bouche du peuple ou des autres Philosophes qui ne sont pas Cartésiens. Or il faut bien que vous avouiez, qu'ils n'ont pas le même sens dans les livres dogmatiques des Cartésiens. A quoi donc vous peut servir cela, pour réfuter ce que vous rapportez de M. Arnauld: *Que ce seroit une étrange confusion dans la Morale, lorsqu'on la traite en Philosophe dans les livres dogmatiques, de prendre les termes de*

DES PLAISIRS DES SENS.

bonheur, & de ce qui rend heureux, dans des sens éloignés, dans lesquels aucun Philosophe ne les auroit jamais pris.

Mais vous avez laissé sans réponse, ce que M. Arnauld ajoute, & qui me paroît convaincant. C'est que le P. Malebranche ayant assez maltraité les Stoïciens sur ce sujet, il faut bien qu'il ait pris ce qu'ils disoient, que les Plaisirs des Sens ne pouvoient rendre heureux, dans le même sens qu'ils le prenoient ; puisqu'autrement le procès qu'il leur fait avec assez de chaleur, n'auroit été qu'une dispute de mot, & n'auroit rien eu de solide.

§. VI.

Quatrieme supposition. *Que tout Plaisir, par cela même que c'est un Plaisir, est un bonheur.*

Cette supposition-ci est la principale de toutes, & qui serviroit le plus à vous tirer d'affaires, si elle étoit bien établie. Mais si elle ne l'est pas, si elle est purement arbitraire & sans aucun fondement, vous pouvez voir, Monsieur, ce que dit M. Arnauld dans sa *Défense*, contre ces sortes de suppositions forgées à plaisir, que l'on veut forcer les autres de recevoir, telle qu'étoit celle du P. Malebranche, quand il traitoit d'ignorants ceux qui ne vouloient pas demeurer d'accord, *que notre ame se sent, mais qu'elle ne se connoît pas.*

Pardonnez-moi donc, si je vous dis, que la supposition dont il s'agit ici n'est pas meilleure. Elle consiste à prétendre, *qu'avoir des sentiments agréables, & être heureux, sont la même chose ; que ces termes sont convertibles, que les hommes en sont convenus.* Toute votre réponse est pleine de cette supposition. En voici quelques endroits.

L'Auteur (c'est-à-dire, le P. Malebranche) *suppose, que le bonheur de notre ame, formellement pris, consiste dans un sentiment agréable.* page 10.

Toute sorte de plaisir, par cela même que c'est un plaisir, est un bonheur. Ibid.

C'est parler très-exactement que de dire, que les plaisirs sont un bonheur ; parce que c'est attribuer au sujet de la proposition une qualité qui lui est immédiatement propre, & qui émane de son être : de sorte que c'est une de ces dénominations qu'on nomme en Philosophie intrinseques. page 28.

Supposons que les hommes sont convenus que l'on est riche, lorsqu'on possede cent mille francs : un homme seroit vraiment riche qui les possederoit quoiqu'il les dût perdre huit jours après........ Il en est de même du plaisir. Par un établissement ou arbitraire ou absolument nécessaire de la nature, il est le bonheur de l'ame. Ainsi tout homme qui sent du plaisir, est heureux pour le temps où il goûte ce plaisir. page 30.

VII. Cl.   *Les Plaisirs des Sens sont une de ces modifications de l'ame, qui constitue*
N°. XI. *son bonheur.*

page 32.   *Quoique Dieu soit notre bonheur par excellence, il ne laisse pas d'être*
page 45. *vrai au pied de la lettre, que tout état de plaisir est un bonheur.*

page 54.   *Tout plaisir est un vrai bonheur & une félicité réelle en ce sens, qu'il est un individu physique de la modification générale, qui constitue l'essence & la nature du bonheur.*

page 56.   *Voilà comment on peut dire, que les plaisirs d'un voluptueux sont un vrai bonheur, un bonheur réel, & néanmoins un faux bonheur. Ils sont un bonheur vrai & réel, puisqu'ils sont par leur entité, sous l'espèce de bonheur, & une modification actuelle, qui a l'essence du bonheur en général (car le bonheur en général est d'être à son aise & en état de plaisir) mais on peut les appeller un faux bien & un faux bonheur, parce qu'ils sont suivis d'un malheur épouvantable.*

page 61.   *Comme un Prince peut défendre dans ses Etats, le débit d'une monnoie de très-bon aloi, Dieu peut bien défendre à l'homme l'usage d'un certain bonheur très-réel & très-véritable, physiquement parlant.*

page 68.   *J'avois répondu que Dieu seul est la cause efficiente de notre béatitude, mais qu'il n'y a que le plaisir qui en soit la cause formelle, & que la seule voie que nous concevions que Dieu puisse mettre en usage pour nous rendre actuellement & formellement heureux, c'est de communiquer à notre ame la modification qu'on appelle sentiment du plaisir. Il paroît clairement par-là, que je fais du plaisir & du bonheur, deux objets inséparables & même convertibles, s'il m'est permis d'user de ce terme, ensuite de quoi je dois conclure, que chaque espèce de plaisir, est une espèce de bonheur.*

   Dire & redire souvent une même chose, & la dire toujours avec une extrême confiance, sans en apporter de bonnes preuves, ne suffit pas pour la faire recevoir comme incontestable, lors sur-tout qu'on ne sauroit ne point voir, que c'est cela même que l'on nous conteste.

   Mettre en *principe* ce qui est en *question*, n'est pas un bon moyen pour gagner sa cause dans une dispute philosophique. C'est ce qu'on appelle *petere principium*. Vous êtes trop honnête homme, Monsieur, pour ne pas souffrir la liberté philosophique, qui m'oblige de vous dire, que c'est ce que vous faites dans toute votre Réponse.

   Car de quoi s'agit-il, sinon de la vérité ou de la fausseté de cette proposition générale : *Toute sorte de plaisir, par cela même qu'il est plaisir, est un bonheur* : puisque l'on voit assez, que la proposition particuliere ; *les Plaisirs des Sens rendent heureux ceux qui en jouissent*, est une suite, nécessaire de la proposition générale ; c'est-à-dire, qu'on ne sauroit admettre

mettre la générale, sans admettre la particuliere, ni combattre la particuliere, sans combattre la générale.

Il s'agit donc de l'une & de l'autre, dans la dispute entre le P. Malebranche & M. Arnauld, touchant les Plaisirs des Sens. Le premier soutient, qu'ils rendent heureux : le second le nie, & ne le nie pas seulement, mais il appuye ce qu'il en dit par de très-bonnes preuves. Vous avez pris parti pour le P. Malebranche contre M. Arnauld, & dans vos Nouvelles & dans cette Réponse. Vous vous êtes donc engagé à prouver que M. Arnauld a tort, & que le P. Malebranche a raison. Et comment le prouvez-vous ? En disant & redisant sans cesse, *que tout plaisir est un bonheur*; c'est-à-dire, en supposant vingt & trente fois ce qui est en question, sans le prouver une seule fois.

Je ne vois que deux réponses que vous pourriez faire à cela. L'une, que l'on ne prouve point les définitions, parce qu'elles sont arbitraires, & que tout ce que vous avez voulu dire est, que dans le Dictionnaire du P. Malebranche, *bonheur* & *sentiment agréable* sont la même chose ; sans que, ni vous ni lui, ayiez été obligés de vous mettre en peine si ce sont différentes choses dans le Dictionnaire des autres.

L'autre réponse seroit, qu'on n'a pas besoin de prouver ce qui est constant, & dont les hommes sont convenus : & qu'ainsi vous n'avez pas dû prouver *que tout plaisir*, *dès-là qu'il est plaisir*, *est un bonheur*; parce que les hommes en sont convenus, & que s'ils parlent quelquefois autrement, ce n'est qu'en parlant improprement & d'une maniere figurée.

Je réserve au §. suivant à examiner cette seconde réponse, & je ne parlerai dans celui-ci, que de la premiere.

Je ne pense pas que vous vouluffiez vous y arrêter, à cause des raisons suivantes, qui ne manqueroient pas de vous venir dans l'esprit.

1°. Il ne faut pas abuser de cette maxime, que *les définitions des mots sont arbitraires*. Car cela ne donne pas droit de changer à sa fantaisie, les idées communes des mots ordinaires, & sur-tout dans la Morale ; comme qui voudroit soutenir, que la disposition de se battre en duel à tout venant, est une vertu, parce qu'il auroit pris pour vertu toute sorte de valeur & de courage, qui met l'ame au-dessus de la crainte de la mort.

2°. Il n'est point permis de se faire un Dictionnaire particulier sans en avertir le monde : car ce seroit tromper ses Lecteurs. Or le P. Malebranche, qui dit si souvent, que c'est un bonheur de jouir des Plaisirs des Sens, n'a jamais averti qu'il prenoit le mot de *bonheur* dans un sens qui lui étoit particulier. On n'a donc pas de droit de le supposer.

3°. Quand nous donnons un sens particulier à quelque terme, nous ne devons pas nous imaginer que les autres s'astreindront à le prendre

VII. Cl. dans ce même fens, ni par conféquent dire qu'une propofition n'eft pas
Nº. XI. vraie, qui feroit vraie felon la fignification ordinaire de ce terme, parce
qu'elle ne feroit pas vraie felon un fens qui nous feroit particulier.
Pourquoi donc le P. Malebranche nous donneroit-il férieufement cet
avis : *il ne faut pas dire aux voluptueux, qu'on n'en eft pas plus heureux
pour jouir des Plaifirs des Sens : car cela n'eft pas vrai.* Cela peut n'être
pas vrai, lui répondra-t-on, en prenant le mot de *bonheur* dans le fens
bizarre que vous vous êtes avifé de lui donner. Mais fi cela eft vrai dans
le fens que donnent au mot de *bonheur* tous les Philofophes raifonnables, qui ont toujours cru qu'une propriété effentielle du bonheur étoit,
d'être defirable par foi-même, ce que ne font pas les Plaifirs des Sens,
pourquoi ne dirions-nous pas aux voluptueux, qu'ils fe trompent, quand
ils croient trouver leur bonheur dans la jouiffance des Plaifirs des Sens?

4°. Enfin, Monfieur, vous n'avez garde de dire, que ce n'eft que
dans le Dictionnaire du P. Malebranche que vous avez adopté, que *tout
Plaifir* eft notre bonheur, puifque, fuppofant que c'eft le langage du
peuple, vous ajoutez : *Que quoiqu'en toutes autres chofes il ait befoin
d'être redreffé par ceux qui parlent exactement, il n'a pas befoin de l'être
en celle-ci ; parce qu'en difant que les Plaifirs des Sens font un bonheur,
il attribue au fujet de la propofition, une qualité qui lui eft immédiatement
propre, & qui émane de fon être.*

Vous voyez donc, Monfieur, que, pour vous difculper de ce qu'on
appelle *pétition de principe*, qui confifte à fuppofer ce qui eft en queftion
fans le prouver, vous ne pouvez pas vous fervir de cette premiere réponfe, qu'on n'a pas befoin de prouver les définitions de mots, parce
qu'elles font arbitraires, & que votre deffein n'a été que de parler felon
le Dictionnaire du P. Malebranche. Il faudroit donc que vous euffiez
recours à la feconde : mais peut-être qu'elle ne fe trouvera pas meilleure
que l'autre.

§. VII.

Cinquieme fuppofition. *Que les hommes font convenus de regarder comme
un bonheur toutes fortes de Plaifirs.*

Cette feconde réponfe feroit, qu'on n'a pas befoin de prouver ce qui
eft conftant, & dont tous les hommes font convenus, comme on n'a
pas befoin de prouver que les Plaifirs des Sens, font des fentiments agréables,
parce qu'on fait affez que les hommes font convenus, de n'appeller
Plaifirs que des fentiments agréables. Il ne vous refte donc qu'à dire, que
les hommes font convenus d'appeller *bonheur*, tout Plaifir ou fentiment

DES PLAISIRS DES SENS.

agréable, & qu'ainsi vous avez pu supposer sans preuve; *que tout Plaisir,* VII. Cl. *dès-là qu'il est Plaisir, est un bonheur.* N°. XI.

C'est en effet ce qu'il paroit que vous supposez en la page 30. *Supposons*, dites-vous, *que les hommes soient convenus que l'on est riche lorsqu'on possede cent mille francs, tout homme qui les aura sera riche, quoiqu'il les dût perdre huit jours après. Il en est de même des Plaisirs. Par un établissement, ou arbitraire ou nécessaire, il est le bien de l'ame* (Vous avez voulu dire, *il est le bonheur de l'ame*; car il s'agit du *bonheur* & non seulement du *bien*) *ainsi tout homme qui sent du plaisir est heureux pour le temps qu'il goûte ce plaisir.* N'est-ce pas faire entendre, que ce que vous dites par supposition, pour ce qui est *d'être riche*, vous le pensez effectivement pour ce qui est *d'être heureux*; savoir, *que les hommes sont convenus, qu'on est heureux tant qu'on jouit du plaisir.* Autrement votre comparaison ne prouveroit rien.

Mais, pour donner plus de vraisemblance à cette supposition, vous en faites une autre, en faisant entendre que les hommes sont tellement convenus que les Plaisirs des Sens sont un bonheur, que s'il y en a qui ont peine à les appeller *un bonheur*, c'est en parlant figurément & non proprement; & cela par l'une ou l'autre de ces deux raisons: l'une, que c'est un bonheur peu considérable, en comparaison de celui dont nous espérons jouir dans le ciel, & qu'ainsi il est à propos de réserver le nom de *bonheur*, pour la souveraine félicité de l'autre vie. C'est ce que vous appellez, en deux ou trois endroits, une pensée dévote; mais qui n'est point philosophique. *Car, quoique cette espece de plaisir, que Dieu commu-* page 69. *nique à l'ame des fideles glorifiés, mérite le nom de* bonheur *par excellence, cela n'empêche pas, que pour parler dans l'exactitude philosophique, toutes les autres especes de plaisirs ne doivent être appellées bonheur.*

L'autre raison, qui fait, selon vous, qu'on n'appelle pas bonheur les *Plaisirs des Sens*, quoiqu'ils le soient véritablement, c'est qu'on a quelquefois plus d'égard à leurs effets & à leur suite, qu'à ce qui leur convient par leur nature. Et ainsi, dites-vous en plusieurs endroits, quand page 29. on dit que les voluptueux sont plutôt malheureux qu'heureux, *c'est par* & 32. *une figure qu'on appelle métonymie, selon laquelle on donne à la cause par accident, le nom des mauvais effets qui en résultent, qui sont à l'égard de ce bonheur des voluptueux, des peines épouvantables pour l'autre vie.*

Tout cela ne feroit pas mal inventé, s'il étoit vrai que les hommes fussent convenus de joindre l'idée de bonheur à celle de plaisir, & d'estimer heureux tous ceux qui jouissent de quelque plaisir que ce soit, pendant qu'ils en jouissent. Mais c'est un fait que vos deux raisons ne prouvent point, mais qu'elles supposent: c'est-à-dire, que si le fait d'ailleurs étoit bien conftant, vos deux raifons pourroient fervir à expliquer, pourquoi on parleroit quelquefois d'une autre forte?

J'en pourrois demeurer-là : car c'eft à celui qui pofe un fait à le prouver. Je veux bien néanmoins me charger d'en montrer la faufleté, & cela fera bien facile.

Depuis qu'on a commencé à philofopher parmi les Latins & parmi les Grecs, ce qui, après les conquêtes d'Alexandre, comprenoit prefque tout l'Orient, jufqu'à ce qu'il n'y ait plus eu de Philofophes Payens par l'extinction du paganifme, c'eft-à-dire, durant plus de huit cents ans, il n'y a rien à quoi ces Philofophes fe foient appliqués avec plus de foin, qu'à rechercher ce qui rend l'homme heureux : *quid efficiat hominem beatum.* C'eft ce que M. Arnauld a fait voir qu'a remarqué S. Auguftin, au Livre XIX de la Cité de Dieu, Chapitre I : *Quam quæftionem magna intentione verfantes invenire conati funt quid efficiat hominem beatum. Illud enim eft finis boni noftri, propter quod appetenda funt cætera, ipfum autem propter fe ipfum.* Et vous y trouverez auffi pourquoi les Philofophes ont tant parlé du bonheur, & de ce qui rend l'homme heureux. C'eft parce qu'ils regardoient cette queftion comme la plus importante de toute la Philofophie. *Car celui*, dit Cicéron, *qui ignore quel eft le fouverain bien, ignore néceffairement la maniere dont il doit vivre, & fe trouve dans un fi grand égarement, qu'il ne fauroit trouver aucun port où fe retirer : au lieu que quand on le fait, on fait auffi à quoi fe doivent rapporter toutes les actions de la vie.*

Cependant il faut remarquer, que ces Philofophes ne regardoient le bonheur, dont ils parloient tant, que par rapport à cette vie. Car il y en avoit, comme les Epicuriens, qui n'en connoiffoient point d'autre. Et fi on excepte les Platoniciens, les autres n'avoient que des doutes fur l'immortalité de l'ame. Et ainfi ils n'avoient aucun égard à ce qu'elle deviendroit après la mort, pour définir ce qui rendoit les hommes heureux. Vous voyez donc, Monfieur, que vos deux folutions ne vous peuvent fervir à expliquer ce qu'ils auroient dit de contraire à vos idées. Car l'un & l'autre a rapport au bonheur ou au malheur de l'autre vie, à quoi ils n'ont jamais penfé.

Il ne faut pas auffi vous imaginer, que quand ils ont appellé *le bonheur* dont ils difputoient SUMMUM BONUM, *le fouverain bien*, ç'ait été pour le diftinguer d'un autre bonheur qui ne feroit pas fi parfait. Cette penfée n'auroit aucun fondement, quoique vous l'attribuiez à M. Arnauld, pour avoir quelquefois nommé le bonheur, le fouverain bien. Ils n'ont jamais reconnu qu'il y eût d'autre bonheur que ce qu'ils ont appellé *fummum bonum.* Mais ayant regardé le mot de bien comme général, & commun

à ce qui étoit bonheur & ce qui ne l'étoit pas, ils ont ajouté *summum*, VII. Cl.
au mot de *bonum*, comme on ajoute *rationale* au mot *d'animal*, c'eft-à- N°. XI.
dire, comme on ajoute la différence au genre. Et ainfi il ne feroit pas
moins abfurde de prétendre, qu'ils ont reconnu par-là d'autre bonheur,
que celui qu'ils appellent *le fouverain bien*, par où ils entendent le bien
defirable pour lui-même, & auquel l'on doit rapporter, comme à fa fin,
tous les devoirs de la vie, que fi on prétendoit qu'en appellant l'homme
un animal raifonnable, c'eft infinuer qu'il y a d'autres hommes qui ne
font pas fi parfaits, que ceux qu'on appelle animaux raifonnables.

Cela étant fuppofé, confidérons quelle notion tous ces Philofophes
ont eu du bonheur, & s'ils font propres à nous faire croire ce que vous
affurez avec tant de confiance, *que tout plaifir, dès-là qu'il eft plaifir, eft
bonheur, & que plaifir & bonheur font des termes convertibles*.

Le contraire paroît manifeftement par les différentes opinions fur ce
qui rend les hommes heureux, que M. Arnauld a rapportées dans fon
vingt-unieme Chapitre. Car il eft bien certain que les Stoïciens, & tant
d'autres, qui ont foutenu avec tant de force, que c'étoit prefque réduire
la condition des hommes à celle des bêtes, que de vouloir qu'ils fuffent
heureux en jouiffant des Plaifirs des Sens, étoient bien éloignés de reconnoître, *que tout plaifir rend heureux, & que plaifir & bonheur font des
termes convertibles*. Ils fe feroient couverts de confufion s'ils avoient fait
cet aveu, puifqu'ils auroient donné lieu à leurs adverfaires de leur reprocher, que c'étoit renverfer la premiere regle du fens commun, que de
nier d'un fujet, qui eft le plaifir, la qualité de bonheur *qui lui eft immédiatement propre, & qui émane de fon être*; & que c'eft la même chofe que
fi on nioit du tout, qu'il eft plus grand que fa partie.

Mais fi les Stoïciens par entêtement n'en étoient pas voulu convenir,
les Epicuriens au moins n'auroient pas manqué de prendre droit, fur ce
prétendu confentement des hommes, & de commencer par-là la preuve
de leur doctrine en faveur de la volupté. Or c'eft ce qui eft bien certain
qu'ils ne faifoient pas. M. Arnauld a remarqué, qu'ils prenoient pour
principe, comme tous les Philofophes, la définition du fouverain bien,
& qu'ils le définiffoient, comme les autres, *ce à quoi il faut rapporter
tout ce que l'on fait de bien, & qu'il ne faut point rapporter à autre chofe*.

Torquatus dans Cicéron, commence ainfi à foutenir le fentiment d'E- De finib.
picure touchant le fouverain bien: *Quærimus quid fit extremum, quid* Lib. I.
*ultimum bonorum: quod, omnium Philofophorum fententiâ tale debet effe,
ut ad id omnia referri opporteat, ipfum autem nufquam. Hoc Epicurus in
voluptate ponit*. Et tout ce qu'il tâche enfuite de faire voir, eft que cette
définition, dont il fuppofe que tous les Philofophes demeuroient d'accord,

38 DISSERTATION SUR LE PRÉTENDU BONHEUR

VII. Cı. convient à la volupté : & il parcourt même toutes les vertus, pour mon-
N°. XI. trer qu'elles n'ont point pour fin l'honnêteté des Stoïciens, mais la volupté.
A quoi bon tout ce circuit, fi les Philofophes avoient cru en ce temps-là,
que *bonheur & volupté font la même chofe*, & *que tout plaifir, par cela
même qu'il eft plaifir, eft un bonheur?*

Ils ruinoient même cette prétention, felon vous, en attachant à l'idée
de bonheur ce qui eft defirable pour foi-même. Car vous avez reconnu
page 22. que M. Arnauld a eu raifon de ne pas vouloir, que les Plaifirs des Sens
foient notre bonheur, en prenant le mot de bonheur pour ce qui eft
defirable pour foi-même. Or jamais les Epicuriens n'ont douté, que ce
ne fût une propriété effentielle du bonheur, d'être defirable pour foi-
même. Vous ne trouvez donc pas, même dans les Epicuriens, de quoi appuyer cette propofition, dont vous fuppofez que les hommes font convenus, *que tout plaifir, par cela même qu'il eft plaifir, eft un bonheur.*

Prouvez-la donc fi vous pouvez; mais ne continuez plus à nous fuppofer, que les hommes en foient convenus. Car c'eft un fait que l'on
vous foutient avec raifon, n'avoir pas la moindre ombre de vraifemblance.

§. VIII.

Sixieme fuppofition. *Que les plaifirs les plus criminels font un bonheur.*

Si la fuppofition précédente, *que tout plaifir eft un bonheur*, étoit bien
fondée, c'en feroit une fuite néceffaire, ce que vous fuppofez auffi, que
les plaifirs les plus criminels font un bonheur, & rendent heureux ceux
qui en jouiffent. Car qui peut douter que ce raifonnement ne foit très-
bon. Tout plaifir, par cela même qu'il eft plaifir, eft un bonheur, &
rend heureux tant qu'on en jouit. Or les plaifirs criminels, ne laiffent pas
d'être plaifirs pour être criminels. Donc les plaifirs les plus criminels font
un bonheur, & rendent heureux ceux qui en jouiffent.

Vous avouez tout cela, non feulement en paffant & en quelque lieu
écarté, mais dans un article exprès de votre Réponfe, où vous entreprenez de montrer que cela eft vrai, qu'on ne s'en doit point choquer, &
que *l'abus qu'on en pourroit faire, n'eft pas une raifon valable pour
affirmer que cela eft faux. Que nos artifices, nos fraudes pieufes, tous les
détours de notre prudence fe trouvent enfin trop courts, quand on les emploie
pour le menfonge.*

Mais comment faites-vous voir que cela eft fi certain? En fuppofant,
à votre ordinaire par une pure pétition de principe, que *fentiment agréable*, & *bonheur* font la même chofe: & qu'ainfi, comme on ne peut douter

DES PLAISIRS DES SENS.

qu'il n'y ait des sentiments agréables joints à quelques crimes, on ne peut douter aussi, que *le bonheur ne soit joint au crime pendant cette vie.* Sur quoi vous faites parler un voluptueux en ces termes : *Définissez le bonheur comme il vous plaira, peu m'importe. Je sais bien ce que je sais ; c'est que si je devois être éternellement dans l'état où je me trouve quand je me divertis, je serois heureux éternellement.* Cela vous paroît si certain, que vous adressant à moi, vous ajoutez : *Vous ne pourriez pas le contredire de bonne foi.* Car si les voluptés charnelles (sans en excepter les plus criminelles, car c'est de celle-là principalement que la suite de votre discours fait voir que vous parlez) *devoient toujours durer sans dégoût, sans chagrin, aussi pures & aussi vives, qu'elles se font sentir en de certains momens, il est certain qu'elles pourroient rendre un homme éternellement heureux.*

VII. CL.
N°. XI.

Je ne sais pas que peuvent penser, d'un tel discours, les personnes de votre communion qui font profession de piété, mais je sais bien qu'il n'y a point de personne pieuse dans la nôtre, qui n'en eût horreur.

Mais si cette proposition est vraie, dites-vous, peut-on s'en scandaliser que par un scrupule mal entendu. Et peut-on douter que cela ne soit vrai, en supposant comme je fais que plaisir & bonheur sont la même chose ?

Non assurément, on n'en peut douter en supposant cela. Mais c'est cela même qui vous devoit faire défier de votre supposition, ou plutôt, qui vous devoit faire comprendre qu'il falloit qu'elle fût bien fausse, puisqu'une si étrange proposition, que je ne veux pas répéter pour ne pas blesser de nouveau les oreilles chrétiennes, en est une suite nécessaire.

On n'a pas même besoin d'être Chrétien pour en être blessé. Les Payens les plus favorables aux Plaisirs des Sens en ont eu honte, & n'ont jamais osé dire, que les voluptés rendissent heureux, quand elles sont criminelles. Vous n'avez, Monsieur, qu'à lire le premier Livre de Cicéron *de Finibus*, & vous verrez que les Epicuriens soutenoient, qu'il n'y avoit que les voluptés qui étoient réglées par la sagesse & par la vertu, qui nous pouvoient rendre heureux. Je n'en apporte point de preuves pour abréger, mais je tire de-là un argument, qui renverse la proposition dont votre paradoxe est une suite.

Si les Philosophes, qui ont tant disputé du bonheur de l'homme, étoient convenus, que tout plaisir, dès-là qu'il est plaisir, est un bonheur, ils feroient tous demeurés d'accord, que les plaisirs les plus criminels font un bonheur, & rendent heureux ceux qui en jouissent. Or il est certain, au contraire, qu'ils ont tous nié généralement, sans en excepter les Epicuriens, que les plaisirs qu'ils reconnoissoient être criminels, tels que font ceux des adulteres, ne font point un bonheur, & ne rendent point heureux ceux qui en jouiſſent. Il eſt donc certain qu'ils ne font point convenus de ce nouveau paradoxe, *que tout plaiſir, par cela même qu'il eſt plaiſir, eſt un bonheur.*

§. IX.

Septieme ſuppoſition. *Qu'il n'y a point de faux bonheur en conſidérant le bonheur en lui-même.*

Vous ſuppoſez (ce que j'avoue encore être une ſuite de votre ſuppoſition capitale) qu'à parler proprement, il n'y a point de faux bonheur, & que ce ne peut être que par une figure qu'on appelle métonymie, en donnant à la cauſe par accident le nom des mauvais effets qui en réſultent, qu'on appelle quelquefois un faux bonheur, ce qui eſt en foi-même un véritable bonheur. C'eſt ce que vous expliquez en ces termes dans la page 56.

Voilà comme on peut dire, que les plaiſirs d'un voluptueux ſont un vrai bonheur, un bonheur réel, & néanmoins un faux bonheur. Ils ſont un bonheur vrai & réel, puiſqu'ils ſont, par leur entité, ſous l'eſpece du bonheur, & une modification actuelle, qui a l'eſſence du bonheur en général. Mais on peut les appeller un faux bonheur, parce qu'ils ſont ſuivis d'un malheur épouvantable, & qu'ils n'ont pas la même durée que certains autres plaiſirs, qui, à cauſe de leur prérogative particuliere, méritent d'être appellés par excellence, le véritable bonheur; par où vous entendez la félicité du ciel.

Mais les Philoſophes Payens ne connoiſſoient ni la félicité du ciel, ni ces ſupplices épouvantables, que les voluptueux s'attirent, en s'abandonnant à leurs plaiſirs. Ce n'étoit donc ni par rapport à la félicité par excellence, ni par la figure, appellée métonymie, qu'ils ont pu appeller un faux bonheur de certains plaiſirs, & qu'ils ont dit, de ces plaiſirs, qu'ils rendoient d'autant plus miſérables ceux qui en jouiſſoient, qu'ils ſe croyoient plus heureux. C'étoit donc, en conſidérant ce prétendu bonheur en foi-même, & en croyant parler ſans figure & très-proprement, qu'ils l'appelloient un faux bonheur. On n'en peut deſirer un plus bel exemple, que ce que dit Cicéron, en parlant de la joie que témoignoit un jeune débauché dans une Comédie, pour être venu à bout de ſatisfaire ſa paſſion. *Quid elatus ille levitate inaniquæ lætitiæ & exultans, & temerè geſtiens,* NONNE TANTÒ MISERIOR QUANTÒ SIBI VIDETUR BEATIOR. Cela eſt tellement dans le bon ſens, que je ne ſais,

Monſieur,

Monsieur, comment vous avez pu entreprendre de nous persuader, qu'il n'y a point de faux bonheur que celui qu'on appelleroit tel, en parlant improprement, ou parce qu'on le comparoit à la vision béatifique, ou parce qu'au lieu de le considérer en lui-même, on le prendroit pour un malheur, à cause des suites qu'il auroit en l'autre monde.

Mais il semble, Monsieur, que vous n'êtes pas d'accord avec vous-même, sur le sujet du vrai & faux bonheur, & que vous en dites des choses qui renversent vos principes : car, s'il est vrai, comme vous l'assurez, que le bonheur formel consiste essentiellement dans la modification que Dieu communique à l'ame, *que l'on appelle sentiment du plaisir*, il est impossible qu'un homme ne soit pas heureux formellement, réellement actuellement, quand Dieu communique réellement à son ame la modification qu'on appelle sentiment du plaisir. D'où il s'ensuit, que les foux, dont la folie est gaie, sont réellement, & non seulement en imagination, les plus heureux de tous les hommes; & qu'ainsi, vous n'avez pas dû faire regarder comme imaginaire, le bonheur de ce fou de la ville d'Argos, qui étoit ravi de joie, en croyant entendre les plus belles tragédies du monde, lorsque personne ne les jouoit devant lui.

Qui se credebat miros audire tragœdos
In vacuo solus sessor plausorque theatro.

HORAC. Epist. II. Lib. II.

Car, d'où vient que cet homme, qu'Horace dit, qui étoit fort sage en toute autre chose, croyoit ouir de belles tragédies, lorsqu'on n'en jouoit point? Si ce n'est qu'en ayant oui autrefois avec beaucoup de plaisir, les traces qui en étoient demeurées dans son cerveau se réveilloient, dès qu'il étoit assis au même lieu où il avoit accoutumé de les ouir ; & que quelque intempérie du cerveau causant un mouvement extraordinaire aux esprits, ils renouvelloient ces traces aussi fortement, qu'elles l'auroient été à la présence de ces objets agréables ; ce qui les lui faisant concevoir comme présents, il étoit de l'ordre, qu'il en ressentît le même plaisir ; c'est-à-dire, que Dieu communiquât à son ame *la même modification, qu'on appelle le sentiment du plaisir*, que si ces tragédies se fussent jouées effectivement devant lui. Il en est de même de tous les plaisirs & de toutes les joies des foux, qui s'imaginent avoir devant eux de certains objets agréables, qui n'y sont pas. Tout le monde, jusques ici, a cru, que le bonheur de ces foux étoit un bonheur faux & imaginaire. Mais pour vous, Monsieur, vous devez dire,

VII. Cl. qu'il est aussi véritable & aussi réel, que celui des personnes les plus
N°. XI. sensées, que vous estimez heureuses quand elles goûtent les plaisirs des
sens : car ils n'ont pas moins qu'elles, ce en quoi, selon vous, consiste
essentiellement le bonheur; savoir *la modification de l'ame, qu'on appelle
le sentiment du plaisir*. Vous vous êtes donc bien oublié, quand, parlant d'un convalescent, *qui mange avec grand appétit & avec un plaisir
fort vif*, vous demandez: *Si ce n'est pas-là un plaisir qui a toute la réalité que doit avoir cet état de l'ame, dans lequel consiste la nature du
plaisir*, & par conséquent du *bonheur*, selon vous? Et vous ajoutez
pour le prouver: *Il est sûr qu'il n'y a rien là d'imaginaire, & que cet
homme sent des saveurs très-agréables, & non pas à la maniere de ce fou,
qui croyoit ouir de beaux concerts, où il n'y avoit personne*. Qu'importe,
selon vous, pour ce qui est du réel & véritable bonheur de cet heureux
fou, qu'il y eût des Acteurs, ou qu'il n'y en eût point, pourvu qu'il
ressentit le même plaisir que s'il y en avoit eu, puisque vous mettez
l'essence du bonheur *dans le sentiment du plaisir*. Or il ressentoit si vivement ce plaisir, qu'il ne pût s'empêcher d'être en colere contre ses
amis, qui l'avoient fait guérir de cette agréable folie, jusqu'à leur reprocher, qu'ils l'avoient tué, au lieu de le servir, en lui arrachant un si
doux plaisir, & lui ôtant, malgré lui, la joie que lui causoit une si
agréable erreur :

> . . . . . *Pol me occidistis amici*
> *Non servastis, ait, cui sic extorta voluptas*
> *Et demptus per vim, mentis gratissimus error.*

Prenez donc pour vraiment heureux tous les foux qu'une imagination
blessée rend gais & contents, parce qu'elle ne leur représente que des
objets agréables, ce qui cause naturellement en eux *des sentiments de plaisir*;
ou ne dites plus, que *tout sentiment de plaisir est essentiellement un véritable bonheur*.

§. X.

Huitieme supposition. *Que le plaisir qui cause le bonheur étant réel, le
bonheur considéré en lui-même ne sauroit être faux.*

Cette huitieme supposition est une suite de la précédente, ou plutôt
elle en est le principe. Car ce qui vous fait croire qu'il n'y a point
proprement de faux bonheur, mais qu'on n'en peut appeller aucun de
ce nom que par une figure appellée *métonymie*, à cause des fâcheuses sui-

DES PLAISIRS DES SENS.

tes qu'il peut attirer après foi, c'eſt que vous ſuppoſez, que c'eſt toujours un bonheur réel & véritable, quand le plaiſir dans lequel nous mettons notre bonheur eſt réel & véritable, quoique ce ſoit par erreur & par une fauſſe imagination qu'on y mette ſon bonheur.

C'eſt ſur quoi roule tout ce que vous dites dans la page 60 & en divers autres endroits de votre Réponſe. Mais en prenant les choſes en cette maniere, on dira de même qu'il n'y a point de fauſſes piſtolles, ni de faux diamants. Car ce qu'on appelle de fauſſes piſtolles, ou de faux diamants, ne ſont pas des piſtolles ou des diamants en peinture ou en imagination, mais ce ſont des piſtolles très-réelles & très-véritables, qu'on appelle fauſſes, parce que ce qui y paroît d'or n'a pas les qualités du vrai or; & que les diamants, de même, ſont de très-réelles & de très-véritables pierres, qui reſſemblent aux diamants, mais qui n'en ont pas les qualités.

Il en eſt de même du faux bonheur. On n'appelle point de ce nom ce qui n'auroit aucune reſſemblance au vrai bonheur, comme l'état d'un ſcélérat qui meurt ſur la roue. Mais on appelle un faux bonheur le plaiſir, le contentement, la ſatisfaction que reſſent un homme, très-réellement & très-véritablement, en ce qu'il a pris par erreur pour ſon vrai bien & pour ſa fin, ce qui ne l'eſt point en effet. Tel eſt, par exemple, le plaiſir que reſſent un homme offenſé, en ſe vengeant de ſon ennemi & le faiſant mourir d'une mort cruelle. Vous ne direz pas que ce plaiſir n'eſt pas réel & véritable. On dit communément, au contraire, qu'il n'y en a point de plus doux que celui de la vengeance. Vous pourriez donc dire, en vous attachant à vos principes, que ce n'eſt point un faux bonheur, mais que s'en eſt un très-réel & très-véritable, & que plus on reſſent de plaiſir à ſe venger cruellement, plus on eſt heureux. Mais on eſt aſſuré que ſi vous le dites, hors quelques naturels de tigre, il n'y aura guere de gens qui ſoient de votre avis.

Et c'eſt, Monſieur, ce qui fait voir que rien n'eſt plus mal fondé que la ſuppoſition générale ſur laquelle tout cela roule: *Que les hommes ſoient convenus d'appeller bonheur & vrai bonheur toute ſorte de plaiſir, de quelque nature qu'il ſoit.* Il y a des cas où on voit tout d'un coup que cette propoſition donne de l'horreur. Et ſi elle eſt fauſſe en quelque cas, votre ſyſtême du bonheur des Plaiſirs des Sens, eſt inſoutenable; parce qu'il n'a pour fondement que cette propoſition: *Tout plaiſir, dès-là qu'il eſt plaiſir, eſt un bonheur.*

Ainſi vous n'avez jamais plus mal deviné que quand vous avez aſſuré, que je ne pourrois contredire ce que vous mettez dans la bouche d'un voluptueux, en le faiſant parler en ces termes, que j'ai déja rapportés:

VII. Cl. *Je fais bien ce que je fais : c'eft que fi je devois être éternellement dans l'é-*
N°. XI. *tat où je me trouve quand je me divertis, je ferois heureux éternelle-*
ment. Ecoutez donc ce que de bonne foi je répondrois au voluptueux qui me parleroit de la forte. Je vous avoue, lui dirois je, que vous favez bien ce que vous favez ; c'eft-à-dire, que vous favez bien que les voluptés charnelles, dans le temps que vous vous y abandonnez, vous paroiffent douces, & que ce font des fentiments agréables. Qui vous a jamais nié que vous ne fuffiez cela ? Mais c'eft auffi à quoi fe borne votre fcience. Car il n'eft point vrai que vous fachiez que c'eft être heureux que d'avoir des fentiments agréables, de quelque nature qu'ils puiffent être. Or c'eft ce que vous fuppofez fans raifon lorfque vous ajoutez : *Je fais que fi je devois être éternellement dans l'état où je me trouve, quand je me fuis abforbé dans les voluptés charnelles, je ferois heureux éternellement.* Vous prenez un faux bonheur pour un vrai bonheur ; comme celui qui prendroit une hapelourde pour un diamant. Rien ne nous peut rendre vraiment heureux que ce qui eft defirable pour foi-même, & qui remplit nos juftes defirs. Les voluptés charnelles n'ont ni l'une ni l'autre de ces qualités : elles ne font point defirables pour elles-mêmes. Elles ne nous font données que pour être à notre ame de courtes preuves de ce qui eft propre à la confervation de notre corps, ou de la nature humaine. S'y attacher à caufe du feul plaifir, eft un auffi grand déréglement, que celui des femmes qui mangent des cendres ou des charbons, pour le plaifir qu'elles trouvent à manger ces ordures. Et une preuve qu'elles ne fatisfont point nos juftes defirs, c'eft qu'elles dégoûtent dès qu'elles durent, ce qui vous oblige vous & vos femblables à les diverfifier fans ceffe, pour éviter le dégoût, qui, fans cela, en feroit infeparable. Vous ne favez donc ce que vous dites, quand vous vous imaginez, que fi ces voluptés demeuroient toujours auffi vives qu'elles fe font fentir en certains moments, vous feriez éternellement heureux. Vous ne vous connoiffez ni vous-même, ni la nature de ces plaifirs. Notre ame n'eft point faite pour ne jouir éternellement que de ces plaifirs brutaux. La privation de plus grands biens fans comparaifon, dont elle eft capable, la rendroit éternellement malheureufe dès qu'elle viendroit à les connoître. Et il eft auffi contre la nature de ces voluptés charnelles, de durer long-temps fans qu'on en foit dégoûté, comme vous ne le favez que trop par votre propre expérience.

Mais un autre moyen qui vous pourra fervir à vous guérir de votre folie, eft, de faire attention à une autre perfonne, qui en aura une femblable, mais différente de la vôtre. Ecoutez ce que pourra dire un avare, qui fe prive de tous les plaifirs dont vous faites votre bonheur, puifqu'il ne met le sien qu'à amasser de l'argent par ses adresses & par ses épargnes, & qu'il ne sent de plaisir que dans ce qui contribue à le faire devenir plus riche. Il dira comme vous : *Je sais bien ce que je fais. Je sais combien il est doux d'avoir beaucoup d'argent. Je ne sens de plaisir qu'à en amasser : & comme j'y réussis par mon industrie, je sais que si je devois être éternellement sur la terre dans l'état où je me trouve, je serois heureux éternellement.* De bonne foi, que penseriez-vous, ô voluptueux, du discours de cet avare? Ne le regarderiez-vous pas comme un insensé, qui n'est heureux qu'en imagination, quoiqu'il soit très-malheureux en effet? Qui ne sait, lui diriez-vous, qu'on ne doit desirer d'avoir de l'argent, que pour se donner du plaisir, & qu'il n'y a guere de plus grand déréglement d'esprit, que de se priver de presque tous les plaisirs de la vie pour en amasser. Mais pouvez-vous douter, ô voluptueux, que l'avare ne pense la même chose de vous ; & que l'honnête homme du monde, qui met son bonheur dans l'estime que l'on fait de lui, & dans la réputation de sage & de bel esprit qu'il s'est acquise par sa conduite, ne vous regarde tous deux, je veux dire le voluptueux & l'avare, comme de misérables jouets de l'infirmité humaine, qui sont d'autant plus malheureux que chacun est plus content de son faux bonheur?

VII. Cl.
N°. XI.

Je m'apperçois que je m'étends trop. Mais je n'en suis point fâché, pour vous faire voir, Monsieur, que, sans user de *métonymie*, ni de ce qui pourroit être pris *pour une pensée outrée d'un homme entêté, qui s'imagineroit fièrement qu'on devroit plus déférer à ses paroles qu'à l'expérience*, on peut fort bien combattre la fausse opinion que les voluptueux ont de leur bonheur, comme ont fait pendant sept ou huit cents ans les plus raisonnables Philosophes Payens, qui considéroient ces voluptés en elles-mêmes, sans aucun rapport ni à l'Enfer, ni au Paradis, dont ils n'avoient point de connoissance, ou à quoi ils ne faisoient nulle attention.

§. XI.

Neuvieme supposition: *Qu'on doit prendre du peuple la vraie idée du bonheur.* Explication de ce que le peuple croit du bonheur, & en quoi il se trompe.

Ce que je viens de dire dans le §. précédent suffit presque tout seul, pour faire voir qu'il n'y a pas plus de solidité en ce que vous supposez, qu'on doit prendre du peuple la vraie idée du bonheur, *pour en parler dans une exactitude philosophique.*

VII. Cl.   Vous faites cette fuppofition en deux endroits. Vous dites dans l'un:
N°. XI.   *Que le peuple, qui en toutes autres chofes a befoin d'être redreffé par*
page 28.   *ceux qui parlent exactement, n'en a pas befoin fur le chapitre du bonheur.*

Et dans l'autre, vous pouffez cela jufques à dire: *Que plus on fait profeffion de parler exactement & en bon Philofophe dogmatique, plus on doit parler du bonheur felon les idées populaires, & non pas felon le fens des Philofophes.*

C'eft parler bien différemment de ce que vous appellez le *Peuple.* Vous en avez d'une part fi méchante opinion, que, hors une feule chofe, vous voulez qu'en *toutes les autres* il ait befoin d'être redreffé par ceux qui parlent exactement. Et vous en faites de l'autre tant d'état, que, dans la queftion qui a le plus exercé les Philofophes de l'Antiquité, vous prétendez que fon jugement eft tellement préférable au leur, que ce foit abfolument ce que l'on doit fuivre, quand on en veut parler exactement & en bon Philofophe dogmatique.

Mais je ne fais, Monfieur, fi vous avez bien confidéré ce que c'eft que ce peuple au jugement duquel vous voulez que l'on fe conforme pour avoir la vraie idée du bonheur. Ne vous êtes-vous point fouvenu de ce qu'en dit un Ancien, que c'eft une bête à plufieurs têtes; *Bellua multorum eft capitum*: & que rien n'eft plus brouillé que les divers fentiments de ces différentes têtes, touchant le bonheur de l'homme.

Chacun met fon bonheur en ce qui le touche le plus felon fa paffion dominante. Les avares, à être riches.

Les vains & glorieux, à être loués, flattés, & eftimés dans le monde.

Les pareffeux, à mener une vie molle, fans travail, fans foin & fans affaires.

Les curieux, à contenter leur vain defir de favoir quelque chofe de nouveau.

Les naturels vindicatifs, à ne rien fouffrir de défobligeant, qu'ils ne le rendent au quadruple.

Les amoureux de la belle gloire, comme ils l'appellent, à en acquérir par des actions extraordinaires de valeur.

Les intempérants, à s'abandonner aux plaifirs du boire & du manger, & à d'autres plus infames. Je ne parle point des véritablement gens de bien, dont l'amour dominant eft, de vivre en vrais Chrétiens: car pour ceux-là, vous n'y trouveriez pas votre compte, & il ne vous feroit pas avantageux que l'on fe réglât par leurs idées, pour parler du bonheur dans une exactitude philofophique.

Les laiffant donc à part comme trop féveres; chez qui de tous ceux dont j'ai parlé, & d'une infinité d'autres qu'on fe peut imaginer, trou-

DES PLAISIRS DES SENS. 47.

verons-nous *ces idées populaires*, que nous devons suivre selon vous, pour croire que les Plaisirs des Sens nous rendent heureux, en parlant du bonheur dans une exactitude philosophique ? Ne sera-ce que chez les intempérants ? Pour quelle raison ? Qui les a établis les maîtres du langage correct touchant le bonheur, & de ses véritables idées ?

VII. Cl.
N°. XI.

Je prévois que vous me direz, qu'il n'est pas nécessaire d'être intempérant pour trouver que le vin est bon, & ainsi des autres plaisirs. Je vous l'avoue : car, comme dit Cicéron, avec autant d'élégance que de bon sens : *Non necesse est ut ei non sapiat cor, cui sapit palatum.* Mais je vous soutiens qu'il faut être intempérant pour mettre son bonheur à boire du vin que l'on trouve bon, à cause du plaisir que l'on sent en le buvant ; car c'est s'attacher à ce plaisir comme à sa fin, en quoi consiste l'intempérance : au lieu que la tempérance nous oblige seulement à passer par ce plaisir, comme par un moyen qui sert à notre ame pour discerner ce qui est propre à la conservation du corps, auquel elle est unie. Et c'est ce que nous apprend le langage même du peuple. Car il parle très-correctement quand il dit, pour blâmer quelqu'un d'intempérance dans la boisson, que c'est un homme qui aime à boire : par où il est clair que l'on veut marquer qu'il boit pour boire, qu'il recherche le plaisir de boire, & qu'il y met sa fin & son bonheur. Et il en est de même de l'avarice, qui est appellée dans la langue grecque φιλαργυρία, l'amour de l'argent : ce qui fait dire au Sage, pour donner de l'horreur de ce vice, qu'il n'y a rien de plus méchant que d'aimer l'argent : *nihil est iniquius quàm amare pecuniam* : & à l'Apôtre, que c'est une *idolâtrie*, parce que l'avare fait une idole de son argent, en le prenant pour son Dieu lorsqu'il y met son bonheur, & qu'il le prend pour sa derniere fin.

Ainsi, Monsieur, il faut demeurer d'accord, qu'en parlant du bonheur dans l'exactitude philosophique, l'homme ne met son bonheur qu'en ce qu'il prend pour sa fin ; & que c'est sa passion dominante qui lui fait prendre pour sa fin une chose plutôt qu'une autre. Et cela même est conforme aux idées populaires, puisque chacun ne se croit heureux, que lorsqu'il est arrivé à la possession de ce qu'il aime ; & qu'il ne croit de même les autres heureux, que selon qu'il connoît ou qu'il présume connoître qu'ils sont parvenus à ce qu'ils affectionnent beaucoup. Si on sait, par exemple, qu'un homme n'aime point la bonne chere, & qu'il en a plutôt de l'aversion, on ne l'estimera point heureux pour s'être trouvé à un grand festin ; mais on en félicitera celui que l'on sait être attaché à ces sortes de plaisirs.

J'ai donc raison de vous dire, que ce sont les intempérants que les plaifirs qu'ils aiment rendent heureux ; mais que ce n'eft que d'un faux bonheur, tel qu'eft aufli celui des avares en devenant riches, des pareffeux en menant une vie molle, des vindicatifs en fe vengeant, & de même des autres ; & qu'ainfi les Plaifirs des Sens n'ont en cela aucun avantage, au-deffus des autres objets des paffions dominantes, qui rendent tous de la même forte heureux à leurs yeux, ceux qu'elles poffedent lorfqu'ils en jouiffent ; mais qui ne leur peuvent donner à tous qu'un faux bonheur, parce que c'eft en leur faifant prendre pour leur vrai bien & pour leur derniere fin, ce qui ne l'eft pas ; comme un homme ne devient riche qu'en apparence, en recevant très-réellement dix mille piftolles, fi elles font toutes de faux or.

Mais c'eft en quoi le peuple, purement peuple, fe peut aifément tromper. J'entends par-là, ceux qui n'ont corrrigé ni par la foi, ni par l'étude les fauffes idées de morale qui nous viennent du péché. Car eftimant heureux tous ceux dont je viens de parler, auffi-bien que les voluptueux, ils ne diftinguent point fi c'eft d'un vrai ou d'un faux bonheur ; comme il n'y a que les connoiffeurs en pierreries, à qui il n'arrive pas de fe tromper facilement, en prenant de faux diamants pour de vrais diamants.

Mais ce qui aide le peuple à ne pas diftinguer entre vrai & faux bonheur, eft, ce que M. Arnauld a remarqué dans fon Chapitre XXII : Que parce qu'il eft clair qu'on ne peut être heureux fi on n'eft content, on a cru que cela fe pouvoit renverfer, & qu'il y avoit lieu de croire que dès-là qu'on étoit content, on étoit heureux. Comme donc il eft naturel de fe trouver content quand on poffede ce qu'on aime, & à quoi notre cœur eft attaché, c'eft fur cette fauffe maxime, *il eft content, donc il eft heureux*, que font fondées toutes ces imaginations d'être heureux, dont fe flattent les hommes qui poffedent ce qu'ils aiment, quoiqu'ils n'aiment pas ce qu'ils devroient aimer.

Il n'eft pas néceffaire d'être Chrétien pour reconnoître cette illufion : les Payens l'ont reconnue, & rien n'eft plus beau que ce que Cicéron dit fur cela dans un paffage de fon Hortenfius, que S. Auguftin nous a conferve en deux endroits de fes ouvrages, dans le livre de la vie Bienheureufe, & dans fa lettre à Proba.

Le fentiment de quelques perfonnes, dit cet Orateur, *qui ne font pas Philofophes, mais qui n'en font pas moins hardis à parler en Maîtres, eft, que tous ceux qui vivent comme ils veulent font heureux ;* par où il eft vifible qu'ils vouloient dire : que chacun eft heureux quand il peut fatisfaire fes defirs, quoi que ce foit qu'il defire. *Mais rien n'eft plus faux,* dit Cicéron ; *car dès-là qu'on veut quelque chofe qui n'eft pas dans l'ordre,*

… dre, on est malheureux; & on l'est beaucoup moins de ne pouvoir arriver à ce que l'on veut, que de vouloir ce qui ne se doit pas : FALSUM id quidem. *Velle enim quod non deceat ipsum miserrimum : nec tam* MISERUM *est, non adipisci quod velis, quàm adipisci velle quod non oporteat.*

VII. Cl. N°. XI.

Ne puis-je pas, Monsieur, vous dire aussi, ce que S. Augustin dit sur cela à la sainte Dame à qui il écrivoit : *Que vous semble de ces paroles ? N'est-ce pas la vérité qui les a dictées, à qui que ce soit qu'elle les ait dictées.*

Demeurons-en là, Monsieur. Il seroit honteux à des Chrétiens de n'être pas aussi délicats sur la notion du vrai bonheur que l'ont été des Payens. Et n'aurions-nous pas sujet de craindre, que le pere de mensonge ne nous eût inspiré ce qui seroit contraire à ce qu'a dicté la vérité même ?

§. XII.

Qui sont ceux que les Plaisirs des Sens rendent heureux : Que ce ne sont pas tous ceux qui ressentent ces plaisirs.

Ce sont deux questions différentes. L'une, si les Plaisirs des Sens ne nous causent qu'un faux bonheur : l'autre, s'ils nous rendent toujours heureux, quand ce ne seroit que d'un faux bonheur.

J'ai suffisamment parlé de la premiere, & j'ai même dit quelque chose de la seconde. Mais il semble qu'on la peut encore plus éclaircir. Et voici ce qui m'a semblé y pouvoir beaucoup contribuer. Il me paroît que vous n'avez pas assez démêlé tout ce qui est enfermé dans ce prétendu bonheur des Plaisirs des Sens, & que c'est ce qui vous a fait supposer comme indubitable, que les Plaisirs des Sens nous rendent toujours heureux, sauf à disputer si c'est d'un vrai ou d'un faux bonheur. Mais vous changerez peut-être d'avis, lorsque vous aurez fait plus d'attention à ce qui se passe en nous, quand notre ame est touchée par quelque joie sensible.

Car vous m'avouerez qu'il y faut distinguer deux choses, selon la nouvelle Métaphysique, que l'on voit assez que vous supposez dans tout ce que vous dites des Plaisirs des Sens.

La premiere est, la modification d'un sentiment agréable, que Dieu communique à l'ame à l'occasion de quelque mouvement qui se fait dans le cerveau, quand les fibres de l'organe de quelques sens sont remués par de certains corps ; comme, par exemple, lorsque les particules du sucre qu'on a dans la bouche remuent les fibres de la langue. Cette modification est ce qu'on appelle le plaisir prévenant ; parce qu'elle pré-

VII. Cl. vient la raison & la volonté, & qu'elle n'en dépend point. Car qu'on
N°. XI. le veuille, ou qu'on ne le veuille pas, on ne sauroit manger du sucre qu'on n'ait le sentiment de ce plaisir qu'on appelle prévenant. Mais que s'ensuit-il de-là ? Que nous ne saurions être heureux, ni d'un vrai ni d'un faux bonheur, à cause de ce plaisir, tant qu'il demeure prévenant ; puisqu'il est clair qu'afin que notre ame soit dans un état de bonheur, ou véritable ou apparent, il faut qu'elle le connoisse, & qu'elle en soit satisfaite : ce qui ne sauroit être sans un acte de la volonté.

Mais voici ce qui arrive ensuite. Cette modification, qu'on appelle plaisir prévenant, ayant été communiquée à notre ame sans aucune connoissance, ni aucune volonté qui l'ait précédée, il y a une connoissance qui la suit aussi-tôt. Notre esprit s'appercevant, par une connoissance de réflexion, de ce qui se passe dans cette plus basse région de notre ame qui est plus appliquée à notre corps, ce n'est qu'ensuite de cette connoissance que notre volonté se porte vers ce plaisir. Mais elle s'y porte différemment dans les tempérants & dans les intempérants, au nombre desquels je mets tous ceux en qui regne cette partie de notre corruption naturelle, que S. Jean appelle *la concupiscence de la chair.*

Dans les tempérants, qui se sont accoutumés à regarder ces plaisirs comme n'étant point notre vrai bien ni notre fin, ou par le seul instinct de la grace, ou parce qu'ils savent de plus qu'ils ne sont donnés de Dieu que pour la conservation de notre corps, l'esprit les représentant comme tels à la volonté, elle ne s'y porte point par cet acte d'amour qu'on appelle de jouissance, qui n'est que pour les objets auxquels elle s'attache comme à sa fin ; & ainsi elle n'a garde de se croire heureuse d'aucune sorte de bonheur, ni vrai, ni apparent.

Mais dans les intempérants, au contraire, qui, par leur corruption naturelle, que la grace n'a point corrigée, ou par une habitude vicieuse, ajoutée à cette corruption, se sont accoutumés à regarder les sentiments agréables de ces plaisirs prévenants, comme leur vrai bien & comme leur fin, aussi-tôt que leur esprit les apperçoit, il les représente à la volonté selon cette fausse idée, & la volonté s'y porte & s'y attache avec un grand amour, comme elle fait naturellement à tout ce qui lui est représenté comme capable de la rendre heureuse. Et elle croit l'être par-là ; mais elle ne l'est que d'un faux bonheur, parce que ce qu'elle embrasse comme étant son vrai bien & sa fin, ne l'est point, mais tout au plus le bien de son corps, & un moyen pour le conserver.

On voit la même chose dans deux Marchands, dont l'un seroit sans piété & fort avare, & l'autre fort pieux & fort détaché de l'amour du bien. Ils reçoivent en même temps la nouvelle d'un gain très-considérable. Quel effet cela fera-t-il dans l'un & dans l'autre ? Dans l'avare qui a VII. Cl. l'esprit & le cœur corrompu par son avarice, que S. Paul appelle comme je N°. XI. l'ai déja remarqué, *une idolâtrie*, parce que l'avare fait un Dieu de son argent, cette nouvelle le rendra heureux, mais d'un faux bonheur ; parce qu'elle réveillera dans son esprit l'idée d'une chose que sa volonté, trompée par la passion qui la domine, embrassera comme son vrai bien. Mais dans le Marchand pieux, à qui la foi fait considérer les richesses, non comme la fin où le cœur doit se reposer, mais comme un moyen de faire de bonnes œuvres, cette nouvelle n'excitera point dans sa volonté un mouvement d'amour vers ce gain, comme on en a pour ce qui nous doit rendre heureux, mais seulement un dessein de s'en servir selon les devoirs de la piété chrétienne.

§. XIII.

Dixieme supposition. *Que le sommeil rend heureux celui qui dort.*

Cette supposition est bien différente des précédentes. Car au lieu que je vous ai avoué que les précédentes étoient des suites nécessaires de votre supposition, *que plaisir & bonheur sont des termes convertibles*, il en est tout au contraire de celle dont je vas parler.

J'entends par-là ce que vous dites en la page 53 : *Que l'on ne peut nier, si ce n'est en prenant le mot de bonheur dans un faux sens, que le sommeil ne rende heureux celui qui dort. Au reste*, me dites-vous, *quand vous niez que le sommeil rend heureux celui qui dort, vous tombez encore dans le faux sens que je vous ai représenté, & qui consiste à ne point faire de différence entre être heureux & jouir du souverain bien.* Je vous l'ai déja dit, Monsieur, le souverain bien mérite par excellence la qualité de bonheur, comme Dieu mérite par excellence la qualité d'être ; mais cela n'empêche pas que comme la créature est un être très-réel, tout plaisir ne soit une félicité très-réelle. Et l'on peut dire sans hyperbole, & sans galimatias poétique, qu'un pauvre qui dort est aussi heureux qu'un Roi pendant ce temps-là. En général l'on peut dire qu'un homme qui dort est heureux, quand le sommeil le dégage de quelque pensée fâcheuse.

Mais rien n'est plus foible, Monsieur, que ces deux raisons, pour prouver que je n'ai pu nier, *si ce n'est en prenant le mot de bonheur en un faux sens*, que celui qui dort ne soit heureux d'une félicité très-réelle. Car pour la derniere raison, comme ce n'est que par accident que le sommeil nous dégage quelquefois de quelque pensée fâcheuse, & que cela ne convient pas à toute sorte de sommeil, ce ne seroit aussi que par

VII. Cl. accident que le sommeil rendroit heureux. Et de plus, si c'est là une féli-
N°. XI. cité très-réelle, ç'en seroit une aussi quand la moindre distraction nous
délivreroit d'une pensée fâcheuse.

Pour ce qui est du proverbe; *qu'un pauvre qui dort est aussi heureux qu'un Roi pendant ce temps-là*, ce n'est ni une *hyperbole*, ni un *galimatias poétique*, mais une façon de parler impropre; par où l'on veut faire entendre, qu'un Roi, pendant qu'il dort, ne sentant point le bonheur que l'erreur des hommes attache à la Royauté, n'en tire alors aucun avantage qui le rende plus heureux que le pauvre; & que le pauvre, dans ce même état, ne sentant point ce que le monde appelle malheur dans la pauvreté, peut être regardé alors comme n'étant pas moins heureux que le Roi. Mais cela ne prouve en aucune sorte que le sommeil rende l'un ou l'autre véritablement heureux: car ce qui égale le pauvre au Roi dans le sommeil, est, que la Royauté ne donne point alors au Roi de sentiment agréable, comme la pauvreté n'en donne point au pauvre de désagréable; parce que le sommeil qui leur est commun, est un état qui est tel de sa nature, qu'on n'y a point de sentiment, ni agréable ni désagréable. Or il est impossible, selon vous, que l'on soit heureux quand on n'a aucun sentiment, ni agréable ni désagréable.

On n'a, pour en être convaincu, qu'à considérer ce que vous aviez dit dans vos Nouvelles, & ce que vous répétez dans votre Réponse, page 68: *Dieu seul est la cause efficiente de notre félicité, mais il n'y a que le plaisir qui en soit la cause formelle; & la seule voie que nous concevions que Dieu puisse mettre en usage, pour nous rendre actuellement & formellement heureux, c'est de communiquer à notre ame la modification qu'on appelle sentiment du plaisir.*

Or le sommeil n'est point un état où Dieu se soit engagé par aucune loi générale, de communiquer à notre ame la modification qu'on appelle sentiment du plaisir, & c'est au contraire, un état où l'on n'a pour l'ordinaire aucun sentiment.

Rien n'est donc plus contraire à vos principes, que d'avoir étendu au sommeil ce qu'ils ne vous obligeoient de dire que du plaisir, en voulant *que quiconque dort soit heureux*, comme il est vrai, selon vous, que *quiconque jouit du plaisir est heureux, tant qu'il en jouit*. Il faut, Monsieur, que vous ayiez une grande inclination de rendre les hommes heureux à peu de frais, puisqu'ils n'ont, selon vous, qu'à s'endormir pour être heureux.

Rép. page 52. Mais pour nous le persuader, il eût été bon que vous eussiez réfuté ce qui en est dit, dans les pages 5 & 6 de l'*Avis*, & que vous ne vous fussiez pas contenté de dire, *qu'elles sont un peu foibles, à cause*

DES PLAISIRS DES SENS. 53

qu'on y prend le mot de bonheur, dans le sens où il ne faut pas le prendre. Le public en jugera. Il ne faut que le rapporter. On vous y a fait remarquer que ce que vous dites des plaisirs dans vos Nouvelles, en ces termes : *S'imagine-t-on qu'en disant aux voluptueux, que les plaisirs où ils se plongent sont un mal, un supplice, un malheur épouvantable, &c.* se pourroit dire du sommeil. C'est ce qu'on vous avoit représenté en se servant de vos termes mêmes. " S'imagine-t-on, qu'en disant à ceux qui „ aiment à dormir, que le sommeil est un mal, un supplice, un malheur „ épouvantable, on les portera à ne plus vouloir tant dormir? Bagatelles! „ Ils prendront un tel discours pour une pensée outrée d'un homme „ entêté, qui s'imagine qu'on déférera plus à ses paroles qu'à l'expé-„ rience ".

VII. Cl. N°. XI.

Mais comme on ne s'étoit pas attendu, que vous dussiez prendre pour une vérité, *qu'un homme est heureux quand il dort ;* au lieu que l'on avoit cru que vous le rejeteriez comme une absurdité manifeste, en vous réservant de faire voir qu'il n'en étoit pas de même du sommeil que du plaisir, voici ce qu'on avoit conclu de cette parodie.

" Que diriez-vous, Monsieur, à un homme qui vous parleroit de la
„ sorte, pour vous persuader que le sommeil est le souverain bien de
„ l'homme, & qu'il est heureux tant qu'il dort? Ne seriez-vous pas obli-
„ gez de lui représenter, que c'est abuser du mot de *bonheur*, que de vouloir
„ que le sommeil nous rende heureux ; mais qu'il ne s'ensuit pas, que s'il
„ ne nous rend pas heureux, ce doit être *un mal, un supplice, un malheur*
„ *épouvantable :* Qu'au contraire, quand il n'est pas excessif, c'est un moyen
„ innocent de conserver notre corps ; d'où il s'ensuit seulement, & que
„ ce n'est pas un mal, ni un supplice, & que ce n'est point aussi ce
„ qui nous rend heureux ; puisque c'est renverser les premiers principes
„ de la Morale, que de mettre notre bonheur dans ce qui n'est qu'un
„ moyen, que nous ne devons point désirer pour soi-même, comme
„ M. Arnauld l'a montré dans le vingt-unième Chapitre par le consente-
„ ment de tous les Philosophes & Payens & Chrétiens. Or il en est de
„ même des Plaisirs des Sens. Ce ne sont que des moyens, dont il nous
„ est permis d'user pour la conservation de notre corps, *utentis modestiâ,*
„ *non amantis affectu,* comme dit S. Augustin. Et par conséquent, ce
„ seroit en effet une extravagance de dire à un voluptueux, que ces plai-
„ sirs *sont un mal, un supplice, un malheur épouvantable ;* mais ce n'en
„ seroit pas une moindre de s'imaginer, qu'il n'y a point de milieu entre
„ leur dire, que c'est un mal & un supplice, & leur avouer, que c'est leur
„ vrai bien, *qui les rend heureux tant qu'ils en jouissent* ".

Croyez-vous, Monsieur, qu'il se trouvera beaucoup de personnes, qui

VII. Cl. diront comme vous, que ces deux pages *font un peu foibles, parce qu'on*
N°. XI. *y prend le mot de bonheur dans un autre fens qu'on ne le doit prendre?*
Et n'y a-t-il pas beaucoup d'apparence, qu'il y en aura davantage qui trouveront, que ce qu'on y a dit doit être bien fort, puisqu'il vous a réduit à ne pouvoir foutenir qu'on eft heureux en jouiffant des plaifirs charnels, qu'en prétendant, que, par la même raifon, & en prenant le mot de bonheur dans le même fens, tous ceux qui dorment le font auffi.

§. XIV.

Onzieme fuppofition, *qui regarde M. Arnauld.*

Cette fuppofition ne regarde pas tant la matiere en foi, que la perfonne de M. Arnauld. Vous fuppofez qu'il n'a combattu ce que dit le P. Malebranche, que les Plaifirs des Sens nous rendent heureux, que parce qu'il s'eft imaginé qu'*on ne devoit donner le nom de bonheur qu'à la félicité par excellence, qui eft celle du ciel,* ou *parce qu'il a cru que ce qui pouvoit attirer fur ceux qui s'y abandonnent des fupplices épouvantables, ne devoit pas être appellé bonheur.*

Il y a plufieurs paffages de votre Réponfe, qui font voir que vous attribuez à M. Arnauld, l'une & l'autre de ces deux chofes. Je n'en rapporterai que quelques-uns pour abréger.

Pour la premiere, rien n'eft plus clair que ce que vous dites, en la page 33. *Vous voyez bien*, me dites-vous, *qu'il y a plus de difputes de mots & plus d'équivoques dans ce démêlé que d'autre chofe. Vous avez vu la queftion de nom; & pour l'équivoque elle eft renfermée en ce que M. Arnauld entend, par les termes de bonheur & de ce qui rend heureux, la félicité fouveraine qui, par excellence, s'appelle bonheur tout court.* Or vous déclarez dans la p. 44, que ce que vous entendez par *la félicité fouveraine qui, par excellence, s'appelle bonheur tout court,* eft la félicité des Bienheureux dans le ciel. *Quoique Dieu,* dites-vous, *foit notre fouverain bien & notre bonheur par excellence, ou ce qui eft la même chofe, encore que l'état où il met une ame par la vifion béatifique, foit le bonheur par excellence, le bonheur tout court, il ne laiffe pas d'être vrai, au pied de la lettre, que tout état de plaifir eft un bonheur.* Vous fuppofez donc que la difpute entre le P. Malebranche & M. Arnauld, n'eft fondée que fur une équivoque, en ce que M. Arnauld reftreint le mot de *bonheur,* & de *ce qui rend heureux* à la félicité du ciel, & à la félicité par excellence, qui s'appelle bonheur tout court.

Vous lui attribuez auffi la feconde penfée, en me l'attribuant à moi-même, lorfque vous dites en la page 60 : *Mais comment*, me direz-vous, *les Plaifirs des Sens font ils un véritable bonheur, s'ils font la caufe d'un auffi grand malheur que font les fupplices de l'autre vie ?* Il eft vifible auffi que c'eft ce que vous fuppofez & combattez dans les pages 30 & 31, comme fi le différent étoit en cela.

VII. Cl.
N°. XI.

Mais il faut, Monfieur, que ce foit l'engagement à défendre ce que vous aviez dit dans vos Nouvelles en faveur du P. Malebranche, qui vous a fait avoir recours à cette double fuppofition ; car M. Arnauld ne vous en a pas donné le moindre fujet.

Il n'a combattu ce que dit le P. Malebranche, que les Plaifirs des Sens nous rendent heureux, que dans le vingt-unieme & le vingt-deuxieme Chapitre. Or y avez vous trouvé la moindre trace de l'une ou l'autre de ces deux chofes : que les Plaifirs des Sens ne pouvoient pas être notre bonheur, parce qu'ils n'étoient pas la félicité du ciel, ou parce qu'on ne devoit pas appeller bonheur, ce qui conduit les hommes à un extrême malheur ? Bien loin qu'il fe foit fervi d'aucune de ces deux raifons de près ou de loin, vous trouverez qu'il n'en emploie point d'autres, que celles qui font ou peuvent être communes aux Philofophes Chrétiens & aux Philofophes Payens, qui ont combattu Epicure. Je les ai rapportées en abrégé dans le §. II. Or ces anciens adverfaires d'Epicure n'avoient garde de le combattre par la confidération de la félicité du ciel & du malheur de l'enfer, puifqu'ils ne connoiffoient ni l'un ni l'autre. Avouez donc, que M. Arnauld n'a rien employé de tout cela contre le P. Malebranche, & qu'en effet on n'en a aucun befoin pour ruiner le prétendu bonheur des Plaifirs des Sens.

§. XV.

De la fauffe alternative.

Je vous ai dit, Monfieur, qu'après avoir propofé ce que vous aviez à établir contre M. Arnauld en faveur du P. Malebranche, vous en commenciez la preuve par ces paroles : *S'imagine-t-on qu'en difant aux voluptueux, que les plaifirs où ils fe plongent font un mal, un fupplice, un malheur épouvantable,* NON SEULEMENT A CAUSE DES SUITES, *mais auffi pour le temps où ils les goûtent, on les obligera à les détefter ? Bagatelles ! Ils prendront un tel difcours pour un paradoxe ridicule & une penfée outrée. Le plus fûr eft, d'avouer aux gens qu'ils font heureux pendant qu'ils ont du plaifir.*

Je vous ai repréfenté fur cela, qu'il eft étrange que vous ayiez cru

VII. Cl.
N°. XI.
pouvoir rien prouver par une si fausse alternative. Car on vous a avoué que ce seroit une extravagance *de dire à un voluptueux, que ces plaisirs sont un mal, un supplice, un malheur épouvantable.* Mais on vous a soutenu, que ce n'en seroit pas une moindre de s'imaginer, qu'il n'y a point de milieu, entre leur dire, que c'est mal & un supplice, & leur avouer que c'est leur vrai bien, qui les rend heureux tant qu'ils en jouissent.

Vous entreprenez de montrer, que vous ne vous êtes point servi d'une fausse alternative. Mais comment le prouvez-vous? En n'employant de nouveau pour preuves, que d'autres fausses alternatives. Vous n'avez pu nier qu'il n'y ait un milieu entre le bonheur & le malheur; mais vous soutenez que M. Arnauld n'a pu avoir égard à ce milieu pour réfuter la doctrine du P. Malebranche. *Et en voici*, dites-vous, *la raison.* C'est qu'un homme qui trouve à redire à ces termes, *les Plaisirs des Sens nous rendent heureux, doit nécessairement supposer l'une ou l'autre de ces deux choses, ou toutes les deux ensemble. La première, qu'il n'y a que la félicité par excellence, qui consiste dans la vision de Dieu, qui nous puisse rendre heureux. La seconde, que pour éviter les inconvénients du dogme que M. Arnauld a combattu, il faut considérer les Plaisirs des Sens, non selon leur réalité physique, mais dans leurs effets, & dans ces fléaux de la justice divine qu'ils attirent sur nos têtes.*

Voilà donc la raison qui nous a dû faire voir, que vous ne vous étiez point servi d'une fausse alternative. Mais peut-on nier que cette raison ne soit elle-même une autre fausse alternative? Car il n'est point vrai, que M. Arnauld ait eu besoin, pour combattre cette proposition, *les Plaisirs des Sens nous rendent heureux*, ni de l'une ni de l'autre des deux choses que vous prétendez qu'*il a dû nécessairement supposer.* C'est ce que je viens de vous faire voir dans le §. précédent, & il seroit superflu d'en rien dire davantage.

Je remarquerai seulement, que de ces deux choses, que vous voudriez que M. Arnauld eût supposées, il n'y a proprement que la derniere qui pouvoit servir à donner quelque couleur à votre prétention, qu'on ne doit point mettre de milieu entre le bonheur & le malheur en parlant des Plaisirs des Sens; & qu'ainsi on doit ou dire aux voluptueux, que c'est un mal & un supplice que d'en jouir, à cause des maux que cela attirera sur leur tête, ou leur avouer, que ces plaisirs les rendent heureux. Mais de la maniere que vous proposez votre preuve, vous ne laissez point de lieu à cette considération des maux à venir; puisqu'en prétendant que ceux qui combattent le bonheur des Plaisirs des Sens, doivent dire aux voluptueux *que ces plaisirs sont un mal, un supplice, un malheur épouvantable*, vous ajoutez, NON SEULEMENT A CAUSE DES SUITES, *mais aussi auffi pour le temps où ils les goûtent. Or cela feroit pris*, dites-vous, *pour une penfée outrée d'un homme entêté. D'où vous concluez, le plus fûr eft donc, d'avouer aux gens qu'ils font heureux pendant qu'ils ont du plaifir.* Vous voyez, Monfieur, que ce que vous appellez *une penfée outrée*, eft de dire, que *les Plaifirs des Sens font un malheur épouvantable, non feulement à caufe des fuites, mais dans le temps même qu'on en jouit.* Or vous reconnoiffez vous-même, qu'on peut dire aux voluptueux, *que quoique ces plaifirs confidérés en eux-mêmes & dans le temps qu'on en jouit, ne foient point un fupplice, on les peut appeller un fupplice, en les confidérant dans leurs fuites, & dans les fléaux de la juftice de Dieu qu'ils attirent fur nos têtes.* Il eft donc clair, que vous avez argumenté, felon vous-même, par une fauffe alternative; puifque fans faire mention de ce dernier membre, qui eft fans doute plus raifonnable que votre *penfée outrée*, vous avez conclu tout d'un faut, que *la penfée outrée* étant hors d'apparence, il ne reftoit que d'avouer aux voluptueux, que les Plaifirs des Sens les rendent heureux pendant qu'ils en jouiffent.

Cependant, Monfieur, prenez garde que je ne vous dis cela, qu'en vous combattant par vous-même: comme je le pourrois faire encore, en vous priant de confidérer, comment ce que vous dites en la page 47; *pour guérir l'homme de l'amour des vains plaifirs, il faut bien lui en repréfenter les conféquences; ce qu'on ne feroit pas, fi on fe tenoit dans le milieu qu'on vous a reproché d'avoir fauté, c'eft-à-dire, fi on lui difoit que ces plaifirs ne font point notre bonheur, mais que ce ne font point auffi un malheur & un fupplice*; comment dis-je, cela fe peut accorder avec ce que vous dites en la page 69. *Prenez-y bien garde, Monfieur, il n'eft pas befoin, afin de porter un homme à fuir une chofe, de lui prouver qu'elle eft un mal: il fuffit de le convaincre que c'eft un moindre bien.*

Mais tout cela ne regarde pas M. Arnauld. Car vous n'avez pas raifon de fuppofer qu'il a eu befoin de confidérer les Plaifirs des Sens, par rapport aux peines de l'autre vie, pour leur difputer l'avantage que vous leur attribuez, de rendre les hommes heureux. Rien n'eft plus éloigné de fa penfée. Et on voit affez par tout ce qu'il dit fur ce fujet dans fon premier Livre, qu'il eft très-perfuadé de ces trois chofes. 1°. Que les Plaifirs des Sens font des fentiments agréables que Dieu nous a donnés, pour avertir notre ame de veiller à la confervation de notre corps. 2°. Que ce feroit donc une penfée outrée & ridicule, de dire aux voluptueux que ce font un fupplice & un malheur épouvantable. 3°. Mais qu'il ne s'enfuit nullement, de ce qu'ils ne font pas un malheur & un fupplice, qu'on foit obligé de dire qu'ils rendent les hommes heureux pendant qu'ils en jouiffent: qu'il eft certain, au contraire, qu'ils ne les peuvent rendre heureux, par de très-bonnes raisons, qui ne supposent ni la connoissance de l'enfer ni celle celle du paradis. Je vous l'ai dit tant de fois, que j'ai peur qu'on ne s'en ennuye. Mais j'y ai été contraint, parce que c'est toujours où vous en revenez, qu'on ne peut raisonnablement nier que ces plaisirs ne rendent heureux, que par l'une ou l'autre de ces deux raisons, qui assurément ne sauroient rien valoir à l'égard de M. Arnauld : ou parce qu'on ne voudroit pas reconnoître d'autre bonheur que la félicité par excellence, qui est la vision béatifique : ou parce que ces plaisirs peuvent être appellés un malheur plutôt qu'un bonheur, à cause des supplices éternels qu'ils attirent sur la tête de ceux qui s'y abandonnent.

§. XVI.

Examen d'une nouvelle spéculation touchant la spiritualité & la matérialité des Plaisirs des Sens.

Il ne me reste plus, Monsieur, qu'à vous dire un mot de la plus importante chose de votre Ecrit. C'est une pensée métaphysique, si subtile & si abstraite, que j'ai une double peur : l'une, de n'avoir pas toutà-fait bien pris votre pensée : l'autre, de ne pouvoir dire la mienne d'une maniere qui puisse être entendue de tout le monde.

Vous prétendez, Monsieur, qu'il faut distinguer deux choses dans les Plaisirs des Sens ; leur *spiritualité*, que vous regardez comme leur étant essentielle, & leur *matérialité*, que vous voulez qui leur soit *accessoire & accidentelle* : d'où vous concluez, qu'un Plaisir des Sens pourroit demeurer *idem numero*, & n'avoir rien de matériel, parce que la matérialité en peut être séparée. C'est ce que j'ai compris de ces paroles de votre page 75. *Si la Philosophie de M. Descartes avoit chassé depuis long-temps, les chimeres arabesques & espagnoles, qui ont si fort obscurci le Traité de l'ame, nous discernerions beaucoup mieux la spiritualité du Plaisir des Sens, & nous la démélerions mieux de cette matérialité accessoire & accidentelle, que l'on a raison de décrier : car j'avoue que c'est un principe inépuisable de corruption. Mais d'où vient cela ? Est-ce de quelque qualité physique ou inhérente de ces plaisirs ? Nullement. Car à ne considérer les plaisirs que selon leur réalité physique, il n'y en a point de plus spirituels les uns que les autres : ils sont tous réellement & proprement spirituels, soit qu'on veuille les qualifier de leur sujet, qui ne peut être qu'un esprit ; soit qu'on veuille les qualifier de leur véritable cause, qui ne peut être que Dieu : de sorte que la division des plaisirs en spirituels & corporels, n'est fondée que sur la coutume qu'ont les hommes, d'emprunter les attributs qu'ils donnent*

DES PLAISIRS DES SENS.

aux choses, non pas de leur véritable nature, mais des accidents qui les accompagnent.

VII. Cl.
N°. XI.

Vous marquez ensuite ce que vous croyez avoir donné occasion aux hommes d'appeller quelques plaisirs corporels, & d'autres spirituels : & vous prétendez que cela vient de la différence des causes occasionnelles. *Parce qu'il y a, dites-vous, des plaisirs qui s'excitent dans notre ame toutes les fois que certains objets grossiers agissent sur notre corps, nous les appellons corporels & matériels. Au contraire, si nous sentons quelque plaisir en conséquence d'une pieuse méditation, nous l'appellons spirituel.* Il est évident, que c'est une dénomination extrinseque & tropologique, qui ne suppose point la différence réelle (a) (entre son sujet) & celui qu'on qualifie corporel. Car changez seulement les causes occasionnelles de ces deux plaisirs, & laissez-les en eux-mêmes ce qu'ils étoient auparavant, vous trouverez qu'il faudra faire un échange de leur titre, & appeller corporel celui qu'on nommoit spirituel.

Vous voulez donc, ce me semble, que le plaisir que ressent une ame dévote dans une pieuse méditation, & celui que ressent un homme de bonne chere en mangeant un ragoût, ne soient l'un spirituel & l'autre corporel, que par une dénomination extrinseque, prise de leurs différentes causes occasionnelles ; de sorte que chacun d'eux demeurant le même selon toute leur entité & réalité physique, le plaisir de l'ame dévote pourroit devenir le plaisir du goinfre, & le plaisir du goinfre celui de l'ame dévote.

Cela me paroît si extraordinaire, que j'ai de la peine à croire que ce soit là votre pensée. Cependant je ne vois pas quel autre sens on pourroit donner à vos paroles. Quoi qu'il en soit, voici ce me semble ce qui peut éclaircir cette matiere, & en démêler les équivoques s'il y en a dans votre discours.

Rien ne trouble tant la connoissance qu'il nous est facile d'avoir de notre ame, que de ce qu'au lieu de la chercher uniquement dans nos sentimens intérieurs, nous nous imaginons que des comparaisons prises des corps nous donneront moyen de la mieux connoître : & c'est justement tout le contraire ; car la substance qui pense, & la substance étendue étant totalement différentes, il n'est pas possible que nous ne nous embarrassions, quand nous voulons expliquer les modifications de l'une, par celles de l'autre.

Appliquons-nous donc seulement à bien comprendre ce que nous ne pouvons ignorer, pour peu que nous fassions de réflexion sur ce qui se

---

(a) Il semble qu'il y ait une faute, & qu'il faudroit : *entre celui qu'on appelle spirituel*.

VII. Cl. passe en nous, & nous reconnoîtrons que toutes les modifications de
N°. XI. notre ame, *pensées*, *volontés*, *desirs*, *plaisirs*, ont nécessairement deux
rapports; l'un à notre ame comme à leur sujet; l'autre à ce qui en est
l'objet. C'est ce qui se sent mieux dans la pensée, mais il en est de même
à proportion dans les *volontés*, les *desirs* & les *plaisirs*.

 Tout homme qui pense, pense à quelque chose, & ne penser à rien,
c'est ne point penser. Un Architecte pense au palais qu'il bâtit. Un Savetier, pense au vieux soulier qu'il raccommode. Un Chirurgien, pense
au corps mort dont il fait l'anatomie. Un Astronome pense aux planetes
de Saturne. Un Géometre pense à une ellipse dont il recherche les propriétés. Un débauché pense à quelque chose de déshonnête. Un homme
qui prie pense à Dieu. Toutes ces pensées, considérées par rapport à
leur sujet, qui est notre ame, ne paroissent guere différentes, & on ne peut
douter qu'à cet égard, elles ne soient toutes également spirituelles. Mais
elles sont extrêmement différentes par rapport à leur objet : & c'est ce
qui fait, que les unes peuvent être appellées matérielles, & les autres
spirituelles ; les unes basses, & les autres importantes ; les unes déshonnêtes
& les autres pieuses.

 Il en est de même de nos amours, de nos desirs, de nos plaisirs : il
est certain qu'outre le rapport qu'ils ont à notre ame comme à leur sujet,
en quoi on ne remarque pas grande différence, ils ont un autre rapport
à ce qui est leur objet, en quoi ils peuvent être fort différents. Car qui
peut douter, que l'ame d'un homme qui aime Dieu, qui desire de le bien
servir, & qui ressent un grand plaisir quand il lui rend quelque service
considérable, ne soit autrement modifiée, que l'ame d'un homme qui
aime la bonne chere, qui desire de faire bonne chere, qui ressent un
grand plaisir quand il fait bonne chere ; ou l'ame de celui qui aime l'argent, qui desire d'en amasser beaucoup, & qui ressent un grand plaisir
quand il a fait un grand gain.

 Sans doute, Monsieur, que vous demeurez d'accord de tout cela
jusques à un certain point ; c'est-à-dire, que vous avouez que les hommes ont mis une grande différence entre les amours, les desirs & les
plaisirs de ces trois sortes de personnes. Mais il semble que vous prétendiez que ces différences ne sont point fondées sur quelque chose qui
soit intrinseque à ces amours, à ces desirs & à ces plaisirs ; mais que
ce ne sont que des dénominations extrinseques, prises de ce qui ne leur
est qu'*accidentel & accessoire*.

 C'est ce qui vous fait dire, qu'à ne considérer les plaisirs (& il en
doit être de même des amours & des desirs) il n'y en a point de plus
spirituels les uns que les autres, & qu'ainsi les plaisirs les plus brutaux

DES PLAISIRS DES SENS. 61

sont aussi spirituels que les plus pieux; parce que vous prétendez que VII. Cl. leur réalité physique ne comprend que deux rapports; l'un à notre ame, N°. XI. qui est leur sujet, l'autre à Dieu, qui est leur cause efficiente. Et que deviendra donc le rapport à leur objet? Vous n'avez pu ignorer qu'ils n'eussent ce rapport, chacun en peut être trop facilement convaincu par son sentiment intérieur. Vous l'avez donc connu, & il faut que ce soit ce que vous appellez *la matérialité des Plaisirs des Sens, que l'on ne sauroit trop décrier, & que vous avouez être un principe inépuisable de corruption.* Mais vous prétendez que cette *matérialité*, c'est-à-dire, le rapport de ces plaisirs à leurs objets particuliers, ne leur est qu'*accessoire & qu'accidentel;* & qu'ainsi les plaisirs les plus brutaux demeurant tout ce qu'ils sont, selon leur entité physique, pourroient être dépouillés de cette *matérialité*, & devenir par-là aussi honnêtes & aussi saints, que les plaisirs de l'ame dévote dans une pieuse méditation.

Permettez-moi, Monsieur, de vous dire, que, supposé que votre sentiment soit tel que je le conçois, certainement vous vous trompez, & que vos nouvelles pensées sur ce sujet, ne sont point un avantage que vous ayiez pu tirer de ce que *la Philosophie de M. Descartes a chassé les chimeres arabesques & espagnoles, qui avoient si fort obscurci le Traité de l'ame*. Vous devez au contraire appréhender, qu'on ne vous dise qu'il n'y a guere de chimeres arabesques & espagnoles qui le soient plus, que de s'imaginer que le rapport qu'ont à leurs objets les différentes modifications de notre ame, pensées, amours, desirs, plaisirs, n'est rien d'essentiel à chacune, & n'entre point dans son entité physique, mais que ce n'est qu'une dénomination extrinseque, qui lui est *accessoire & accidentelle*, & dont elle pourroit être dépouillée en demeurant ce qu'elle est selon tout ce qu'elle a de réalité physique; de sorte que la perception que j'ai d'une araignée, sans rien changer de ce qu'elle a de physique & de réel, pourroit devenir la perception d'un éléphant.

Je sais bien que cela pourroit trouver quelque appui dans la fausse Philosophie du P. Malebranche touchant les idées: car quoi qu'on lui ait pu dire, cette proposition si claire & si certaine d'elle-même, *que nos perceptions sont essentiellement représentatives de leurs objets*, lui a toujours paru une grande absurdité, & la comparaison dont il se sert pour établir ce paradoxe est tout-à-fait merveilleuse. Il prétend que quand j'apperçois un cercle, ce qui me le représente (ce qu'on appelle autrement *la réalité objective du cercle*) n'est dans la perception que j'en ai, que comme cent pistoles sont dans une bourse de cent pistoles. Si cela étoit vrai, vous y trouveriez assez votre compte. Car, comme en ôtant d'une bourse des pieces d'or pour y en mettre de cuivre, ou des

VII. Cl pieces de cuivre pour y en mettre d'or, la bourse demeure toujours la
N°. XI. même, quoiqu'on l'appelle en un temps une bourse de pistoles, & en un autre, une bourse de jettons; on comprendroit aisément comment la même perception pourroit, tantôt me représenter une araignée & tantôt un éléphant, sans qu'il fût arrivé aucun changement dans la réalité physique de cette perception. Mais j'ai de la peine à croire que vous puissiez vous accommoder de comparaisons si absurdes, pour embrouiller la chose du monde la plus claire, qui est, que la perception d'un cercle, d'un quarré, d'un nombre, n'est autre chose que la représentation formelle d'un cercle, d'un quarré, d'un nombre. Et je me souviens, que, dans quelqu'une de vos Nouvelles, en parlant de la *Défense de M. Arnauld*, vous avez témoigné approuver fort ce qu'il dit sur ce sujet (*a*).

Ce n'est pas aussi par-là, Monsieur, que vous vous y prenez pour montrer que la matérialité des plaisirs les plus brutaux en peut être séparée, de sorte que, sans perdre rien de leur entité physique, ils pourroient devenir des plaisirs aussi honnêtes & aussi saints que ceux que sent une ame dévote dans quelque pieuse méditation. Mais vous prétendez que ce qui fait que les Plaisirs des Sens sont appellés charnels, & que d'autres sont appellés spirituels, n'est rien de réel dans ces plaisirs, & que c'est seulement une dénomination extrinseque, prise de leurs diverses causes occasionnelles. *Car les uns*, dites-vous, *sont appellés charnels, parce que Dieu les forme en notre ame toutes les fois que certains objets grossiers agissent sur notre corps, au lieu qu'il y en a que Dieu nous fait sentir en conséquence d'une méditation pieuse*. D'où vous concluez, *qu'en changeant seulement les causes occasionnelles de ces plaisirs, & les laissant en eux-mêmes ce qu'ils étoient auparavant, le spirituel deviendroit charnel, & le charnel spirituel*. Mais j'espere, Monsieur, que quand vous y aurez fait un peu d'attention, vous reconnoîtrez que cela est tout-à-fait insoutenable.

Si les plaisirs qu'on appelle corporels, n'étoient différents des spirituels que par *une dénomination extrinseque, prise de leurs différentes causes occasionnelles*, il est sans doute que tous les plaisirs corporels ne seroient aussi différents les uns des autres, que par une semblable dénomination extrinseque, prise de leurs différentes causes occasionnelles. Or il est très-facile de vous faire voir que cela ne sauroit être.

Supposons que deux jumaux soient tellement semblables entre eux, que personne ne les puisse distinguer que par une dénomination extrin-

(*a*) [Nouvelles de la République des Lettres, Septembre 1684. N°. 653.]

feque, prife de leurs habits, qui feroient de différente couleur, l'un étant habillé de noir, & l'autre de gris, n'eft-il pas clair que je ne pourrois les diftinguer en appellant l'un *l'habillé de noir*, & l'autre *l'habillé de gris*, qu'après avoir connu auparavant de quelle couleur eft l'habit de chacun? Il en feroit donc de même de deux fortes de plaifirs corporels: s'ils n'étoient différents que par une dénomination extrinfeque prife de leurs caufes occafionnelles, je ne les pourrois diftinguer qu'après avoir connu la caufe occafionnelle de chacun. Or c'eft affurément ce qui n'eft pas vrai.

Car 1°. ce ne font point *les corps groffiers*, comme vous dites, auxquels les plaifirs du boire & du manger nous font faire attention, qui font les vraies caufes occafionnelles de ces plaifirs, c'eft uniquement de certains mouvements fort délicats qui fe font dans notre cerveau, qui font une occafion à Dieu de former ces plaifirs, pour être une preuve courte de ce qui eft propre à la confervation de notre corps. Or ces mouvements qui fe font dans notre cerveau, nous font entiérement inconnus. Donc les vraies caufes occafionnelles de ces plaifirs nous étant inconnues, nous ne pourrions diftinguer le plaifir de boire du vin d'avec le plaifir de manger une figue, s'ils n'étoient différents entre eux que par une dénomination extrinfeque, prife de leurs caufes occafionnelles.

2°. Quand on philofopheroit plus groffiérement, & qu'on regarderoit les chofes que nous buvons & que nous mangeons, comme les caufes occafionnelles des différents plaifirs que l'on reffent en buvant & en mangeant, ce feroit la même chofe. Car qu'on faffe boire à un aveugle ou à un homme qui aura les yeux bandés quatre différentes liqueurs, quoiqu'il n'en connoiffe aucune avant que de les boire, il en diftinguera les différents goûts, & ce fera, au contraire, la différence de ces goûts qui lui fera diftinguer ces différentes liqueurs. Il eft donc faux que ce qui diftingue ces goûts ou ces plaifirs, ne foit qu'une dénomination extrinfeque, prife de leurs différentes caufes occafionnelles; puifque, fi cela étoit, il faudroit connoître ces différentes caufes occafionnelles avant que de pouvoir diftinguer ces goûts; au lieu que c'eft par ces goûts que l'on connoît & que l'on diftingue ces quatre liqueurs, qui font les *corps groffiers*, que vous faites entendre avoir été les caufes occafionnelles de ces goûts & de ces plaifirs. Et c'eft ce qui prouve manifeftement, que chacun de ces goûts & de ces plaifirs a en foi-même un rapport effentiel à chacune de ces liqueurs, comme il eft aifé auffi de montrer que cela doit être ainfi felon l'inftitution de la nature.

Car il ne faut que confidérer pourquoi Dieu forme en notre ame les

VII. Ch. modifications, qu'on appelle corporelles à cause du rapport qu'elles ont
N°. XI. au corps, pour juger que ce rapport à dû être essentiel, & entrer dans leur entité réelle & physique. Rien ne peut mieux nous le faire comprendre que le sentiment de la faim & de la soif. Notre estomac étant vuide, les acides le picotent, & ce picotement cause un certain mouvement dans le cerveau, en conséquence duquel, Dieu cause en notre ame une modification qui s'appelle le sentiment de la faim, pour l'avertir que notre corps a besoin de manger. Il arrive la même chose de l'aridité du gosier à l'égard du sentiment de la soif, qui nous est donné pour avertir notre ame que notre corps a besoin de boire. On voit par là que ces sentiments ne doivent pas être des desirs en général (car à quoi serviroient aux desseins de Dieu des desirs en général, & à quoi nous aideroient-ils à conserver notre machine) mais qu'il faut que l'un soit un desir de manger, & l'autre un desir de boire. Or comment la faim seroit-elle un desir de manger, si la faim n'enfermoit pas intrinséquement & essentiellement la perception de manger, & si par conséquent le rapport au manger, comme à son objet, n'étoit pas essentiel à la faim? Que si on n'en peut douter, on ne peut douter aussi que le desir qu'on appelle faim, ne soit essentiellement & intrinséquement, pour parler ainsi, différent du desir que peut avoir un homme de bien de prier Dieu, ou de donner l'aumône. Qui pourroit donc concevoir que ces deux desirs demeurant les mêmes, quant à leur entité physique, le premier pût devenir aussi spirituel que le dernier, & le dernier aussi corporel que le premier?

On voit assez que ce doit être la même chose des plaisirs. Le plaisir que l'on sent en mangeant un fruit, nous est une courte preuve que ce fruit est propre à conserver notre corps. C'est ce que la nature m'apprend tout d'un coup lorsque j'en mange & que je le trouve bon. Il est donc essentiel à ce plaisir, selon l'institution de la nature, d'avoir rapport à ce fruit : autrement ce plaisir ne me serviroit de rien pour la fin pour laquelle il m'est donné. Or c'est le rapport à ce fruit qui le fait appeler un plaisir corporel. Il n'est donc pas vrai, que ce qui le fait appeler corporel ne soit rien d'essentiel à ce plaisir, & que ce soit seulement une dénomination extrinséque, prise de sa cause occasionnelle. Et vous voyez bien, Monsieur, sans que j'aie besoin de l'expliquer davantage, que le rapport aux corps étant essentiel aux modifications de notre ame, qu'on appelle les Plaisirs des Sens, tout ce que vous avez médité sur cela ne peut subsister, & que c'est en vain que vous vous êtes imaginé, *que, demeurant ce qu'ils sont, & sans rien changer de leur entité physique,* ils pourroient être aussi peu corporels, si Dieu

le

le vouloit, que les plaisirs que ressent une ame sainte en pensant à Dieu. VII. Cl. Car c'est tout de même que si l'on disoit, que, si Dieu vouloit, il pour- N°. XI. roit faire, sans rien changer en tout ce qu'il y a de réel & de physique dans un morceau de cire qui seroit rond, que ce morceau de cire fût quarré.

Mais prenez garde, Monsieur, que quand je dis que les Plaisirs des Sens sont essentiellement corporels, non par rapport à leurs sujets ou à leurs causes efficientes, mais par le rapport qu'ils ont essentiellement à quelque chose de corporel, je ne dis pas pour cela qu'il les faille décrier comme étant tous essentiellement mauvais: car il y en a qui ne sont mauvais que quand on s'y attache, & qu'on y met son bonheur en les regardant comme sa fin, & non simplement comme des moyens. Mais ils ne sont point mauvais, quoique corporels, quand on ne s'en sert que pour la fin pour laquelle Dieu nous les donne, avec la modération d'un homme qui en use seulement, & non avec la passion d'un homme qui les recherche & qui les aime. Et c'est par-là même que je continue à vous soutenir, qu'on ne peut dire que les Plaisirs des Sens nous rendent heureux, en prenant le mot de bonheur, comme l'ont toujours pris avec raison tous les Philosophes; puisqu'ils sont tous convenus, que ce qui nous rend heureux doit être desirable pour soi-même; ce que ne sont pas les Plaisirs des Sens. M. Arnauld l'a si bien prouvé, par les principes mêmes du P. Malebranche, que vous avez été obligé de reconnoître, qu'en n'appellant bonheur que ce qui est desirable pour soi-même, *quod est propter se expetendum*, on ne peut dire que les Plaisirs des Sens nous rendent heureux. Or c'est, Monsieur, tout ce que j'avois à montrer.

Il y a assez long-temps que cet Ecrit est presque achevé: mais j'ai attendu pour y donner la derniere main, que j'eusse vu la Réponse du P. Malebranche au premier Livre des Réflexions, que vous nous assuriez à la fin de votre Réponse devoir bientôt être imprimée. Ne pouvant croire, non plus que vous, qu'il ne s'y défendît pas sur ce qu'on avoit trouvé à redire à sa doctrine touchant les Plaisirs des Sens, j'étois bien aise de savoir ce qu'il en diroit, afin de n'en pas faire à deux fois, & d'examiner en même temps ses réponses & les vôtres. Mais il a trompé notre attente. Quand vous auriez vu sa Réponse imprimée avant que de publier la vôtre, il ne vous auroit soulagé en rien, parce qu'il lui a plu de laisser cet endroit sans replique, aussi-bien que beaucoup d'autres; & il ne donne point grande espérance d'y satisfaire une autre fois, puisqu'il termine son nouvel ouvrage en disant, que *ceux à qui il fait gloire d'obéir, souhaitent qu'il demeure dans le silence*.

Philosophie. Tome XL. I

VII. Cl.   Il ne paroît pas auſſi que vous ayiez grand ſujet de dire, *que vous*
N°. XI.   *voudriez bien que cet habile homme eût examiné le premier Avis que je vous ai adreſſé, mais que vous doutez ſi je le devrois ſouhaiter.* On ne voit pas que cela fût tant ou à deſirer pour vous, ou à craindre pour moi. L'habileté, quelque grande qu'elle puiſſe être, eſt peu de choſe, quand on n'a pas pour ſoi la vérité. Et on n'a pas beſoin d'être fort habile quand on n'a qu'à la défendre dans une matiere auſſi claire que celle-là : car je ſuis fort trompé ſi vous pouvez trouver beaucoup de Philoſophes éclairés qui ne ſoient point de mon avis.

Mais j'ai ſujet de me plaindre, que vous ayiez pu appréhender que je ne vous cruſſe *en quelque façon intéreſſé à faire l'apologie des Plaiſirs des Sens.* Bien loin que j'aie eu la moindre tentation d'avoir de vous, ou de tout autre qui ſoutiendroit votre ſentiment, un ſoupçon ſi déraiſonnable, je n'ai pas ſeulement penſé qu'il pût venir en l'eſprit de perſonne. J'ai tâché de ſuivre l'eſprit de M. Arnauld en ſoutenant ſa cauſe, & je le connois aſſez, pour ſavoir, que ce n'eſt point ſon eſprit, d'employer, au lieu de preuves contre la doctrine qu'il combat, des ſoupçons injurieux contre les perſonnes qui la ſoutiennent. Il feroit à deſirer que ſes adverſaires n'uſaſſent point envers lui de ce moyen peu honnête, & qu'après en avoir été tant ſollicités, ils ſe fuſſent enfin réſolus de quitter les invectives & les déclamations, pour s'attacher uniquement à défendre, le mieux qu'ils auroient pu, leurs opinions nouvelles. On n'eſt point ſurpris, que, dans le compte que vous avez rendu au public du nouvel ouvrage du P. Malebranche, vous n'ayiez pas fait remarquer qu'il pouvoit être moins injurieux. Il vous a été permis de l'épargner, & on ne s'en plaint point. Mais on vous croit auſſi trop équitable, pour trouver mauvais ce que M. Arnauld en a dit à l'entrée de ſon troiſieme livre contre le Syſtême. Il y alloit de ſa conſcience & de ſon honneur, de ne ſe point laiſſer flétrir par la peinture ſi hideuſe que ce Pere a faite de lui ſi mal à propos, & ſans qu'il en eût donnné le moindre ſujet. Le Public en jugera.

Je n'ai plus rien à vous dire, Monſieur, ſur ce que vous aviez attribué à M. Arnauld, de ne point connoître de liberté d'indifférence. On eſt content de la déclaration que vous avez faite dans votre Réponſe, que vous n'aviez prétendu par-là que de marquer qu'il n'étoit point ſur cela du ſentiment des Moliniſtes, mais de celui des Thomiſtes.

Ce 10 Mai 1686.

(67)

VII. Cl.
N°. XI.

TABLE
DES PARAGRAPHES.

Premier Point. *SI M. Arnauld donne lieu d'être soupçonné d'avoir combattu, de mauvaise foi, la doctrine du P. Malebranche, touchant les Plaisirs des Sens ?*
§. I. *Déclaration de M. Bayle.* . . . . p. 11
§. II. *Premier Argument des amis de M. Malebranche, qui soupçonneroient M. Arnauld de mauvaise foi.* 12
§. III. *Second Argument, pour justifier ce soupçon de mauvaise foi.* 14
§. IV. *Troisieme Argument, pour appuyer ce soupçon de mauvaise foi.* 15
§. V. *Quatrieme Argument, pour justifier le soupçon, qu'on auroit de la mauvaise foi de M. Arnauld.* 18
§. VI. *Cinquieme Argument, pour appuyer ce même soupçon.* . 19

Second Point. *S'il est vrai, dans le fond, que M. Arnauld a eu tort de trouver à redire à la doctrine du P. Malebranche, touchant les Plaisirs des Sens ?*
§. I. *Etat de la dispute.* 21
§. II. *Diverses choses dont M. Bayle convient, en partie, avec M. Arnauld sur cette matiere.* 22
§. III. *Supposition de M. Bayle, pour justifier que M. Malebranche n'a point dû être repris, pour avoir dit, que les Plaisirs des Sens nous rendent heureux.*
Premiere Supposition. *Que le mot de bonheur a deux notions; l'une de Morale, & l'autre de Physique ou de Métaphysique.* . . . 25
§. IV. Seconde Supposition. *Que le P. Malebranche a suffisamment déclaré, qu'il prenoit le mot de bonheur selon les idées populaires.* 27
§. V. Troisieme Supposition. *Qu'on n'a pas eu raison de dire, que le P. Malebranche a dû prendre le mot de bonheur autrement que le peuple.* 29
§. VI. Quatrieme Supposition. *Que tout plaisir, par cela même que c'est un plaisir, est un bonheur.* 31
§. VII. Cinquieme Supposition. *Que les hommes sont convenus, de regarder comme un bonheur toutes sortes de plaisirs.* . . . 34

TABLE DES PARAGRAPHES.

VII. Cl.
N°. XI.

§. VIII. Sixieme Suppofition. *Que les plaifirs les plus criminels font un bonheur.* 38

§. IX. Septieme Suppofition. *Qu'il n'y a point de faux bonheur, en confidérant le bonheur en lui-même,* 40

§. X. Huitieme Suppofition. *Que le plaifir, qui caufe le bonheur, étant réel, le bonheur, confidéré en lui-même, ne fauroit être faux.* 42

§. XI. Neuvieme Suppofition. *Qu'on doit prendre du peuple la vraie idée du bonheur.* Explication de ce que le peuple croit du bonheur, & en quoi il fe trompe. 45

§. XII. *Qui font ceux que les Plaifirs des Sens rendent heureux, quoique d'un faux bonheur: Que ce ne font pas tous ceux qui reffentent ces plaifirs.* 49

§. XIII. Dixieme Suppofition. *Que le fommeil rend heureux celui qui dort.* 51

§. XIV. Onzieme Suppofition, *qui regarde M. Arnauld.* . . 54

§. XV. *De la fauffe alternative.* 55

§. XVI. *Examen d'une nouvelle fpéculation, touchant la fpiritualité & la matérialité des Plaifirs des Sens.* 58

QUATRE LETTRES
DE MONSIEUR ARNAULD
AU
PERE MALEBRANCHE,
De l'an 1694.

Sur deux de ses plus insoutenables opinions (*a*).

PREMIERE LETTRE
De M. Arnauld au Pere Malebranche.

JE ne m'attendois pas, mon Révérend Pere, d'avoir jamais plus rien à démêler avec vous, sur deux des plus insoutenables opinions de votre mauvaise Philosophie.

L'une est, cette bizarre pensée, que l'on ne sauroit voir qu'en Dieu les corps qu'il a créés; ou plutôt, que nous nous trompons, lorsque nous pensons les voir; parce que, n'étant pas visibles, ce ne sont pas eux que nous voyons, mais des parties quelconques de l'étendue intelligible infinie que Dieu renferme.

L'autre est, cette étrange leçon de Morale, *que les plaisirs des sens rendent heureux ceux qui en jouissent, & d'autant plus heureux qu'ils sont plus grands; & qu'il ne faut pas dire aux hommes, que ces plaisirs ne les rendent pas heureux en quelque maniere, dans le temps qu'ils en jouissent, parce que cela n'est pas vrai.*

Je pensois avoir mis ces deux points dans un si grand jour, le premier, dans le Traité *des Vraies & des fausses Idées*, & dans la *Défense* de ce Traité: Le second, dans le premier Volume des *Réflexions* sur votre nouveau Systême de la Nature & de la Grace, & dans la *Disserta-*

(*a*) [Les deux premieres furent imprimées dans le Journal des Savants de Juin & de Juillet 1694. Les deux dernieres ne furent publiées que cinq ans après. Les quatre ensemble furent réimprimées en 1699 à Liege; & en 1727 dans le septieme Volume des Lettres de M. Arnauld, page 530 & suiv. Voyez la Préface hist. Art. III. N°. XI.]

VII. Cl. *tion sur le prétendu bonheur des Plaisirs des Sens*, que je m'étois flatté
N°. XII. que vous vous trouveriez réduit au silence sur ces deux matieres.

Et je ne m'étois pas trompé: car il y a dix ans que vous y êtes réduit, à l'égard de la vue des corps en Dieu, & six ou sept, à l'égard des Plaisirs des Sens. On a donc dû être surpris, mon Révérend Pere, qu'après un si long silence sur ces deux points, n'ayant eu rien à repliquer à celui qui les avoit traités à fond, vous vous soyez avisé de les soutenir contre un habile Philosophe, qui ne les avoit traités que légerement, & qui vous avoit renvoyé, sur-tout à l'égard du premier, qui est la vue des corps en Dieu, à ce que j'en avois écrit. Car si vous vouliez vous justifier sur ces deux dogmes, pour agir de bonne foi & ne pas tromper le public, vous ne deviez pas vous arrêter seulement à ce qu'un nouvel adversaire vous en avoit dit en passant, mais répondre solidement à celui à qui il vous renvoyoit. Et au lieu de cela, vous employez diverses illusions, & deux faussetés insignes, pour ôter à M. Regis l'avantage qu'il avoit cru pouvoir tirer de ce que j'avois écrit contre vous.

C'est ce que je viens d'apprendre par l'Extrait d'une de vos Lettres, imprimée dans le Journal des Savants du 1 Mars 1694. Et c'est aussi ce qui m'engage à vous écrire cette Lettre, que je tâcherai de rendre publique par la même voie, parce qu'il y va de mon honneur, que le public ne croie pas les deux choses que vous m'imputez contre toute raison & sans aucun fondement.

Vous dites donc, mon Révérend Pere, qu'à l'égard de la vue des corps en Dieu, M. Regis s'appuie d'abord sur l'autorité de M. Arnauld.

Ce n'est pas parler juste. Cela se pourroit dire, si, n'ayant point traité expressément cette matiere, j'avois seulement témoigné dans quelque livre, que je n'étois point en cela du sentiment du P. Malebranche. Mais l'ayant combattu par des raisons qui m'ont paru convaincantes, & qui ont été jugées telles par beaucoup d'habiles gens, pourquoi voulez-vous que ce soit sur mon autorité, & non pas sur mes raisons, que M. Regis se soit appuyé? Est-ce que vous avez appréhendé qu'on ne vous dit: d'où vient donc que vous ne répondez pas à ces raisons de M. Arnauld, & que vous avez été dix ans sans oser entreprendre d'y satisfaire?

Quoi qu'il en soit, ajoutez-vous, *ce n'est ni à M. Regis, ni à moi à décider, si la victoire de M. Arnauld sur le P. Malebranche, a été tout-à-fait complette. Nous sommes parties intéressées.*

Ce n'est plus parler d'un si haut ton que vous faisiez dans votre Réponse au Traité des Vraies & des fausses Idées. Désespérant de pouvoir persuader au public, que vous ayiez eu l'avantage dans cette dispute, vous feriez content qu'il demeurât en fufpens, ne fachant à qui de vous ou de moi la victoire doit être adjugée. C'eſt à quoi vous vous réduifez, quand vous prétendez qu'on ne fe doit arrêter pour cela, ni à ce que dit M. Regis en faveur de M. Arnauld, ni à ce que vous auriez pu dire contre ce Docteur, parce que vous êtes parties intéreſſées.

VII. Cl. N°. XII.

Mais on peut, mon Révérend Pere, fortir de ce doute, fans s'en rapporter ni à l'un ni à l'autre de vous deux. Ceux qui voudront s'en éclaircir, n'ont qu'à lire les livres de M. Arnauld, auxquels M. Regis renvoie; tels que font le Traité des Idées, & la Défenſe de ce Traité. C'eſt par-là qu'ils pourront juger, ſi vous avez été bien ou mal réfuté par M. Arnauld. Et fans même lire ces livres, on peut préſumer raiſonnablement, que vous y avez été fort bien réfuté: car ayant témoigné tant de zele pour ce fentiment de la vue des corps en Dieu, jufques à dire, que vous vous croyiez indifpenſablement obligé de le foutenir, *par principe de religion*, AUTANT QU'IL VOUS SEROIT POSSIBLE, n'a-t-on pas droit de conclure, qu'après un tel engagement, il n'y a nulle apparence que vous fuſſiez demeuré dix ans entiers fans le foutenir, ſi vous n'aviez reconnu, qu'il ne vous étoit pas *poſſible* de répondre pertinemment au livre qui le combattoit?

C'eſt auſſi ce que vous ne faites pas au bout de ces dix années: car au lieu de répondre aux preuves de M. Arnauld, vous fuppoſez n'avoir qu'à vous défendre de fon autorité. Et c'eſt ce qui vous fait dire: *Mais puifque M. Regis s'appuie fur l'autorité de M. Arnauld, je puis bien lui oppoſer celle de S. Auguſtin. Celle-ci vaut bien l'autre.*

Oui, fans doute, mon Révérend Pere, & infiniment davantage. Mais avant que d'examiner fi l'oppoſition que vous faites de ces deux autorités eſt bien fondée; c'eſt-à-dire, s'il eſt vrai que je n'aie pu combattre votre opinion de la vue des corps en Dieu, fans combattre la doctrine de S. Auguſtin, j'ai à vous dire, que vous deviez conſidérer, ſi la queſtion dont il s'agit entre nous, eſt de la nature de celles qu'on doit décider par autorité? Ou ſi, felon vous-même, c'eſt par raiſon, & non par autorité, qu'elle doit être décidée? Car quand une queſtion eſt de ce dernier genre, vous voyez bien, mon Pere, qu'on ne feroit rien pour la décider, en oppoſant l'autorité d'un grand homme, qui auroit enfeigné l'affirmative, à l'autorité d'un autre beaucoup inférieur, qui auroit enfeigné la négative.

Il faut bien que vous en conveniez. Car, que diriez-vous d'un homme, qui auroit entrepris de réfuter tant de nouvelles opinions de M. Defcartes, que vous avez foutenues dans votre Recherche de la Vérité; telles que font, par exemple, que les couleurs, les fons, & autres fem-

VII. Cʜ. blables qualités fenfibles, ne font que des modifications de notre ame, N°. XII. & que les bêtes ne font que des machines, fans aucune connoiſſance de ce qu'elles font? Vous croiriez-vous bien réfuté, fi on vous difoit: *Puifque vous vous appuyez fur l'autorité de M. Defcartes, je puis bien vous oppofer l'autorité de S. Auguftin. Celle-ci vaut bien l'autre.* Or il eſt certain, ajouteroit-il, que S. Auguftin a cru que les couleurs étoient dans les corps colorés, & que les bêtes ne font point fans connoiſſance. Vous lui répondriez, fans doute: M. Defcartes peut avoir été caufe que j'ai ces fentiments, que je n'aurois jamais trouvés de moi-même; mais ce n'eſt pas fon autorité qui m'en a perfuadé: ce font fes raifons, parce que ce font des matieres de Philofophie, qui fe doivent décider par la raifon, & non par l'autorité des hommes. Ce n'eſt donc point en préférant l'autorité de M. Defcartes à celle de S. Auguftin, que j'ai fuivi les opinions de ce Philofophe; mais c'eſt en me rendant aux preuves dont il les a appuyées.

C'eſt ce que M. Regis vous auroit pu dire, s'il étoit vrai, que ce qu'il foutient avoir été bien réfuté dans les livres de M. Arnauld, auxquels il renvoie, étoit la doctrine de S. Auguftin. Mais comment avez-vous pu le prétendre, après avoir été convaincu, par ces livres mêmes, que ce que dit S. Auguftin, dans les paſſages que vous oppofez à votre adverfaire, n'eſt point ce que vous enfeignez, & que vous l'avez reconnu vous-même? C'eſt de quoi il faut vous convaincre de nouveau.

Perfonne n'ignore que S. Auguftin, qui avoit fort étudié la Philofophie de Platon, n'ait dit en plufieurs endroits, & principalement dans fes premiers ouvrages, qu'on ne pouvoit voir les vérités néceſſaires & immuables, que dans la vérité éternelle, qui eſt Dieu; qu'il étend cela aux vérités de Géométrie & d'Arithmétique, mais qu'il l'applique encore plus fouvent aux vérités de Morale, qui font la regle de nos mœurs.

S. Thomas examine cette queſtion, 1. p. q. 84. a. 5, & il marque le fens dans lequel on pourroit prendre cette opinion de S. Auguftin, afin qu'elle fût vraie.

Quoi qu'il en foit, c'eſt tout ce que dit S. Auguftin dans les trois paſſages que vous objectez à M. Regis, & dans beaucoup d'autres femblables, que vous pourriez rapporter. Mais, outre que ce n'eſt point du tout de quoi il s'agit entre vous & M. Regis, comme on le verra dans dans la fuite, on vous a prouvé dans le Traité *des Idées*, Chap. XII, qu'à l'égard même de voir en Dieu les vérités éternelles, vous avez reconnu vous-même, que vous n'étiez point du fentiment de S. Auguftin. Nous n'avons qu'à vous écouter.

Nous ne difons pas que nous voyons Dieu, en voyant les vérités éternelles,

nelles, comme dit S. Auguſtin, mais en voyant les idées de ces vérités. VII. Cl.
Car les idées ſont réelles; mais l'égalité entre ces idées, qui eſt la vérité, N°. XII.
n'eſt rien de réel. Quand, par exemple, on dit, que le drap que l'on meſure, a trois aunes, le drap & les aunes ſont réels; mais l'égalité entre
les aunes & le drap n'eſt point un être réel: ce n'eſt qu'un rapport qui ſe
trouve entre les trois aunes & le drap.

 Pouviez-vous avouer plus expreſſément, que vous ne croyez point
que l'on voie en Dieu les vérités néceſſaires & immuables, qui eſt ce
que diſent les paſſages de S. Auguſtin, que vous rapportez, qu'en déclarant généralement, qu'on ne voit point les vérités en Dieu; parce
que la vérité n'eſt point un être réel, mais un ſimple rapport? On ne
voit donc point en Dieu, ſelon vous, ni les vérités géométriques, ni
les vérités morales; & vous n'êtes point en cela de l'avis de S. Auguſtin.

 On a montré, au même endroit, que vous vous étiez fait honneur
de cet aveu dans la Recherche de la Vérité. Car, après avoir reconnu
que vous ne croyez pas, comme a cru S. Auguſtin, que nous voyons
en Dieu, dès cette vie, les vérités éternelles, *nous ne voulons donc pas,*
ajoutez-vous, *nous ſervir injuſtement de l'autorité d'un ſi grand homme,
pour appuyer notre ſentiment.*

 Pourquoi donc, diſſimulant tout cela, faites vous préſentement votre
plus grand fort de l'autorité de ce Pere contre M. Regis? Eſt-ce à cauſe
que, dans votre Réponſe au Traité des Idées, vous vous repentez d'a-
voir fait cet aveu? Car il eſt vrai que vous le déſavouez en ces termes:
*M. Arnauld ſe trompe fort, d'avoir cru, que je ne ſuis pas de l'opinion de
S. Auguſtin, pour ce qui eſt de voir en Dieu les vérités éternelles. Mais
il ne prend pas garde à ce qu'il fait, d'apporter le paſſage qu'il cite de
la Recherche de la Vérité, pour preuve que je n'ai pas ſur cela le même
ſentiment de S. Auguſtin. Selon ce paſſage, S. Auguſtin prétend que l'on
voit Dieu (en quelque maniere) lorſqu'on voit les vérités éternelles; &
moi je dis, dans ce même paſſage, que l'on voit Dieu (en quelque maniere)
lorſqu'on voit les idées de ces vérités.* Ces mots, *en quelque maniere*, ne
ſont ni dans le paſſage de S. Auguſtin, ni dans le vôtre; & vous ne
les avez ajoutés, que pour faire trouver quelque conformité entre le
oui & le non. Mais ayant fait voir dans ma *Défenſe*, qui eſt la Replique
à votre Réponſe (*Défenſe de M. Arnauld, VII. Exemple*) que tout cela
n'eſt qu'une illuſion, vous n'avez point dû reprendre l'autorité de S.
Auguſtin, pour vous en ſervir contre M. Regis, que vous n'euſſiez ſatisfait à ce qu'on vous a dit dans ce livre: car, ne l'ayant point fait
juſqu'à cette heure, M. Regis n'a qu'à y renvoyer pour vous faire rougir,
de ce que vous êtes réduit à lui apporter l'autorité de S. Auguſtin,

VII. Cl. N°. XII.

après avoir été convaincu, que vous n'aviez pu rien dire que de frivole, pour vous tirer de l'aveu que vous aviez fait, *que ce feroit injuftement que vous vous ferviriez de l'autorité de ce grand homme, pour appuyer votre fentiment.*

Mais j'ai encore quelque chofe de plus important à vous montrer. C'eft que vous avez fait le même aveu, que vous n'êtes point dans le fentiment de S. Auguftin, à l'égard même de ce que vous contefte M. Regis; & c'eft ce qui me fera bien facile. Je n'ai pas lu tous les Ecrits de M. Regis: mais autant que j'en puis juger par ce que j'en ai lu, il s'eft réduit à combattre votre fentiment touchant la vue des corps en Dieu; c'eft-à-dire, qu'il n'a combattu que cette imagination fantafque, que nous ne pouvons voir le foleil, un cheval, un arbre, notre propre corps, que dans l'étendue intelligible, qui eft Dieu même; ou plutôt, que, quand nous regardons le foleil, un cheval, un arbre, notre propre corps, nous ne voyons rien de tout cela; mais feulement des parties quelconques de l'étendue intelligible, qui eft l'immenfité de l'Etre Divin, tous les corps que Dieu a créés, ne pouvant être l'objet de nos connoiffances.

C'eft donc, mon Pere, ce que vous devriez avoir trouvé dans S. Auguftin, pour pouvoir oppofer l'autorité de ce saint Docteur à ceux qui combattent vos imaginations. Et bien loin d'y avoir trouvé rien de femblable, vous avez été encore forcé de reconnoître qu'il a enfeigné le contraire. *Nous croyons*, dites-vous, dans la Recherche de la Vérité, Livre II, feconde Partie, Chapitre VI, *que l'on connoit en Dieu les chofes changeantes & corruptibles, quoique S. Auguftin ne parle que des immuables & incorruptibles.* Et en un autre endroit (voyez la Défenfe, VIII. Exemple) *Vous propofez la difficulté qu'on peut avoir fur la différence entre le fentiment de S. Auguftin & le vôtre.*

C'eft, dites-vous, *que S. Auguftin ne dit pas qu'on voie en Dieu les objets fenfibles* (c'eft-à-dire, les corps particuliers) *mais* SEULEMENT LES NATURES IMMUABLES; *les nombres & l'étendue intelligible, & non pas les chofes nombrées, & l'étendue matérielle; & moi j'ai affuré qu'on voit en Dieu généralement toutes les chofes qu'on voit par idée*; c'eft-à-dire, tous les corps fans exception: parce que c'eft votre grand principe, & la fource de tous vos égaremens, que notre ame ne peut voir que ce qui lui eft intimement uni; de forte que nul corps particulier ne lui pouvant être intimement uni de cette maniere, elle ne les fauroit voir: mais elle voit au lieu de ces corps des êtres repréfentatifs qui leur reffemblent, qu'après avoir bien cherché vous n'avez pu trouver qu'en Dieu.

Ne s'agiffant donc entre vous & M. Regis, que de cette vue des corps particuliers en Dieu, comment avez vous pu vous imaginer, que, pour rendre inutile le renvoi de M. Regis à ce que j'en avois écrit dans mes livres, vous n'aviez qu'à oppofer l'autorité de S. Auguftin à celle de M. Arnauld? Pouviez-vous plus groſſierement impoſer au Public? Puiſque vous avez été contraint d'avouer, que, felon S. Auguftin, on ne voit en Dieu que les natures immuables; les nombres abftraits, & l'étendue intelligible, & non les natures ſenſibles & muables, ni les nombres nombrés, ni l'étendue matérielle : au lieu que, felon vous, ce ſont principalement les natures ſenſibles & muables; telles que font un cheval, un arbre, notre propre corps, & les nombres nombrés; tels que font trois aunes; & l'étendue matérielle, telle qu'eft le drap que l'on meſure, que l'on ne ſauroit voir qu'en Dieu. Je me fers de ces exemples des aunes & du drap, parce que c'eft vous-même qui nous les avez donnés, pour marquer les choſes que vous croyez que l'on voit en Dieu, en les oppofant à l'égalité entre le drap & ces trois aunes, que vous dites être une vérité que l'on ne voit point en Dieu, parce que ce n'eft qu'un rapport.

VII. CL.
N°. XII.

Il eft vrai, que, dans votre Réponſe au Livre *des Idées*, vous avez voulu défavouer ce dernier aveu, comme vous aviez fait l'autre. Mais rien n'eft plus mal fondé, que ce que vous dites pour vous tirer de ce mauvais pas. J'en ai fait voir l'abſurdité dans ma *Défenſe* au huitieme exemple. Il n'eft pas à craindre que vous y ayiez recours de nouveau, pour nous faire croire, que votre paradoxe de la vue en Dieu des corps qui nous environnent, qui eft de quoi il s'agit entre vous & M. Regis, n'eft différent qu'en apparence de la doctrine de S. Auguftin. C'en eft donc affez pour la premiere des deux fauſſetés dont je me plains, qui eft, qu'on n'ait pu combattre vos imaginations ſans combattre la doctrine de ce ſaint Docteur.

L'autre me tient encore plus au cœur. Car dois-je ſouffrir, que l'on croie ſur votre parole, que j'aie traité de chimérique ce qu'on ne pourroit pas nier être la doctrine de S. Auguftin, & que c'eft ſur cela que M. Regis & moi nous vous avons tourné en ridicule? Mais comme je ſuis bien aife de m'étendre un peu davantage ſur ce ſujet, ne trouvez pas mauvais que je réſerve à une autre Lettre à vous en faire mes plaintes.

SECONDE LETTRE

De M. Arnauld au Révérend Pere Malebranche.

JE me suis engagé dans la Lettre précédente, mon Révérend Pere, de me défendre de ce reproche, *que je vous ai tourné en ridicule pour avoir enseigné ce que S. Augustin enseigne par-tout*. Ce que vous faites en ces termes.

Je ne crois pas que personne préfere l'autorité de M. Arnauld à celle de S. Augustin, sur un sentiment que ce saint Docteur a eu toute sa vie, & qu'il suppose dans presque tous ses ouvrages. Que M. Regis, à l'imitation de M. Arnauld, traite ce sentiment de chimérique, & qu'il me tourne sur cela en ridicule, je me contenterai de lui répondre, que son aveuglement me fait pitié.

N'est-ce point plutôt un aveuglement digne de pitié, de défendre une mauvaise cause par une fausseté manifeste? Car il n'est point vrai, que M. Regis ait traité de chimérique aucun sentiment de S. Augustin. Il n'est point vrai qu'il vous ait tourné en ridicule pour avoir soutenu ce que ce saint Docteur auroit enseigné. Il n'est point vrai, que s'il l'avoit fait, ç'auroit été à mon imitation. Ce dernier sur-tout est bien étrange. Car pouvez-vous m'imputer une telle chose, ne pouvant pas avoir oublié que je n'ai rien écrit contre ce que j'aurois pu appeller *votre chimere*, qu'après vous avoir convaincu, par votre propre aveu, que ce n'étoit point le sentiment de S. Augustin?

Cependant il faut remarquer, que lorsque j'en parlai la premiere fois, qui fut dans le livre des Idées, je le fis de la maniere du monde la plus honnête, & qui vous devoit donner moins de sujet de vous blesser de ce que je n'approuvois pas votre sentiment. Car ce fut en prenant toutes les précautions imaginables, pour satisfaire, d'une part, à ce que je croyois devoir à la défense de la vérité, & pour ne point manquer de l'autre, à ce que les regles de l'amitié les plus féveres, ou pour mieux dire, les plus scrupuleuses, pouvoient exiger de moi. Je crois en avoir persuadé toutes les personnes raisonnables dans la quatrieme partie de ma *Défense*: à quoi vous n'avez eu rien à opposer, comme votre silence depuis dix ans le fait assez voir.

Que si je ne vous ai pas tant ménagé dans cette *Défense*, c'est vous, mon Pere, qui m'y avez obligé. Vous aviez parlé de moi, dans votre Réponse au Livre des Idées, avec tant de mépris, & de vous-même, avec

tant de confiance & d'eſtime pour vos nouvelles découvertes, qu'il étoit VII. Cl.
à craindre que cet air d'aſſurance, ſi capable d'impoſer aux ſimples, ne N°. XII.
trompât beaucoup de gens, & ne les portât à croire qu'il n'y avoit rien
que l'on pût raiſonnablement reprendre dans vos mauvais ſentiments.

Il faut ajouter à cela, que, pour empêcher qu'on ne s'oppoſât à vos
nouvelles penſées, vous les avez revêtues de termes ſi myſtérieux & ſi
dévôts, que vous avez pu vous promettre de les faire embraſſer aux perſonnes de piété. Pour leur en donner l'exemple, vous nous aviez aſſuré dans
la Recherche de la Vérité, qu'elles étoient ſi conformes à notre Religion,
que vous vous trouviez indiſpenſablement obligé de les ſoutenir, quelques railleries qu'on vous en pût faire. Vous les avez enſuite traveſties
en Méditations pieuſes, où vous nous les débitez comme des oracles que
vous faites prononcer à la Sageſſe éternelle. Enfin dans votre Réponſe
au Livre des Idées, ſuppoſant fauſſement que j'ai cité un de vos paſſages,
qui dit tout le contraire de ce que je prétendois prouver, vous tâchez
de m'effrayer par ce terrible enthouſiaſme, comme ſi je devois craindre
d'être abandonné de Dieu, pour avoir combattu vos myſtérieuſes nouveautés. *N'eſt-ce point*, dites-vous, *que lorſqu'on renonce à la raiſon*
(par où vous entendez la raiſon ſouveraine, qui eſt Dieu) *qu'on combat
ſes pouvoirs, qu'on ne la veut point pour ſon maître, qu'on lui ſubſtitue
des modalités qui ne ſont que ténèbres, ou repréſentatives de ſentiments con-
fus, elle nous abandonne à nous-mêmes ?*

Oui, mon Pere, je vous le proteſte, ce n'eſt point pour me venger de vos
mal-honnêtetés : Dieu ſait que je n'en ai eu aucun reſſentiment ; mais pour
empêcher les mauvais effets de ces injuſtes préjugés, que je vous ai moins
ménagé dans ma *Défenſe*, & que je me ſuis cru obligé de découvrir plus
ouvertement le ridicule de vos paradoxes.

Je l'ai fait néanmoins d'une maniere ſi meſurée, que vous n'avez pu
raiſonnablement vous en choquer, puiſque ce n'a été qu'en repréſen-
tant très-fidellement, ce que vous avez écrit touchant votre penſée de la
vue des corps en Dieu.

On en peut juger par le Dialogue qui eſt à la fin de la Lettre, par où
je commence ma Défenſe, permettez-moi donc, de rapporter ici cet
endroit du Dialogue, afin que le Public juge ſi vous y avez pu trouver
à redire.

On fait propoſer votre doctrine par un Abbé, qui n'emploie pour
cela que vos propres paroles. On fait dire enſuite au Duc, chez qui ſe
tenoit l'aſſemblée :

" Laiſſant à M. le Docteur, que voici, à nous dire ſon ſentiment ſur
" cette nouvelle explication de l'immenſité de Dieu, qui me paroît bien

» groſſiere & bien charnelle, je prie M. l'Abbé de nous dire s'il croit de
» bonne foi tous ces paradoxes, que ſon Maître a pris pour des réponſes
» de la Sageſſe éternelle : *Que nous penſons voir le monde matériel que*
» *Dieu a créé, mais que nous nous trompons ; parce que le monde matériel*
» *eſt inviſible, & que nous avons tort de lui attribuer ce que nous voyons,*
» *parce que nous ne voyons rien qui lui appartienne.*

» Et on fait répondre à l'Abbé : ne doutez point que je ne ſois très-
» perſuadé de ce que vous appellez des paradoxes ; & ce n'eſt que faute
» d'attention que vous rejettez des vérités qui paroiſſent ſi claires à tous
» les eſprits attentifs. Car enfin, quoique vous en puiſſiez dire, *ſi nous y*
» *prenons bien garde, le corps matériel que nous animons, n'eſt pas celui*
» *que nous voyons lorſque nous le regardons ; je veux dire, lorſque nous*
» *tournons les yeux du corps vers lui. C'eſt un corps intelligible que nous*
» *voyons.* Il en eſt de même de tous les autres corps que Dieu a créés.
» Car, comme je vous l'ai déja dit, le ſoleil, par exemple, que l'on voit,
» n'eſt pas celui que l'on regarde. Le ſoleil, & tout ce qu'il y a dans le
» monde matériel, n'eſt pas viſible en lui-même ; l'ame ne peut voir
» que le ſoleil auquel elle eſt immédiatement unie, qui eſt le ſoleil in-
» telligible.

» On fait prendre la parole au Docteur en cet endroit. Obligez-moi,
» dit-il, à l'Abbé, de nous dire encore une fois, ce que vous entendez
» par ces corps intelligibles, que nous voyons par les yeux de notre
» eſprit, que vous diſtinguez des corps matériels vers leſquels nous tour-
» nons les yeux, mais que nous ne voyons point, parce qu'ils ſont,
» à ce que vous prétendez, inviſibles & intelligibles en eux-mêmes.

» Et on fait répondre à l'Abbé : j'entends, comme je vous l'ai déja
» marqué, une partie quelconque de l'étendue intelligible, taillée & for-
» mée comme elle le doit être, ſemblable au corps vers lequel je tourne
» les yeux, à laquelle mon ame applique la ſenſation de la couleur, que
» Dieu lui a donnée à l'occaſion du corps matériel qui eſt devant moi.
» Voilà ce que nous appellons les corps intelligibles, que notre ame
» peut ſeule appercevoir, parce que les autres ne lui peuvent être inti-
» mement unis ".

Juſques-là, mon Pere, je ne vois rien dont vous vous puiſſiez tenir
offenſé. Voyons donc ſi ce pourroit être ce que je fais dire enſuite au
Docteur.

« Cela me donne une plaiſante penſée. Je me repréſente l'effroyable
» armée des Turcs devant Vienne, & une autre fort nombreuſe de Chré-
» tiens qui la vint attaquer. Nous autres groſſiers nous aurions cru que
» les Chrétiens appercevoient les Turcs, & les Turcs les Chrétiens. Mais

„ M. l'Abbé nous fait bien voir, que c'eſt en juger comme le peuple,
„ qui n'a pas foin de rentrer en foi-même pour écouter le Maître inté-
„ rieur. Il nous apprend que les Chrétiens ne voyoient qu'un nombre
„ prodigieux de Turcs intelligibles, couverts de turbans & de veſtes
„ intelligibles, dont pluſieurs étoient montés ſur des chevaux intelligi-
„ bles, & le reſte de même : c'eſt-à-dire, comme il vient de nous l'expli-
„ quer, un nombre innombrable de parties quelconques de l'étendue
„ intelligible, qui eſt l'immenſité de l'être divin, taillées & formées en
„ Turcs, en veſtes, en turbans, en chevaux, en tentes, auxquelles l'ame
„ de chacun des ſpectateurs appliquoit les ſenſations des couleurs con-
„ venables, qu'elle avoit reçues de Dieu à l'occaſion des Turcs inviſi-
„ bles, des turbans inviſibles, des tentes inviſibles, qui étoient devant
„ ſes yeux ".

Je me doutois bien, que cela ne plairoit pas aux partiſans de votre
nouvelle Philoſophie, & c'eſt ce qui me fit ajouter : " Il vouloit pour-
„ ſuivre : mais M. l'Abbé l'interrompit, ne trouvant pas bon qu'on tour-
„ nât en raillerie une doctrine qui lui paroiſſoit ſi avantageuſe à la Reli-
„ gion, en ce qu'elle fait voir, d'une maniere admirable, l'union de nos
„ eſprits avec Dieu, & la dépendance qu'ils ont, non ſeulement de ſa puiſ-
„ ſance, mais auſſi de ſa ſageſſe.

„ Cela ſuffit, Monſieur, lui dit-il. Tout ce que vous ajouteriez ne
„ ſeroit que la même choſe. Mais permettez-moi de vous dire, que la
„ doctrine que je vous ai expliquée, me paroît ſi conforme à la Religion,
„ que je me crois indiſpenſablement obligé de la ſoutenir autant qu'il me
„ ſera poſſible. J'aime mieux qu'on m'appelle viſionnaire, qu'on me traite
„ d'illuminé, & qu'on diſe de moi tous ces bons mots que l'imagination,
„ toujours railleuſe dans les petits eſprits, a de coutume d'oppoſer à des
„ raiſons qu'elle ne comprend pas, ou dont elle ne peut ſe défendre,
„ que de demeurer d'accord que notre eſprit puiſſe appercevoir autre
„ choſe que des corps intelligibles, puiſque les matériels ſont incapables
„ d'être connus en eux-mêmes, ne pouvant être intimément unis à
„ notre ame ".

C'eſt comme on a dû faire parler l'Abbé, pour lui conſerver ſon caractere, puiſque c'eſt ce que vous-même auriez dit, ſans doute, ſi vous
aviez été de cette aſſemblée, & que vous euſſiez eu à vous défendre en
perſonne. Mais comme ce qu'avoit dit le Docteur, n'eſt qu'une très-fi-
delle expoſition de votre doctrine, appliquée à un exemple particulier,
& non ſeulement une conſéquence qu'on en eût tirée, vous n'auriez pu
vous plaindre d'être tourné en ridicule, que ce ne fût avouer, qu'il n'y a
rien en effet de plus ridicule que cette imagination, que ce n'eſt pas

VII. Cl. notre propre main que nous voyons, lorfque nous la regardons ; mais
N°. XII. que c'eft une main intelligible, qui lui reffemble. Il eft donc permis d'en rire, & jamais ce que dit le Poëte ne fut plus vrai :

——— Ridendo dicere verum
Quid vetat ?

Cependant, mon Révérend Pere, vous ne vous êtes pas contenté de vous plaindre, que M. Regis, *à mon imitation*, avoit traité cette penfée de chimérique, & vous avoit tourné en ridicule ; mais vous avez prétendu que le fentiment que nous avions pu traiter l'un & l'autre de chimérique, étoit le fentiment de S. Auguftin, & qu'ainfi nous n'avions pu, fur cela, vous tourner en ridicule, fans que cela retombât fur ce faint Docteur.

Pouvez-vous nier que ce ne foit une calomnie, à moins que vous n'ayiez prouvé, par des paffages bien clairs de ce Pere, qu'il a été comme vous dans cette étrange imagination, que nous ne voyons point les corps que nous regardons & que nous penfons voir ; mais que nous voyons, au lieu de ces corps qui font devant nous, des parties quelconques de l'étendue intelligible qui leur reffemblent ?

Or comment le prouveriez-vous ? Il faudroit pour cela qu'il eût cru, auffi-bien que vous, que la fubftance de Dieu eft formellement étendue : car cela eft effentiel à votre dogme, quelque peine que vous vous foyez donnée pour n'en pas demeurer d'accord, afin d'éviter la confufion qu'on vous auroit faite d'une erreur fi groffiere, & fi indigne d'un Philofophe Chrétien.

C'eft de quoi, mon Pere, je prétends vous avoir convaincu dans les deux dernieres des neuf Lettres que je vous écrivis il y a neuf ans, dans le deffein que je pris de m'adreffer à vous-même, afin de tenter fi nous ne pourrions point terminer nos difputes, d'une maniere fi honnête & fi modérée, que les plus fcrupuleux en matiere de douceur, en fuffent édifiés.

La matiere des deux dernieres étoit fi importante, comme j'avois eu foin de le faire remarquer au commencement de la huitieme, qu'il n'y a point d'apparence, que depuis neuf ans, vous n'y euffiez rien répondu, fi vous l'aviez pu ; & je ne doute point que tous ceux qui les liront, ne foient perfuadés que cela vous étoit impoffible.

Je n'ai donc qu'à y renvoyer, pour en conclure, qu'il eft bien étrange que vous ayiez ofé foutenir de nouveau votre opinion de la vue des corps en Dieu, après avoir été convaincu d'admettre en Dieu une vraie & formelle étendue, femblable à celle de l'efpace des Gaffendites, dans laquelle on puisse distinguer de plus petites & de plus grandes parties, quoiqu'elles soient toutes de même nature.

C'est par-là que je finirai ce premier point; & j'attendrai peut-être que vous y ayiez répondu, avant que de vous parler de l'autre, qui regarde le prétendu bonheur des Plaisirs des Sens.

4 *Mai* 1694.

TROISIEME LETTRE

De M. Arnauld au P. Malebranche.

Quand je vous ai écrit mes deux premieres Lettres, mon Révérend Pere, je n'avois vu de votre dispute contre M. Regis, que ce qui en est rapporté dans le Journal des Savants du 1 Mars de cette année 1694. On m'a envoyé depuis votre premier Ecrit, qui a pour titre : *Réponse du P. Malebranche, Prêtre de l'Oratoire, à M. Regis*, où vous vous défendez contre le Philosophe sur trois points.

Le premier est de Physique, qui regarde les diverses apparences de grandeur du soleil & de la lune dans l'horison & dans le Méridien.

Le second est de Métaphysique, auquel vous donnez pour titre, *de la nature des Idées, & en particulier de la maniere dont nous voyons les objets qui nous environnent.*

Le troisieme de Morale, que vous avez voulu un peu embrouiller par ces mots, *que le plaisir rend heureux, & la douleur malheureux*, contre les Stoïciens.

Vous voudrez bien, mon Révérend Pere, que je vous dise ce que je pense sur ces trois points de votre Réponse à M. Regis.

DU PREMIER POINT.

Je me fais un plaisir, mon Révérend Pere, de vous dire, que j'ai toujours été de votre avis sur le premier point, & que ce que vous en dites m'a beaucoup confirmé dans le sentiment que j'en avois déja. Il est vrai que je n'y étois pas entré de moi-même, & que c'étoit M. Descartes qui m'en avoit persuadé. Mais vous prouvez fort bien, que M. Regis a eu tort d'abandonner en cela celui dont il fait profession d'expliquer la Philosophie, & que tout ce qu'il dit au contraire est très-mal fondé. En cela, mon Pere, vous êtes louable : & j'ai remarqué il y a

VII. Cl. long-temps, que quand vous vous êtes uniquement appliqué à enseiN°. XII. gner & à confirmer les opinions de M. Descartes, vous faisiez merveille ; mais qu'il n'en est pas de même quand vous vous en écartez, comme nous l'allons voir sur le second point.

Second Point.

J'en ai déja parlé dans mes deux premieres Lettres ; mais vous me donnez occasion d'en parler de nouveau par le titre que vous y avez donné dans votre Réponse à M. Regis : *De la nature des Idées, & en particulier de la maniere dont vous voyons les objets qui nous environnent*, c'est-à-dire, les corps : car vous nous faites entendre par-là, que tous ces paradoxes, que les corps qui nous environnent sont invisibles, & que nous ne voyons, au lieu de ces corps, que des parties quelconques de l'étendue intelligible & infinie qui est en Dieu, & qui est Dieu même, & qu'ainsi nous ne voyons que Dieu en pensant voir les corps; que tout cela, dis-je, n'est fondé que sur ce que vous avez enseigné de la nature des Idées, que ce ne sont point des modalités de notre ame, mais que ce sont des êtres représentatifs, distingués de nos perceptions, que l'on ne peut trouver qu'en Dieu.

C'est ce que vous assurez encore positivement dans le sixieme Article de votre Réponse. *J'aurai donc démontré*, dites-vous, *qu'on voit les corps en Dieu, si je puis prouver que l'idée de l'étendue ne se trouve qu'en lui, & qu'elle ne peut être une modification de notre ame.* Et dans l'Article XI. *Je vas encore*, dites-vous, *donner quelques preuves, que nos idées sont bien différentes de nos modifications, ou des perceptions que nous en avons : car cette question est le fondement de cette Dispute.*

Et dans cette même Réponse à M. Regis page 50 : *La question se réduit à savoir si cette idée de l'étendue est une modalité de l'ame ? Je prétends que non, parce que cette idée est trop vaste, qu'elle est infinie, comme je viens de le prouver, & que toutes les modalités d'une substance finie sont nécessairement finies. C'est donc une nécessité que cette idée ne se trouve qu'en Dieu, puisqu'il n'y a que lui d'infini.*

Vous reconnoissez donc, mon Révérend Pere, que cette mystérieuse Philosophie, qui vous fait prier le Lecteur *de ne pas s'effrayer de la sublimité de la matiere*, se réduit à savoir, si pour connoître les choses matérielles, outre les perceptions que nous en avons (que vous avouez être des modalités de notre ame) nous avons besoin de certains êtres représentatifs qui en soient réellement distingués, que vous prétendez ensuite ne se pouvoir trouver qu'en Dieu. Or vous avez avoué, dans la Réponse au Livre *des Idées*, qu'il seroit indubitable que nous n'en au- VII. Cl. rions pas besoin, s'il étoit vrai, comme je l'avois prétendu dans ce Li- N°. XII. vre, que les perceptions que notre ame a des objets, sont essentiellement représentatives de ces objets. Je dis, mon Pere, que vous l'avez avoué : car ayant trouvé dans ce Livre deux définitions, la sixieme & la septieme, qui sont prises de M. Descartes, ce que vous y répondez fait voir la vérité de cet aveu. Voici la sixieme.

« J'ai déja dit que je prenois pour la même chose la perception &
„ l'idée. Il faut néanmoins remarquer que cette chose, quoiqu'unique,
„ a deux rapports ; l'un à l'ame qu'elle modifie, l'autre à la chose apper-
„ çue, en tant qu'elle est objectivement dans l'ame : & que le mot de
„ *perception* marque plus directement le premier rapport ; & celui *d'idée*,
„ le dernier. Ainsi la perception d'un quarré, marque plus directement
„ mon ame comme appercevant un quarré ; & l'idée d'un quarré mar-
„ que plus directement le quarré, en tant qu'il est objectivement dans
„ mon esprit ".

Vous me reprochez sur cela que je suppose ce que j'avois à prouver. N'est-ce pas faire entendre que vous me le contestez, & que vous ne voulez pas demeurer d'accord, que quand je pense à un quarré, la perception que j'en ai est représentative de ce quarré ? Mais ce que vous dites sur la septieme définition est encore plus clair. Voici mes paroles. " Septieme
„ définition. Ce que j'entends par des êtres représentatifs, en tant que je
„ les combats comme des entités superflues, ne sont que ceux que l'on
„ s'imagine être réellement distingués des Idées prises pour des percep-
„ tions ; car je n'ai garde de combattre toutes sortes d'êtres ou modali-
„ tés représentatives, puisque je soutiens qu'il est clair, à quiconque fait
„ réflexion sur son esprit, que toutes nos perceptions sont essentielle-
„ ment représentatives".

Voyons maintenant ce que vous répondez à cela, & si rien est plus décisif pour me donner gain de cause.

Vous voyez, dites-vous à notre ami, *que M. Arnauld suppose ce qui est en question. Car s'il est clair que nos perceptions sont essentiellement représentatives, sa proposition à démontrer n'a pas besoin de preuves. Il sera clair que notre esprit n'a pas besoin, pour connoître les choses matérielles, de certains êtres représentatifs, distingués des perceptions.* Je vous ai dit sur cela dans ma *Défense*, & je vous le dis encore, que vous ne pouviez mieux faire pour prononcer votre arrêt contre vous-même. C'est comme si un Géometre avoit réduit son adversaire à parler ainsi. Quand vous dites qu'il est clair qu'il n'y a point de tout qui ne soit plus grand que la partie, vous supposez ce qui est en question ; car j'avoue que si

VII. Cl. cela étoit clair, ce que vous prétendez contre moi le seroit aussi. Que
N°. XII. diroit-on d'un Géometre qui en seroit réduit là? Ne passeroit-il pas
pour un esprit si bouché qu'il n'y auroit plus rien à lui dire. Je vous
ai soutenu, mon Révérend Pere, que c'est à quoi vous étiez réduit:
car il n'y a point d'homme raisonnable qui ne reconnoisse, s'il y veut
faire un peu d'attention, qu'il n'est pas plus clairement enfermé dans la
notion du tout, d'être plus grand que sa partie, qu'il est clairement enfermé dans la notion des *perceptions* que notre ame a des objets, qu'elles
sont essentiellement représentatives de ces objets. J'ajoute à cela dans
cet endroit de la *Défense* page 382: *Que ce ne sont pas là des choses qu'on
ait besoin de prouver, mais qu'on peut rendre plus claires, & y faire faire
plus d'attention, par l'explication des termes.* Et c'est aussi ce que j'ai fait
dans les quatre pages suivantes, sur lesquelles j'attends votre réponse depuis dix ans. Et c'est, je vous avoue ce qui m'étonne, que ne l'ayant
pu faire, vous ne laissiez pas de traiter la même matiere avec autant de
confiance que si on ne vous en avoit rien dit, & qu'on ne vous eût
pas manifestement convaincu de la fausseté de ces paradoxes. Ce qui a
encore augmenté mon étonnement, c'est que j'ai trouvé dans votre Réponse à M. Regis, que vous y rapportez comme une chose qui vous
seroit fort avantageuse, ce que j'ai fait voir dans ma *Défense* être une
preuve convaincante de la fausseté de ce que vous enseignez des Idées,
que ce ne sont point des modalités de notre ame, mais des êtres représentatifs, distingués de nos perceptions, qui ne se trouvent qu'en Dieu.
C'est dans la page 51 où vous rapportez en ces termes ce que vous aviez
dit dans la Recherche de la Vérité: *enfin la preuve de l'existence de Dieu
la plus belle, la plus relevée, la plus solide, & la premiere, ou celle qui
suppose le moins de choses, c'est l'idée que nous avons de l'infini. Car il est
constant que l'esprit apperçoit l'infini, quoiqu'il ne le comprenne pas, &
qu'il a une idée très-distincte de Dieu, qu'il ne peut avoir que par l'union
qu'il a avec lui; puisqu'on ne peut pas concevoir que l'idée d'un être infiniment parfait, qui est celle que nous avons de Dieu, soit quelque chose
de créé.*

Vous dites deux choses dans ce passage: l'une, que la plus belle démonstration de Dieu, & qui suppose le moins de choses, est celle qui
est prise de l'idée de Dieu. L'autre, que l'idée que nous avons de Dieu
ne peut être quelque chose de créé. Et c'est ce que j'ai fait voir, dans
la *Défense*, *seizieme Exemple*, ne pouvoir s'accorder avec votre nouvelle
doctrine de la nature des idées. Car j'y ai fait remarquer, que, dans
votre Recherche de la Vérité page 263, vous y avez 1°. montré, *Que
cet axiome métaphysique, que l'on peut assurer d'une chose, ce que l'on*

conçoit clairement être renfermé dans l'idée qui la représente, est le premier de tous les axiomes, & le fondement de toutes les connoissances claires & évidentes. 2°. Que vous vous en étiez servi, comme M. Descartes, pour prouver l'existence de Dieu, en y joignant d'autres choses, qui se peuvent aussi prouver par le premier principe. Voilà donc, selon vous, *cette démonstration de Dieu, qui est la plus belle de toutes, la plus relevée, la plus solide, & qui suppose le moins de choses.* Ce sont vos paroles en la page 294.

On doit attribuer à une chose, ce que l'on conçoit clairement être enfermé dans l'idée qui la représente.

Or on voit clairement, qu'il y a plus de grandeur dans l'idée que l'on a du tout, que dans l'idée que l'on a de sa partie.

Que l'existence possible est contenue dans l'idée d'une montagne de marbre. L'existence impossible dans l'idée d'une montagne sans vallée. Et l'existence nécessaire dans l'idée qu'on a de Dieu, je veux dire de l'être infiniment parfait.

Donc le tout est plus grand que sa partie.
Donc une montagne de marbre peut exister.
Donc une montagne sans vallée ne peut exister.
Donc Dieu, ou l'être infiniment parfait, existe nécessairement.

Voilà la démonstration que j'ai prétendu que vous aviez ruinée par votre doctrine des Idées. Car rien n'est plus facile que de montrer qu'autant qu'elle est bonne, en y prenant le mot d'idée pour perception, & l'idée de Dieu pour la perception que nous avons de Dieu, comme l'a toujours pris M. Descartes ; autant est-elle méchante, en prenant le même mot d'idée pour un être représentatif, distingué des perceptions.

Il ne faut que mettre l'un de ces mots comme l'explication de l'autre, pour voir ce qu'on pourra conclure de l'axiome général : *On doit attribuer à une chose ce que l'on conçoit clairement être renfermé dans l'idée de cette chose ;* c'est-à-dire, non dans la perception que nous en avons, mais dans l'être représentatif dont nous avons besoin pour la connoître. Or nous n'avons point d'idée, c'est-à-dire, d'être représentatif de Dieu. Donc cet axiome ne peut servir pour attribuer quelque chose à Dieu. Mais direz-vous, je puis regarder comme l'idée de Dieu, Dieu intimement uni à mon ame, & me servant par-là d'être représentatif à l'égard de lui-même. Je le veux bien. Remettons donc la mineure selon votre nouvelle notion du mot d'idée.

Or Dieu intimement uni à mon ame, & me servant par-là d'être représentatif, enferme en soi une existence nécessaire. Donc Dieu existe nécessairement.

VII. Cl.
N°. XII.
 Mais fans parler de la majeure, c'eſt-à-dire, de l'axiome général, à qui l'être repréſentatif ſubſtitué en la place d'idée, fait perdre toute ſon évidence & ſa clarté, je ſoutiens qu'on ne peut conſidérer la mineure avec quelque attention, qu'on ne trouve que cet argument eſt un pur ſophiſme ; parce que l'on ſuppoſe, dans cette mineure, que Dieu eſt intimément uni à mon ame, puiſque c'eſt Dieu intimément uni à mon ame que l'on veut qui renferme l'exiſtence néceſſaire. Or Dieu ne ſauroit être intimément uni à mon ame, qu'il n'exiſte. On ſuppoſe donc qu'il exiſte, avant que de conclure qu'il exiſte: ce qui eſt une des plus vicieuſes maniere de raiſonner, qui s'appelle dans l'Ecole, pétition de principe.

 Il n'en eſt pas de même de la mineure de M. Deſcartes, qui ne contient que ces mots: *Atqui exiſtentia neceſſaria in Dei conceptu continetur.*

 Or l'exiſtence néceſſaire eſt renfermée dans la perception que nous avons de Dieu. Car cela ne veut dire autre choſe, ſinon, que quand nous faiſons réflexion ſur ce que nous concevons quand nous entendons prononcer ces mots, *l'être infiniment parfait*, ou *la plus parfaite de toutes les choſes que nous pouvons concevoir*, nous trouvons que l'exiſtence néceſſaire eſt renfermée, non réellement, mais objectivement, dans la perception que ces mots réveillent en nous de l'être infiniment parfait ; parce qu'il eſt plus parfait d'exiſter que de ne pas exiſter, & d'exiſter néceſſairement, que d'exiſter contingemment. Et c'eſt de-là que nous concluons, en vertu de l'axiome qui fait la majeure de cet argument ; que nous pouvons affirmer avec vérité que Dieu exiſte néceſſairement, parce que la majeure eſt: tout ce que l'on conçoit clairement être renfermé dans l'idée, ou la notion, ou la perception d'une choſe, en peut être affirmé avec vérité.

 J'ai fait de plus remarquer en cet endroit de la *Défenſe*, que les choſes que vous aviez jointes à l'exiſtence de Dieu, comme pouvant être prouvées par l'axiome général: *Qu'une montagne ſans vallée ne peut exiſter*, *& qu'une montagne de marbre peut exiſter*, font voir manifeſtement que le mot d'idée, dans la majeure & dans la mineure, doit être pris pour la perception de l'eſprit. Car quand on dit dans la mineure, *que l'on conçoit clairement que l'exiſtence impoſſible eſt contenue dans l'idée d'une montagne ſans vallée, au lieu que l'exiſtence poſſible eſt contenue dans l'idée d'une montagne de marbre*, le mot d'idée, au regard de la montagne ſans vallée, ne peut avoir rapport qu'à nos perceptions ; ne pouvant ſignifier autre choſe que la jonction de deux idées ou de deux perceptions ; l'une poſitive, de *la montagne*, & l'autre négative, de *la vallée*, que l'on conçoit clairement ne ſe pouvoir allier enſemble ; parce que l'une détruit l'autre. Et c'eſt ce qui fait que l'on dit, que l'exiſtence impoſſible est contenue dans cette idée complexe, pour parler ainsi, d'une mon- VII. Cl. tagne sans vallée; au lieu que les deux idées ou perceptions de monta- N°. XII. *gnes* & de *marbre*, se pouvant allier ensemble, parce qu'elles n'ont rien d'incompatible, de-là vient aussi que l'on conçoit clairement, que l'exiſ-tence poſſible eſt renfermée dans l'idée complexe de *montagne de marbre*. Or le mot d'idée doit être pris dans la majeure, qui eſt l'axiome général, au même ſens que dans ces deux mineures ; parce qu'autrement ce feroit un argument à quatre termes, qui ne vaudroit rien. Et par conſéquent le mot d'idée de Dieu, dans la derniere de ces quatre mineures, doit être pris auſſi pour la perception que nous avons de l'être parfait. Ce qui ne pourroit pas être ſi ce que vous dites étoit vrai, *que rien de créé ne peut être l'idée de Dieu*. Donc j'ai eu raiſon de dire, que cette propoſition, *l'idée de Dieu ne peut être quelque choſe de créé*, & votre nouvelle Philoſophie de la nature des Idées, ruine ce que vous avez aſſuré être la plus belle de toutes les preuves de l'exiſtence de Dieu, & qui ſuppoſe le moins de choſes.

Je vous ſupplie, mon Révérend Pere, de prendre la peine de lire ce qui ſuit dans la *Défenſe*. Vous y trouverez ſix pages qui contiennent des choſes ſi convaincantes de la fauſſeté de ce que vous faites valoir dans la Réponſe à M. Regis, comme une ſpiritualité ſublime, que n'étant pas aſſuré ſi vous ne vous opiniâtrerez point à le ſoutenir juſqu'à la fin de votre vie, je ſuis au moins certain que vous ne vous haſarderez pas de rapporter ces ſix pages, & encore moins le ſixieme exemple tout entier, en y répondant pied à pied.

J'en puis dire autant, mon Pere, de ce que j'ai dit dans ma *Défenſe* contre vos êtres repréſentatifs, diſtingués des perceptions, dans les ſix ou ſept dernieres pages du XV. Exemple, où j'ai fait voir, que les mots de *repréſenter*, *repréſentatif*, & *repréſentation*, ne conviennent proprement qu'aux perceptions de l'eſprit, qui ſont les repréſentations formelles de leurs objets, & que ce n'eſt que par rapport à nos perceptions, que les autres choſes, comme les tableaux, les images, les mots, les caracteres de l'Ecriture, ſont dits repréſenter, ou ſont appellés repréſentatifs.

J'admire, mon Pere, comment ayant lu ce que j'ai dit en cet endroit, vous avez pu ne vous pas rendre à une vérité ſi claire. Je prévois que vous me direz, qu'ayant démontré votre ſentiment, comme vous vous en vantez dans votre Réponſe à M. Regis, toutes les difficultés que je vous fais ne doivent point vous ébranler, juſqu'à ce que j'aie ſatisfait à vos preuves démonſtratives.

Cela eſt juſte: mais c'eſt auſſi ce qui ne me fera pas difficile. Je n'en trouve que deux ; & par malheur pour vous, les ayant fait valoir dans

VII. Cl.
N°. XII.
Cl. votre Réponse aux *Idées*, il y a dix ans que j'ai fait voir que ce n'étoient que de purs sophismes, sans que vous ayiez rien repliqué pour les soutenir. C'est ce que l'on peut voir dans ma *Défense* pages 391 & 393. Je ne laisserai pas néanmoins d'en parler encore ici, & avec un nouvel avantage, parce que je trouve dans votre Réponse à M. Regis, de quoi vous faire tomber dans de manifestes contradictions.

Premiere Preuve du P. Malebranche.

Dans votre Ecrit à M. Regis, Article X, page 31, vous rapportez en ces termes l'opinion de ce Philosophe, comme contraire à la vôtre.

" M. Regis demeure d'accord que l'idée de l'immensité représente une
„ étendue sans bornes. Mais il soutient que des idées finies peuvent re-
„ présenter l'infini, parce qu'il confond l'idée de l'immensité avec la per-
„ ception que l'esprit en a, & qu'il prétend généralement, que *toutes les*
„ *idées dont l'ame se sert pour appercevoir les corps, ne sont que de sim-*
„ *ples modifications de l'esprit*, & que des idées, quoique finies, doivent
„ passer pour infinies, en ce sens, qu'elles représentent l'infini ".

Voilà, mon Pere, ce que vous niez, qu'une modalité finie, comme sont toutes celles de notre ame, puisse représenter l'infini; & c'est par-là que vous prouvez que l'idée de l'étendue doit être infinie, parce qu'elle représente une chose infinie.

Réponse.

On n'a donc qu'à vous montrer que dans cette Réponse à M. Régis, vous êtes obligé de reconnoître qu'il y a des modalités de notre ame, qui étant finies, ne laissent pas de représenter une chose infinie. Vous prétendez que toutes nos perceptions sont finies : & c'est pour cela que vous ne voulez pas que ce soit notre perception qui représente l'étendue, parce qu'elle est infinie : ce qui vous fait dire, que l'objet immédiat de notre esprit, c'est-à-dire, notre perception, n'est pas l'étendue, mais l'idée de l'étendue. Or, selon vous, l'idée de l'étendue n'est pas moins infinie que l'étendue même. Donc notre perception représentant l'idée de l'étendue, représente une chose infinie. Donc il n'est pas vrai qu'une modalité de notre ame, qui est finie, ne puisse représenter une chose infinie; & il est vrai, au contraire, que, quelques finies que soient nos perceptions, il y en a qui doivent passer pour infinies en ce sens, qu'elles représentent l'infini. C'est ce que M. Regis vous a soutenu avec raison, & ce qu'il a fait entendre en ces termes, qu'elles sont finies *in*
essendo,

essendo, & infinies *in repræsentando*. Vous n'êtes pas content de cette distinction. Tant pis pour vous.

Mais outre cet Argument *ad hominem*, voici quelques demandes que j'ai à vous faire. Pouvez-vous nier que je ne conçoive une infinité de nombres cubiques, quand j'ai démontré qu'une certaine propriété convient à tous les nombres cubiques, si grands qu'ils puissent être; comme, par exemple, tout nombre cubique impair, moins sa racine, est divisible par vingt-quatre? Vous ne le pouvez pas nier, puisque vous définissez l'infini, ce qui n'a point de bornes, & qu'on est très-certain qu'on ne peut donner aucunes bornes à la quantité des nombres cubiques impairs.

Je vous demande en second lieu, si c'est ailleurs que dans mon esprit & dans mes perceptions que je vois cette infinité de nombres cubiques? Il faut que vous l'avouiez nécessairement, à moins que de vous contredire; puisque vous avez dit expressément dans la Recherche de la Vérité, Liv. III, Chap. VII., *Qu'il n'y a que les corps, où les propriétés des corps, que nous voyons par les idées*; & de plus, je ne sais pas où vous mettriez ces idées des nombres, distinguées des perceptions qui nous seroient nécessaires pour voir l'infinité des nombres cubiques impairs. Car vous ne pouvez pas dire que ces idées des nombres cubiques impairs se voient dans l'étendue intelligible infinie, puisque vous avez reconnu vous-même, dans votre Réponse au Livre *des Idées*, que ce seroit une extravagance de croire, que les nombres pussent se voir dans cette étendue intelligible. Voyez la Défense Exemple X. Je pourrois bien vous marquer d'autres infinis, dont il vous seroit impossible de donner d'autres idées que nos perceptions. Reconnoissez donc, mon Pere, que cette premiere preuve ne vaut rien du tout. L'autre est encore plus mauvaise. La voici.

Seconde Preuve.

L'idée du triangle en général ne me représente que ce qu'elle renferme. Or cette idée ne renferme rien de général, puisque ce n'est qu'une modalité particuliere de l'ame, selon M. Regis: donc l'idée de cercle en général ne me représente rien en général. Contradiction visible.

Réponse.

Cet argument n'est pas trop bien tourné. Voici comme il le falloit mettre pour lui donner une forme plus raisonnable.

Philosophie. Tome XL.

VII. Cl.
N°. XII.

L'idée d'un triangle en général ne me repréſente que ce qu'elle renferme. Or ſi cette idée du triangle en général étoit une modification particuliere de mon ame, comme le prétend M. Regis, elle ne renfermeroit rien de général. Donc l'idée du triangle en général ne me repréſenteroit rien de général, ce qui eſt une contradiction viſible.

On vous avoue, mon Révérend Pere, que ce feroit une contradiction viſible, que l'idée du triangle en général ne repréſentât rien de général. Mais d'où tirez-vous cette contradiction ? De cette mineure, ſi l'idée du triangle en général étoit une modification particuliere de mon eſprit, elle ne me repréſenteroit rien de général. Or il eſt ſi faux qu'un triangle en général, ne puiſſe être repréſenté par une modification ſinguliere de mon eſprit, qu'il eſt impoſſible que cela ſoit autrement. Car un triangle en général ne peut être ailleurs que dans notre eſprit, ſelon cette maxime commune des Philoſophes : *Univerſalia ſunt tantùm in mente* ; & il n'eſt dans notre eſprit que par la perception qu'il a d'un triangle en général, qu'il s'eſt formée lorſqu'il a conſidéré un eſpace terminé par trois lignes droites, en faiſant abſtraction ſi elles ſont toutes trois égales, ou s'il y en a ſeulement deux d'égales, ou ſi elles ſont toutes trois inégales; & faiſant auſſi abſtraction ſi tous les trois angles ſont aigus, ou s'il n'y en a que deux d'aigus, le troiſieme étant droit ou obtus. Or il n'y a que l'eſprit qui puiſſe faire ces abſtractions : & ainſi le triangle en général ne pouvant être dans la nature, il ne ſauroit être qu'objectivement dans l'eſprit ; c'eſt-à-dire, dans la perception que l'eſprit a d'un triangle en général. Or notre eſprit ne peut avoir que des perceptions ſingulieres, comme vous le reconnoiſſez. C'eſt donc dans les perceptions ſingulieres que le triangle en général doit être objectivement. Il eſt donc faux, que ſi l'idée du triangle en général étoit une modalité ſinguliere de notre ame, elle ne pourroit nous repréſenter le triangle en général : & par conſéquent rien de plus pitoyable que cette prétendue preuve démonſtrative, de la diſtinction des idées d'avec nos perceptions. Car je ſoutiens, au contraire, que ſi l'idée d'un triangle étoit autre choſe que la perception d'un triangle, il feroit auſſi impoſſible qu'une idée repréſentât un triangle en général, qu'il eſt impoſſible à un peintre de peindre un triangle en général.

Avant que de finir ce ſecond point, mon Révérend Pere, j'ai quelque choſe à vous dire ſur ce que je viens de relire de votre Lettre, imprimée dans le Journal des Savants du 1 Mars 1694. Vous demandez à M. Regis, d'où vient que voulant combattre vos preuves contre les modifications repréſentatives, il ne les a pas cherchées dans votre Réponſe aux Vraies & fauſſes Idées ; ce livre ayant paru long-temps avant le ſien : &

c'eſt en vous raillant de lui & de moi, que vous lui faites faire cette
Réponſe.

Monſieur Arnauld a pleinement ſatisfait à toutes ces raiſons du P. Malebranche, qui ſe trouvent dans ce livre: il a même pleinement ſatisfait à toutes celles qui ſont dans les quatorze premiers articles de la Réponſe que le Pere m'a faite: il avoit aſſez de pénétration pour prévoir, long-temps auparavant, ce que le P. Malebranche pourroit dire contre notre ſentiment commun.

 Quand on veut railler, mon Pere, il faut que ce ſoit avec fondement; autrement ſi railleur fait rire, c'eſt à ſes dépens. C'eſt ce que vous devez attendre de ce que vous dites de moi, que j'ai eu aſſez de pénétration d'eſprit pour prévoir, long-temps auparavant, les belles preuves que vous donneriez un jour contre les modalités repréſentatives, dans les quatorze articles de votre Réponſe à M. Regis. Car ſi vous n'y avez apporté aucune preuve, qui ne fût dans votre Réponſe au Traité des *Idées*, & que je n'euſſe détruite dans ma *Défenſe*, n'eſt-ce pas une fade plaiſanterie, de faire dire à M. Regis, comme une choſe impoſſible, que j'ai eu aſſez de pénétration pour ſatisfaire dès l'année 1684, aux raiſons de votre dernier Ecrit, qui n'a paru qu'à la fin de l'année 1693? Or je vous ſoutiens, mon Révérend Pere, qu'il n'y a rien dans cet Ecrit qui mérite le nom de preuves, que ces deux-ci. L'une, une modalité finie ne ſauroit repréſenter l'infini: or toutes les modalités d'un eſprit fini ſont finies. Donc, &c. L'autre: une modalité ſinguliere ne ſauroit repréſenter un triangle en général, &c. Or je vous ai déja averti, que vous vous étiez ſervi de ces preuves dans votre Réponſe au livre *des Idées*. Je n'ai donc pas eu beſoin d'une pénétration d'eſprit qui me fît connoître l'avenir, pour y ſatisfaire pleinement dès l'an 1684, comme j'ai fait dans ma *Défenſe* page 391 & 393.

 Si vous croyez qu'il y ait autre choſe que cela dans vos quatorze articles, qui méritât quelque réponſe, je vous défie de m'en marquer aucune dont je ne vous trouve la réfutation dans cette même *Défenſe*. J'aurois pu vous le faire voir en parcourant tous vos quatorze articles; mais je n'ai pas cru que cela en valût la peine.

Du troisieme Point.

 J'ai déja remarqué que vous l'aviez embrouillé en lui donnant pour titre: *Que le plaiſir rend heureux, & la douleur malheureux, contre les Stoïciens.* Car il ne s'agit point du plaiſir en général, mais des Plaiſirs des Sens, que vous avez ſoutenu en une infinité d'endroits, rendre heureux ceux qui en jouiſſent; & d'autant plus heureux qu'ils ſont plus grands. Il ne s'agit point non plus de cette queſtion, ſi la douleur rend malheureux ? Je ne vous en ai rien dit, parce que cela eſt ſujet à beaucoup d'équivoques, qu'il eût été ennuyeux de démêler. Et enfin il n'eſt pas queſtion de ce que diſoient les Stoïciens de la douleur, qu'elle n'empêchoit point qu'on ne fût heureux, qui eſt cependant ce que vous reprenez dans ces Philoſophes.

J'ai traité le point des Plaiſirs des Sens, dans le premier Volume des Réflexions ſur votre nouveau Syſtême de la Nature & de la Grace, dans les Chapitres XXI, XXII, XXIII & XXIV, j'ai expliqué dans le vingt-unieme quelle eſt ſur cela votre doctrine, que j'ai réduite à ces cinq propoſitions.

La premiere, ceux qui jouiſſent de ces plaiſirs ſont heureux tant qu'ils en jouiſſent; & d'autant plus heureux qu'ils ſont plus grands.

La ſeconde, qu'ils ne rendent pas néanmoins ſolidement heureux.

La troiſieme, qu'on les doit fuir, quoiqu'ils rendent heureux.

La quatrieme, qu'ils ne doivent pas porter à aimer les corps, parce que les corps n'en ſont pas les cauſes réelles, mais ſeulement occaſionnelles; Dieu ſeul en étant la cauſe réelle.

La cinquieme, que le plaiſir eſt imprimé en l'ame, afin qu'elle aimât la cauſe qui la rend heureuſe; c'eſt-à-dire, Dieu.

Et dans ce même Chapitre, j'ai réfuté la premiere de ces cinq propoſitions qui eſt la capitale, d'une maniere ſi convaincante, que je ſuis bien aſſuré que vous n'y répondrez jamais.

Tout cela en effet eſt demeuré ſans réponſe depuis l'an 1685, auſſi-bien que la Diſſertation que je fis quelque temps après ſur le même ſujet. Il y a donc lieu de s'étonner, que vous ayiez entrepris, après huit ans de ſilence, de défendre cette même propoſition contre M. Regis, qui en avoit dit peu de choſes, & qui ne regardoit preſque pas le fond de l'affaire.

Le fort de votre Réponſe a été, de vous plaindre qu'il avoit omis ces mots, *en quelque maniere*, que vous aviez quelquefois ajouté au mot d'heureux, & qu'il avoit eu tort de nier qu'ils fuſſent dans votre livre, puiſqu'ils y étoient effectivement.

C'eſt un manquement d'exactitude que vous avez eu droit de relever. Mais dans le fond votre cauſe n'en eſt pas meilleure : car ſi vous avez dit deux ou trois fois, que *les Plaiſirs des Sens rendent heureux en quelque maniere ceux qui en jouiſſent*, vous avez dit plus de trente fois abſolument, qu'ils rendoient heureux, ſans ajouter *en quelque maniere*.

2°. Vous avez vous-même expliqué ce que vous entendiez par ces

mots vagues, *en quelque maniere*, en difant que ces plaifirs rendent heu- VII. Cl.
reux, mais qu'ils ne rendent pas folidement heureux : & c'eſt ce que N°. XII.
j'ai reconnu être la feconde propofition que vous avancez touchant ces
plaifirs. Voici de quelle maniere vous la propofez dans votre Méditation dixieme, n°. 2. *Tout plaifir*, dites-vous, *rend heureux ceux qui en
jouiſſent dans le moment qu'ils en jouiſſent : mais il ne les rend folidement
heureux, que lorſqu'il eſt joint à la joie, laquelle ſeule rend l'eſprit content.*

« Que fait cela, vous ai-je dit, dans le premier volume des Réflexions,
» Chap. XXIII, pour empêcher que ces plaifirs ne rendent folidement heu-
» reux s'ils rendent heureux ? Car y a-t-il rien de plus commun que de
» trouver ces plaifirs joints à la joie, fur-tout dans les vicieux & dans les in-
» tempérants ? Il ne faut que voir quelle joie témoigne dans Térence un
» jeune débauché, pour être venu à bout de fatisfaire fa paſſion, & de
» quelle forte il en paroît content ? Rien n'empêchoit donc qu'il ne fût,
» non feulement heureux, mais folidement heureux. Eſt-ce qu'il faudra
» renvoyer des Chrétiens à l'Ecole des Payens, pour apprendre d'eux,
» que plus on reçoit de joie dans ces rencontres, & plus on fe croit
» heureux & content, plus on eſt malheureux ? *Quid elatus ille levitate*,
» dit Cicéron, *inanique lætitia & exultans & temerè geſtiens ? Nonne tanto
» miferior, quanto fibi videtur beatior ?*

Je vous fupplie, mon Pere, de lire ce qui fuit jufqu'à l'examen de la
troifieme propofition, & je ne vous confeille pas de dire, après l'avoir
lu, que vous n'en êtes pas fatisfait ; à moins de vouloir bien paſſer au
jugement de toutes les perfonnes fages, pour l'homme du monde le plus
incapable de fe rendre à la raifon. Plus cela eſt fort, plus, s'il eſt mal
fondé, vous aurez un moyen fûr d'en faire retomber la honte fur moi :
car vous n'avez qu'à rapporter cet endroit entier, & faire voir par
une bonne réponfe, que je vous ai mal réfuté, & que c'eſt vous qui
avez raifon.

Voilà, mon Révérend Pere, ce que j'ai cru être obligé de vous dire,
pour foutenir la vérité contre deux erreurs ; l'une, de Métaphyfique, &
l'autre, de Morale, dont je penfois vous avoir tellement convaincu,
qu'il ne vous prendroit plus envie de les foutenir de nouveau.

Mais comme vous finiſſez votre difpute avec M. Regis en lui proteſ-
tant, que vous n'avez jamais eu deſſein de l'offenfer, vous ne devez pas
trouver mauvais que je vous faſſe la même proteſtation. On peut & on
doit aimer ceux de qui on combat les fentiments : la charité nous oblige
à l'un, & l'intérêt de la vérité nous porte à l'autre. Il eſt vrai, que chacun
croit avoir la vérité pour foi ; mais c'eſt cela même qui nous oblige de
penfer chacun de notre adverfaire, ce que penfoit S. Auguſtin d'un jeune

homme, qui avoit écrit contre lui : *S'il lui eſt échappé*, dit ce Saint, *dans la compoſition, quelques termes durs qui pourroient paroître injurieux, je dois croire que ce n'a pas été pour m'offenſer, mais dans la néceſſité de défendre ſon ſentiment ; comme c'eſt l'affection qu'il a eu pour moi qui l'a porté à écrire contre moi, parce que ne s'imaginant pas que c'eſt lui qui eſt dans l'erreur, il n'a pas voulu que j'y demeuraſſe.*

Entrons l'un & l'autre, mon Pere, dans des ſentiments ſi chrétiens, & laiſſons au public à juger qui de nous deux ſe trompe, croyant ne ſe pas tromper. C'eſt dans cette diſpoſition que je finis cette nouvelle diſpute, en priant Dieu qu'il la faſſe ſervir à l'éclairciſſement de la vérité.

22 *Mai* 1694.

QUATRIEME LETTRE

De M. Arnauld au Révérend Pere Malebranche.

SI je ne conſidérois dans vos deux Lettres (*a*), mon Révérend Pere, que ce qui regarde le ſujet des miennes, ma replique ſeroit bien courte. Je ne les ai écrites que pour me plaindre de ce que vous aviez ſuppoſé, que c'étoit combattre la doctrine de S. Auguſtin, que d'improuver, comme nous avions fait M. Regis & moi, cette bizarre penſée, que l'on ne ſauroit voir qu'en Dieu les corps qu'il a créés, ou plutôt que nous nous trompons lorſque nous penſons les voir ; parce que n'étant point viſibles, ce ne ſont pas eux que nous voyons, mais des parties quelconques de l'étendue intelligible infinie, qui eſt Dieu même. Et je me ſuis plaint encore de ce que vous avez prétendu, que l'on ne pouvoit faire voir les abſurdités de ce paradoxe, ſans tourner en ridicule ce ſaint Docteur. Or pour juſtifier mes plaintes, je n'ai qu'à ſuivre l'exemple que vous me donnez dans votre deuxieme Lettre. Vous nous renvoyez à vos ouvrages, & vous ſuppoſez que l'on y trouvera votre juſtification, en les confrontant avec les miens. J'ai donc droit de faire la même choſe. Ainſi pour ce qui regarde le ſujet de mes deux Lettres, qui eſt de ſavoir ſi votre doctrine, de la vue des corps en Dieu, eſt la doctrine de S. Auguſtin, comme vous le ſoutenez, je n'ai qu'à vous renvoyer au huitieme Exemple de ma *Défenſe*. Vous parlez, mon

(*a*) [Ces deux Lettres du P. Malebranche à M. Arnauld, en date du 1 & 7 Juillet 1694, furent imprimées dans le Journal des Savants du même mois. Il prétendoit y répondre aux deux Lettres précédentes de M. Arnauld, du 30 Avril & 4 Mai 1694.]

AU PERE MALEBRANCHE.

Pere, de ce huitieme exemple dans votre deuxieme Lettre, page 329 du 28 Journal, & vous assurez votre Lecteur, que s'il prend la peine de le lire, il n'y trouvera rien de solide. Nous avons en cela des sentiments bien différents l'un de l'autre. Mais voici ce qui m'est venu dans l'esprit, & qui pourra servir à vous détromper de la confiance que vous avez, qu'il n'y a rien que de raisonnable dans tout ce que vous dites des couleurs & de l'étendue, pour faire croire que votre doctrine de la vue des corps en Dieu, n'est différente qu'en apparence du sentiment de S. Augustin, & que j'ai mal prouvé le contraire dans le huitieme exemple de ma *Défense*. Vous avez tiré de quatre personnes d'esprit & de mérite une approbation de votre opinion contraire à celle de M. Regis, touchant les diverses apparences de grandeur du soleil & de la lune, dans l'horison & dans le méridien. Priez ces Messieurs de vous en donner une semblable touchant ce qui est traité dans ce huitieme exemple, en témoignant qu'ils trouvent que vous avez raison & que j'ai tort : je ne trouverois point du tout mauvais qu'ils vous la donnassent ; mais je suis bien assuré qu'ils n'en feront rien.

VII. Cl. N°. XII.

Voilà, mon Révérend Pere, ce que j'avois à vous dire sur l'abus que vous avez fait de l'autorité de S. Augustin, qui est le sujet de mes deux Lettres. Mais j'ai trouvé dans la premiere des vôtres, des choses qui me sont si injurieuses, que je n'ai pas cru les devoir passer sans vous en faire une correction fraternelle.

Vous me reprochez de vous avoir donné du chagrin par d'injustes accusations, en vous imputant de nier la providence, de faire Dieu corporel & autres semblables impiétés que je vous ai attribuées. Vous prétendez que j'ai pu savoir ce que pensent de vos Livres & des miens, touchant la nature des Idées, ceux qui se sont mis en état de juger de cette matiere, pour me faire entendre qu'ils sont pour vous & contre moi ; & vous le prenez ensuite d'un ton si haut & si fier, que je ne doute point que vos plus grands amis n'en aient rougi pour vous.

Au reste, Monsieur, dites-vous, *ne vous fiez plus sur la véhémence de votre discours. Cet air de confiance que vous prenez lorsque vous sentez votre foiblesse, n'impose qu'à ceux qui vous sont déjà acquis. On vous connoît depuis long-temps en qualité d'Auteur. Vos manieres sont usées, & la hardiesse avec laquelle vous avancez les faussetés les plus notoires, fait que depuis long-temps les gens sages ne vous croient jamais sur votre parole.*

Je vois par-là, mon Révérend Pere, que vous êtes encore à mon égard dans la même disposition où je vous avois laissé il y a huit ou neuf ans, & qu'ayant conservé jusques à la fin de cette dispute, ce même esprit d'aigreur par lequel vous l'aviez commencée, il vous porte encore

VII. Cl.　à me traiter aussi mal que vous ayiez jamais fait après une si longue
N°. XII.　interruption.

Je sais bien que vous en direz autant de moi. Car vous n'avez jamais manqué dans tous vos Écrits de vous plaindre de mes duretés. Afin donc que le public puisse juger qui est le coupable dans cette accusation réciproque, j'ai cru devoir représenter en abrégé la suite de tout ce qui a été écrit de part & d'autre, & ce que chacun de nous deux a fait de contraire ou de conforme aux regles de la charité. Je ne dirai rien en l'air, & qui ne soit confirmé par les pieces mêmes auxquelles je renvoyerai le Lecteur.

M. le Marquis de Roussi.　Je ne me suis engagé à examiner votre Traité de la Nature & de la Grace qu'ensuite de la priere que vous m'en aviez faite ; & je ne me suis mis à y travailler qu'après en avoir averti notre ami commun, qui m'assura par sa réponse, *que vous vous attendiez à l'ouvrage que je voulois faire contre le vôtre, & que vous n'en seriez pas fâché ; qu'il vous avoit fait voir ma Lettre, croyant bien que je l'avois écrite pour vous être montrée, & que vous aviez témoigné être dans les mêmes sentimens que moi pour ce qui regarde la maniere d'écrire contre le sentiment de nos amis.*

Vous avez lu cela dans ma *Défense*, & vous n'avez eu garde de vous inscrire en faux contre ce témoignage de notre commun ami, à qui j'avois fait savoir aussi, par la même Lettre, que je commencerois par examiner votre sentiment touchant la nature des Idées.

Ce fut en effet le premier Livre que je publiai en 1683, à qui je donnai pour titre : *Des Vraies & des fausses Idées* : & j'ai eu un soin tout particulier d'observer les regles que j'avois marquées dans la Lettre que l'on vous avoit fait voir, en soutenant ce que je croyois être la vérité, mais en évitant d'y rien mettre dont vous pussiez vous offenser. Et je ne crois pas que vous me puissiez nommer un homme d'honneur qui l'ayant lu, en ait porté un autre jugement.

Quelques mois après je reçus votre Réponse au Livre *des Idées* par le Libraire qui l'avoit imprimée, qui me témoignoit, par un billet fort civil du 25 Décembre 1683, que c'étoit un ouvrage de M. Malebranche, qui lui avoit ordonné de me le faire tenir. Je ne pensois qu'à vous en faire des remerciements, lorsque l'ayant ouvert, je fus bien surpris de la maniere mal-honnête & emportée dont vous m'y traitiez dès les premieres lignes. J'y vis d'abord, pour toute civilité, des reproches personnels, aigres & envenimés, & tout-à-fait hors de propos. Vous débutiez par fouiller dans mon cœur, où vous prétendiez avoir trouvé que je n'avois fait ce Livre *des Vraies & des fausses Idées*, que par le chagrin que j'avois contre vous. C'est le titre de votre premier Chapitre qui n'eſt précédé d'aucune Préface. *La conduite*, dites-vous, *que j'ai tenue* VII. Cl. *touchant le Traité de la Nature & de la Grace par rapport à M. Arnauld,* N°. XII. *n'a pas dû lui inſpirer le chagrin qui paroît dans ſa Critique*. Tout le reſte de votre Réponſe eſt du même air. Je l'ai fait voir dans ma *Défenſe* en rapportant vos propres paroles ſans gloſe ni commentaire, & il y en a ſix pages *in quarto*. J'ai prié enſuite qu'on s'arrêtât aux endroits où vous m'attribuez des intentions ſecretes & des mouvements dans mon cœur.

Un chagrin qui me rend incapable de bien concevoir vos ſentiments: qui me fait trouver des variations & des contradictions dans vos livres, parce que je ſouhaite qu'elles y ſoient, & qui eſt cauſe que c'eſt mon ordinaire de vous impoſer des extravagances.

Des paſſions qui répandent leur malignité ſur les objets qui les ont excitées (C'eſt-à-dire, ſur votre Livre) *& qui n'ont point eu de meilleur moyen de juſtifier leur déréglement & leur injuſtice* ; & une diſpoſition ſi oppoſée à ce qu'un Prêtre & un Docteur doit à la vérité, *que vous me croyez capable de la ſacrifier à l'amitié de certaines gens, à laquelle je ſuis vendu, & à la paſſion de conſerver le rang que je tiens dans l'eſprit & dans le cœur de mes Diſciples.*

C'eſt ce que je repréſentai avec beaucoup d'autres choſes ſemblables, dans le Livre qui a pour titre : *Défenſe de M. Arnauld, Docteur de Sorbonne, contre la Réponſe au Livre des Vraies & des fauſſes Idées*.

Quoique vous fuſſiez fort intéreſſé à réfuter cette *Défenſe*, ſi vous l'aviez pu, parce que la doctrine de vos chimériques idées y eſt entierement renverſée, vous vous trouvâtes réduit à n'y oppoſer que trois lettres qui ne touchent point cette matiere. Car la premiere étoit pour montrer que vous ne faiſiez point Dieu corporel. La deuxieme, pour juſtifier l'injuſte & ridicule reproche que vous m'aviez fait, de dogmatiſer ſur la matiere de la Grace: & la troiſieme n'étoit qu'une diſcuſſion fort inutile de quelques menus faits de nulle importance. Mais vous ne daignâtes me faire aucune ... ſur les plaintes que je vous avois faites, des manieres injurieuſes dont vous m'aviez traité dans votre Réponſe à mon Livre *des Idées*, ſans que je vous en euſſe donné aucun ſujet.

Je travaillois cependant à examiner votre Syſtême, lorſque vous fîtes paroître une nouvelle édition de votre Traité de la Nature & de la Grace, augmenté d'un Eclairciſſement qui avoit pour titre : *Les miracles fréquents de l'Ancienne Loi ne marquent nullement que Dieu agiſſe ſouvent par des volontés particulieres*. Ce que vous avanciez, que Dieu n'avoit fait preſ-

VII. Cl. que tous ces miracles qu'y étant déterminé par la volonté des Anges,
N°. XII. me parut si contraire à ce que l'Ecriture & les Peres nous apprennent de la conduite de Dieu du temps de la Vieille Loi, que je crus devoir éclaircir cette matiere, comme je fis par un petit Livre qui avoit pour titre : *Dissertation sur la maniere dont Dieu a fait les fréquents miracles de l'Ancienne Loi par le ministere des Anges.* Mais quoique vous ne m'eussiez fait aucune satisfaction des mal-honnêtetés dont je m'étois plaint avec tant de sujet, je ne laissai pas de vous y traiter d'une maniere très-civile & très-honnête.

Vous le reconnûtes vous-même dans la Réponse que vous y fîtes, mais vous en prîtes un nouveau sujet de me dire des injures : car ce fut en vous plaignant, *que j'avois voilé mes calomnies par une modération dissimulée ;* ce qui étoit faire croire que ma modération n'avoit été qu'un effet d'hypocrisie. Vous ne crûtes donc pas devoir imiter ma modération, & vous trouvâtes qu'il vous étoit plus avantageux de continuer dans votre style d'injures ; ainsi vous mîtes tout le fort de vos repliques à dire & redire par-tout.

Que le portrait que je faisois de vous n'étoit point naturel ; que ma passion vous déguisoit ; que vous n'aviez point les sentiments impies que je vous attribuois dans ma Dissertation. Avertissement.

Que je me battois avec un spectre, au lieu de combattre vos vrais sentiments (page 3.)

Que ma Dissertation ne vous attaquoit point, mais un fantôme que j'avois substitué au lieu de vous (page 9.)

Que je n'avois caché une exception aussi soigneusement que j'avois fait, que parce qu'elle auroit dissipé la fausse & l'horrible idée que je voulois donner de vos sentiments, & que, ne pouvant vous blesser, il falloit que j'immolasse à ma vengeance, un fantôme qui portât votre nom (page 32.)

Que rien n'est plus commode & plus facile que de se faire ainsi des fantômes, pour vaincre & triompher à peu de frais ; mais qu'assurément, rien n'étoit plus indigne d'un homme d'honneur (page 50.)

Que je continue à faire des fantômes, & à les combattre fort sérieusement par quantité de passages des Peres : qu'assurément ma conduite est injuste, mais qu'elle est quelquefois si emportée, & si peu digne d'un homme qui passe pour avoir de l'esprit, que vous n'y pouvez rien comprendre : que j'aurois mieux réussi, si je vous avois attribué des sentiments qui peuvent entrer dans la tête d'un homme fait comme les autres ; mais que mes passions m'aveuglent de telle sorte, que je ne saurois garder la vraisemblance dans mes impostures (page 177.)

Il y a un grand nombre d'endroits semblables dans votre Réponse, VII. Cl. & vous la finissez du même ton, comme on peut voir dans les pages N°. XII. 225 & 232.

Il est clair, mon Révérend Pere, que, dans cette accusation, vous ne m'imputez pas seulement un défaut d'esprit, qui m'auroit empêché de bien comprendre vos sentimens ; mais une mauvaise foi, qui est une corruption de la volonté, qui me les auroit fait altérer. Car c'est ce que signifie le reproche que vous me faites, *d'avoir caché soigneusement une exception, qui auroit dissipé la fausse & horrible idée que je voulois donner de vos sentimens;* & ce que vous me dites de mon procédé, *que rien, assurément, n'est plus indigne d'un homme d'honneur.*

Pouvez-vous nier, mon Pere, qu'à moins que ce que vous m'imputiez ne fût évident & clair comme le jour, on ne peut faire un plus grand outrage à un Prêtre & à un Docteur, qui n'a pas la réputation d'être un méchant homme?

Je vous avoue aussi que j'en fus touché d'abord: mais Dieu me fit la grace de penser plutôt à vous faire rentrer en vous-même, par la voie de la douceur, qu'à repousser, avec force, un traitement si indigne : c'est ce qui me fit prendre la résolution de vous écrire une Lettre, qui fut suivie de huit autres dans la même année 1685.

Et ce qui me porta à m'adresser à vous-même, est, le dessein que j'eus de tenter, si nous ne pourrions point terminer nos disputes d'une maniere si douce & si modérée, que les plus scrupuleux, en matiere de douceur, en fussent édifiés. C'est ce que je témoignai, dès le commencement de ma premiere Lettre, & plus fortement encore en la finissant. " Je vous suppliois d'entrer dans l'esprit dans lequel je vous écri-
„ vois, & de ne point prendre pour un jeu, ni pour une dissimulation,
„ ce que je vous avois dit très-sincérement ; qu'il ne tiendroit pas à
„ moi, que, sans préjudice de la vérité, que chacun de nous croyoit
„ soutenir, nous ne reprissions les sentimens de notre ancienne amitié".
Est-ce que deux Chrétiens & deux Prêtres (c'est ce que je vous disois encore pour vous y porter davantage) *ne pourront donner en nos jours l'exemple d'une dispute tranquille, où on ne pense qu'à éclaircir les choses de bonne foi, & à éviter les contestations inutiles qui les pourroient embrouiller, où on ne recherche point d'autre victoire que celle de la vérité, ni d'autre gloire que celle de Dieu? Cela est rare, mais cela n'est pas impossible: & rien ne l'est à qui a beaucoup de foi, & qui met toute sa confiance en la grace du Sauveur: le Dieu de paix nous la fera conserver au milieu d'une guerre, qui n'aura rien que de saint, si c'est l'amour de la vérité qui l'entretienne, & la charité qui la conduise.*

VII. Cl.
N°. XII.
Que pouvois-je faire davantage, pour vous inviter à renouer notre ancienne amitié? Mais vous favez bien, mon Pere, que je trouvai fi peu de correspondance de votre côté, que vous ne daignâtes pas feulement me dire un feul mot fur une propofition fi honnête & fi chrétienne, & loin que vous en ayiez été un peu adouci, vous n'en avez paru depuis que plus emporté, comme on va voir dans la fuite.

Je publiai cette même année, de 1685, le premier Volume de mes Réflexions fur votre Syftême. Comme je ne favois pas ce que vous répondriez à mes Lettres, je me fentis porté à chercher un autre moyen pour vous faire revenir de vos emportements. Je crus donc y pouvoir employer, celui dont S. Auguftin nous apprend que l'on doit fe fervir en de femblables rencontres. Je rapportai fur cela, dans la Préface de ce premier Volume, ce que ce Pere écrivit à Sainte Albine, qui l'avoit foupçonné d'avoir voulu engager Pinien, fon gendre, dans le Clergé d'Hippone, par une vue d'intérêt, parce qu'il étoit fort riche & fort charitable : *Que pouvons-nous faire*, dit-il, *il s'agit d'une chofe qui eft toute dans l'ame & hors de la portée des yeux, & qui n'eft connue que de Dieu feul. Que nous refte-t-il donc, finon, d'en prendre à témoin celui de qui elle eft connue ?*

C'eft ce que je crus devoir imiter, en prenant Dieu à témoin, que ce n'a été aucun chagrin, mais le feul amour de la vérité qui m'avoit engagé à vous dire mon fentiment fur les chofes que je trouvois repréhenfibles dans vos ouvrages; & que j'ai toujours eu un vrai defir de bien prendre les penfées des Auteurs, contre qui je me fuis trouvé engagé d'écrire, foit Catholiques, foit Proteftants, & une ferme réfolution de ne leur jamais rien attribuer, que ce que j'ai cru être leur vrai fentiment.

Qui fe feroit imaginé, mon Révérend Pere, que vous euffiez pris occafion de ce témoignage de ma bonne foi, de paffer au-delà de ce que vous aviez dit, jufques alors, d'outrageux contre ma perfonne. C'eft cependant ce que vous fites. Vous en jugerez vous-même, quand vous aurez confidéré, de fang froid, ce que vous me dites fur cette proteftation. C'eft à l'entrée des trois Lettres, que vous avez oppofées à mon premier Volume des Réflexions fur votre Syftême.

J'avoue, dites-vous, *que cette proteftation de M. Arnauld, me furprend fort, auffi-bien que beaucoup d'autres, qui ont lu fes livres & les miens. Néanmoins je ne crois pas, & je ferois bien fâché qu'on crût, qu'il ait pris Dieu à témoin contre le propre témoignage de fa confcience. Il eft vrai qu'il a bien fait de jurer, pour convaincre le monde, qu'il n'a point eu d'autre deffein, dans fes ouvrages, que de défendre la vérité;*

AU PERE MALEBRANCHE.

car, sans cela, on ne l'auroit jamais cru: je veux dire, que ses ouvrages donnent un juste sujet, d'avoir de lui les sentiments que presque tout le monde en a. C'est-à-dire, mon Révérend Pere, que si vous en êtes cru, presque tout le monde a de moi cette opinion, que ce n'est point l'amour de la vérité, mais le chagrin, ou quelque autre passion, qui m'a fait écrire tous les ouvrages que j'ai faits. Mais on vous défie de produire un seul homme d'honneur, qui voulût assurer, qu'il a de moi ce sentiment.

Vous auriez pu en demeurer là. Mais une très-fausse comparaison, & tout-à-fait indigne d'un Philosophe, vous a fait passer plus loin. *L'homme*, dites-vous, *ne sent point ses propres entrailles: & quoique son cœur soit, pour ainsi dire, tout brûlant, il n'y sent rien de trop chaud. C'est que tout ce qui est naturel n'est pas sensible. Ainsi M. Arnauld est peut-être si prompt, si ardent, si naturellement passionné, qu'il maltraite les gens, & les calomnie sans y prendre garde. Il juge sur des vraisemblances, & croit voir. Il dit des injures sans y faire réflexion. Tout cela coule de source. C'est son naturel, fortifié par une longue habitude. Ainsi il ne faut pas croire qu'il ait de lui-même cette mauvaise opinion, d'écrire par chagrin, & d'être prompt à juger; & qu'ainsi il jure contre sa conscience, s'il prend Dieu à témoin qu'il ne l'a pas. Mais on peut croire qu'il est malheureusement trompé, & qu'il ne se connoit guere.*

Croyez-vous donc, mon Révérend Pere, avoir pu, sans offenser Dieu, faire un si vilain portrait de moi, en me représentant comme un homme, qui, non seulement, n'auroit pas l'esprit de connoitre ses propres pensées, mais qui, de plus, auroit le cœur si corrompu par un méchant naturel & par une longue habitude, qu'il maltraiteroit, calomnieroit, & outrageroit tout le monde, sans y faire réflexion. Il n'y a point de jugement téméraire, défendu par la Loi de Dieu, s'il n'y a point eu de péché à faire de moi un jugement si horrible, tel qu'il paroit que vous le faisiez avant même mon serment. Mais, qu'est-ce que d'y être si attaché, que m'étant cru obligé, pour vous ôter cette occasion d'offenser Dieu, de le prendre à témoin que mon cœur n'étoit point tel que vous vous l'étiez figuré, il s'est trouvé, contre mon attente, que tout ce que j'ai gagné par-là, a été, de m'attirer sept ou huit pages d'injures.

Il paroit que vous en avez eu quelque remords: mais vous l'avez étouffé, en cherchant un vain prétexte pour vous disculper. C'est en prétendant, que, lorsque vous avez dit, que j'avois écrit contre vous par chagrin, *vous n'avez pas parlé de mon cœur, mais seulement de mes livres*, & qu'ainsi vous n'avez parlé que de ce qui paroit, & que de

VII. Cl.
Nº. XII.

ce que tout le monde peut voir. Y eut-il jamais une plus grande illusion? Il faudroit que vous eussiez trouvé dans mes Livres des passages, par lesquels j'eusse fait entendre, que c'est le chagrin que j'ai eu, de voir que vous n'étiez pas dans les mêmes sentimens que moi sur la Grace, qui me les a fait écrire. A moins de cela, avec quelle conscience avez-vous pu dire, *que ç'a été là* ASSURÉMENT *la cause de mon chagrin contre vous, & que, sans cela, je n'aurois jamais pris le dessein de vous critiquer comme j'ai fait*. Mais loin d'y trouver rien de semblable, on n'y trouvera certainement que des convictions de votre injustice, à me reprocher ce chagrin, sans autres preuves que des conjectures frivoles, que j'ai fait voir évidemment, n'avoir pas la moindre ombre de vraisemblance.

Défense, III. Part.

Voilà, mon Révérend Pere, l'état où je vous ai laissé, il y a huit ou neuf ans, comme je vous ai dit d'abord, m'étant contenté de vous renvoyer à votre Confesseur ou à votre Supérieur, pour savoir quelle satisfaction vous me deviez faire.

J'en serois demeuré là sans vos deux dernieres Lettres, qui m'ont fait connoître, que vous êtes toujours le même envers moi, aussi hardi à m'imputer de vous avoir calomnié, que si je ne vous avois pas confondu sur ces prétendues calomnies, & aussi opiniâtrément attaché à faire de moi ce même jugement téméraire dont je viens de parler, que si je n'en avois pas fait voir l'injustice avec la derniere évidence.

Je commencerai par ce dernier, & je passerai ensuite aux reproches de calomnies.

N'ayant rien dit dans la Lettre à laquelle vous répondez, qui regardât votre personne, & m'étant uniquement arrêté à parler de vos sentimens, croyez-vous, mon Révérend Pere, que ce soit avoir agi en Chrétien & en honnête homme, que d'avoir parlé de moi en ces termes dans votre premiere Lettre, page 315, du Journal.

On vous connoît, depuis long-temps, en qualité d'Auteur; vos manieres sont usées, & la hardiesse avec laquelle vous avancez les faussetés les plus notoires, fait, que, depuis long-temps, les gens sages ne vous croient jamais sur votre parole.

C'est répéter, en moins de mots, ce que je viens de faire voir, que vous aviez dit de moi, avec plus d'étendue, il y a huit ans. Mais n'ayant eu rien à répondre aux remontrances chrétiennes que je vous en avois faites, en ce temps-là, dans les Préfaces de mes deux derniers Volumes contre votre Système, comment avez-vous pu croire, que le public ne seroit pas scandalisé d'un tel acharnement, à me déchirer par une médisance atroce, si certainement démentie par la réputation où je suis dans le monde, parmi tous ceux qui ne font pas mes ennemis déclarés? Il n'en faut point d'autre témoin que vous-même; car, que vouliez-vous dire, quand vous regardiez *ma perfonne & ma réputation* comme deux ennemis, que vous aviez à combattre, dont vous difiez, que le dernier vous faifoit le plus de peur? Auriez-vous eu à appréhender la réputation d'un homme, qui auroit été fi décrié par fa hardieffe à avancer les fauffetés les plus notoires, que les gens fages l'auroient jugé indigne de toute créance?

VII. Cl.
Nº. XII.
Réponfe
de M. Arn.
Chap. IV.

Quoi qu'il en foit, mon Révérend Pere, il n'y a point de milieu dans une accufation de cette nature: il faut la pouvoir foutenir par des exemples clairs & indubitables, ou paffer pour un calomniateur public. Apportez-les ces exemples de ma hardieffe, à avancer les fauffetés les plus notoires, & que ce ne foient pas des difcours en l'air, mais des faits tirés de mes Livres, & rapportés en mes propres termes. C'eft où l'on vous attend, & comme on eft bien affuré que vous n'en trouverez point, confidérez, devant Dieu, quelle fatisfaction vous me devez, pour une fi outrageufe diffamation.

Vous direz peut-être, mon Révérend Pere, que je diffimule l'exemple que vous avez apporté au même lieu, de ma hardieffe à avancer les fauffetés les plus notoires; car voici ce qui fuit immédiatement ce paffage de votre premiere Lettre.

„ En effet, Monfieur, n'eft-ce pas une *hardieffe fort étrange*, que de
„ dire, comme vous faites dans votre Lettre, que vous vous étiez flatté
„ que je me trouverois réduit au filence fur le fujet des idées, & que
„ j'y fuis réduit il y a dix ans". Et voici comme vous prétendez prouver que c'eft une grande fauffeté. "Quoi, Monfieur, vous ne vous fou-
„ venez pas, qu'il y a dix ans, que le P. Malebranche a répondu à
„ votre Livre des Vraies & des fauffes Idées . . . . . qu'il a auffi répondu
„ *à votre Défenfe* par un petit Volume d'environ trois cents pages, &
„ ces deux Volumes vous étoient certainement connus".

Oui, mon Pere, ces deux Volumes m'étoient connus. Mais il eft plus clair que le jour, que je ne vous ai attribué ce filence, que depuis le Livre intitulé: *Défenfe de M. Arnauld contre la Réponfe à fon Livre des Vraies & des fauffes Idées*, imprimé en 1684, & nous fommes préfentement en 1694. Comptez, mon Pere, s'il n'y a pas dix ans, & fi c'eft une méprife pardonnable de m'oppofer votre Réponfe à mon Livre *des Idées*, comme contraire à ce filence de dix ans, que je vous avois attribué. Vous n'y penfez pas, mon Pere; car ma feconde Lettre, qui a paru huit jours avant votre premiere, marque pofitivement, que vous aviez répondu à mon Livre *des Idées;* mais que je vous avois réfuté

VII. Cl. N°. XII.

dans ma *Défense*. Afin donc que ce silence de dix ans, au regard de votre doctrine des Idées, & de votre opinion de la vue des corps en Dieu, ne fût pas vrai, il faudroit que vous eussiez soutenu votre sentiment touchant ces deux points, dans votre petit Volume de trois cents pages contre ma *Défense*. Or rien n'est plus faux: car ce Volume de trois cents pages ne consiste qu'en trois Lettres, comme j'ai déja dit: la premiere est, pour vous justifier *d'une erreur grossiere*, dont vous vous plaignez que je vous accusois, qui est, que, selon vos véritables sentiments, *Dieu est corporel*. La seconde est, pour justifier ce que vous aviez dit contre mon sentiment sur la Grace. Et la troisieme ne regarde que de menus faits de nulle importance.

Il est donc très-vrai que ce Livre ne peut vous servir de rien, pour montrer que vous n'êtes pas demeuré dans le silence pendant dix ans, sur ce que j'avois dit plus fortement dans ma *Défense*, que je n'avois fait dans mon Livre *des Idées*, contre vos êtres représentatifs, distingués des perceptions, & contre votre paradoxe, de la vue des corps en Dieu. Je me contente de vous renvoyer aux trois Considérations de ma Lettre, qui est à la tête de ma *Défense* depuis la page 378 jusques à la page 412. Les deux premieres regardent la nature des Idées; & la derniere, qui est le Dialogue, regarde la vue des corps en Dieu. Or je vous soutiens, que, non seulement dans votre Livre de trois cents pages, mais dans aucun autre Ecrit, vous n'avez fait aucune Réponse à ces trois Considérations, & je vous défie encore d'en faire qui soit pertinente. Voilà donc sur quoi je me suis fondé, quand je vous ai dit dans ma Lettre, que j'avois mis cette matiere dans un si grand jour, dès l'année 1684, que depuis dix ans vous aviez été réduit au silence.

Revenons maintenant, mon Pere, à l'autre plainte que vous faites de moi, qui est que je vous ai noirci par d'injurieuses accusations. Les deux que vous marquez sont si mal fondées, que c'est vous-même qui me calomniez.

La premiere est, que je vous ai accusé de nier la Providence. Cela n'est point vrai; je me suis contenté de vous dire, & de prouver par plusieurs Chapitres de mon premier volume des Réflexions sur votre Systême, que quoique que vous reconnoissiez la Providence, ce que vous enseignez ne se peut accorder avec ce que la foi & l'Ecriture, & même la droite raison nous en enseignent. Il est donc faux que je vous ai calomnié sur ce sujet: & cette fausseté est d'autant plus inexcusable, que, dans la Préface de mon second volume contre votre Systême, je vous avois marqué ce que vous deviez faire pour agir raisonnablement dans cette dispute touchant la Providence.

Vous

« Vous deviez, vous ai-je dit, propofer de bonne foi ce que je vous
" foutiens dans quatre ou cinq Chapitres de mon premier volume, comme
" étant le fentiment commun des Théologiens de l'Eglife, touchant la
" Providence. Sur quoi vous n'auriez eu rien à dire, que l'une ou l'autre
" de ces deux chofes. L'une, que je me trompois, & que c'étoit fans
" raifon, que je voulois faire paffer un fentiment qui m'étoit particu-
" lier, pour le fentiment commun des Ecoles chrétiennes. L'autre, que
" je ne me trompois point en cela, mais que j'avois tort de préten-
" dre que votre doctrine fur la Providence, fût contraire à celle que
" vous n'auriez pu nier, qui ne fût conforme à la créance de tous les
" Chrétiens, & même des Juifs, en ce qui regarde les événements hu-
" mains ".

Mais vous avez bien vu que vous ne pouviez faire ni l'un ni l'autre.
Tous les Théologiens vous auroient défavoué, fi vous aviez tenté le premier. Et vous avez été bien éloigné de recourir au dernier, c'eft-à-dire,
de prétendre qu'il n'y a rien dans votre opinion qui ne fe puiffe accorder avec la mienne. Vous vous faites honneur, au contraire, d'avoir fur
cela des fentiments bien différents des miens, parce que, fi on vous en
croit, je ne juge que baffement de la Providence; au lieu que vous vous
flattez d'en avoir des penfées bien plus élevées. *Que M. Arnauld*, dites-
vous, *juge de la Providence divine fur l'idée qu'il a d'une providence hu-*
maine: cela lui eft permis, s'il ne peut pas s'élever plus haut; car il vaut
mieux admettre en Dieu une providence humaine, que de lui ôter toute
providence. Mais qu'il nous laiffe fuivre, conduits & foutenus par la foi,
l'idée de l'Etre infiniment parfait, pour ne rien dire de Dieu qui ne foit digne
des attributs divins.

Vous vous glorifiez donc d'avoir une autre idée que moi de la
Providence, fans que vous ayiez ofé tenter de faire voir, que celle
que j'en ai, n'eft pas celle qu'en ont tous les Théologiens de l'Eglife.
Voilà à quoi fe réduit tout ce que j'ai dit de vous fur la Providence.
Voyez fur cela fi vous pouvez dire, que je vous aie accufé de l'avoir
niée.

Votre fecond exemple de mes injuftes accufations, eft que je vous ai
imputé de faire Dieu corporel; mais il eft encore plus faux que le premier. Certes il eft bien étrange, que vous ayiez ofé me faire ce reproche, après ce que je vous en ai dit au commencement de ma huitieme Lettre.

J'y avois remarqué, " que dès la premiere page de votre Réponfe à ma
" Differtation fur les miracles de l'Ancienne Loi, vous vous étiez plaint,

VII. Cl. „ *que je me suis efforcé de vous faire passer dans ma Défense pour un impie, qui*
N°. XII. „ *croit que Dieu est corporel.*

„ Que c'est par-là, que vous étiez entré en matiere dans la première de
„ vos trois Lettres contre ma Défense. *L'accusation*, dites-vous, *la plus*
„ *atroce que je trouve dans le dernier livre de M. Arnauld, & sur laquelle*
„ *aussi il s'appuie le plus, est l'erreur grossiere qu'il m'impute, que selon*
„ *mon véritable sentiment, Dieu est corporel.* Ces derniers mots sont en
„ italique, comme si c'étoient mes propres paroles, & qu'il n'y eût pas
„ à douter que je ne vous eusse imposé cette erreur grossiere, que Dieu
„ est corporel.

„ Vous me faites le même reproche dans les pages 9, 21, 80, 87, 122 :
„ mais votre plainte étant réduite à ces termes, il me sera aisé de vous
„ satisfaire ; c'est que le fait n'est pas vrai. Non il n'est pas vrai que je vous
„ aie accusé de croire que Dieu étoit corporel.

„ Mais ce qui est cause, mon Pere, que vous m'imputez d'avoir dit ce
„ que je n'ai pas dit, est que vous vous imaginez avoir raison de vous
„ plaindre qu'on vous attribüe des erreurs, que l'on ne vous attribue
„ point, lorsqu'on vous a prouvé seulement que ce sont des suites de vos
„ nouvelles opinions, quoiqu'on ait reconnu ensuite que vous ne demeu-
„ riez pas d'accord de ces conséquences ".

Or j'ai montré, mon Pere, dans la premiere de mes neuf Lettres,
que cette prétention, qui est le grand fondement de la plupart de vos
plaintes, étoit fort déraisonnable & fort injuste. Et je suis sûr que quiconque
l'aura lue, reconnoîtra que je l'ai fort bien prouvé.

Votre seconde accusation de calomnie n'est donc pas moins injuste
que la premiere ; mais comme j'ai traité cette matiere dans la huitieme &
la neuvieme Lettre, & que vous n'y avez fait jusques ici aucune réponse,
je ne crains point de vous dire, que vous n'en sauriez faire qui ne soit
tout-à-fait déraisonnable.

Vous ne parlez qu'en général des autres impiétés qu'il m'a plu, dites-
vous, de vous imposer. Je ne sais pas ce que vous entendez par-là ; mais
ne niant pas que je ne vous aie attribué d'autres erreurs, qu'on peut appeller impies, je vous soutiens que c'est avec raison que je vous les ai
attribuées, & puisque vous me contraignez de vous le dire en me trai-
tant de calomniateur, oui, mon Pere, je vous accuse encore à la face de
toute l'Eglise, de deux erreurs capitales, contraires à la foi, & très- injurieuses à Jesus Christ.

La premiere est, que l'ame de Jesus Christ, quoiqu'unie personnelle-
ment au Verbe, en est si peu dépendante à l'égard du gouvernement de

l'Eglise, que n'ayant point d'autre puissance à cet égard que celle de VII. Cl. cause occasionnelle, elle n'exerce cette puissance que par une infinité de N°. XII. desirs qu'elle a d'elle-même, sans que le Verbe les forme en elle & la détermine à les avoir. C'est ce que j'ai prouvé démonstrativement dans le Chapitre IX, de mon troisieme volume, qui a pour titre: *Démonstrations selon la méthode des Géometres, de la fausseté de cette proposition fondamentale du Système: Jesus Christ, comme homme, est la cause occasionnelle de la Grace.* On peut voir aussi les Chapitres VI, VII & VIII. Vous n'y avez rien répondu, & on vous défie d'y pouvoir répondre. Et si vous ne le faites pas, vous demeurerez convaincu, d'avoir établi votre Système sur le contraire d'une vérité déterminée par le sixieme Concile, qui n'a défini contre les Monothélites, qu'il y a deux volontés en Jesus Christ, qu'en établissant en même temps que c'est la volonté divine qui meut, & qui fait vouloir la volonté humaine.

La seconde erreur dont je vous accuse de nouveau, est, que cette même ame de Jesus Christ, toute unie qu'elle est à la Sagesse éternelle, en est si peu éclairée, qu'elle ne connoît point le secret des cœurs, quelque besoin qu'elle eût, selon vous, de le connoître pour agir sagement dans la distribution des graces.

C'est ce que l'on peut voir dans le Chapitre XIII du même volume, qui a pour titre: *Des graces données aux justes, que l'Auteur rejette sur l'ignorance de l'ame de Jesus Christ; de ce qu'il y a souvent des graces données aux justes, qui ne les rendent pas victorieux de la tentation.*

Et dans le Chapitre XVI, où j'ai fait voir, qu'il n'y a rien *de plus indigne de Jesus Christ & de plus contraire à l'Evangile, que ce que l'Auteur lui attribue à l'égard de la connoissance du secret des cœurs, en prétendant que selon son humanité, il l'ignore presque toujours, & qu'il le veut ignorer.* Et il s'ensuit de-là, que, selon vous, il donne les graces au hasard, sans savoir si elles auront quelque effet, ou si elles n'en auront pas: ce qui est horrible.

Ce n'est pas d'aujourd'hui, mon Pere, que j'ai tâché de vous faire rentrer en vous-même, en vous représentant l'impiété de ces deux propositions. Il y a huit ans que je l'ait fait, & c'est par-là que j'avois fini mes Réflexions sur votre Système. J'ai tâché de le faire d'une maniere chrétienne, & qui pût servir à vous tirer de l'erreur. La chaleur de la contestation vous a pu empêcher d'y faire assez d'attention en ce temps-là. Peut-être que Dieu vous fera la grace, de considérer davantage combien ce que l'on vous conseilloit alors étoit raisonnable & im-

VII. Cl. N°. XII. portant pour votre falut. Trouvez donc bon, mon Pere, que je vous conjure de le relire de nouveau; afin que ce vous foit au moins une occafion de prendre confeil de perfonnes fages & éclairées, pour apprendre d'elles quel égard vous devez avoir aux remontrances que je vous ai faites.

Voilà, mon Pere, un récit exact & fidelle de ce qui s'eſt paſſé dans notre difpute. A l'égard de la maniere dont chacun a été traité par fon adverſaire, vous paroiſſez être content de vous-même, & vous croyez n'avoir rien fur cela à vous reprocher. Je dis la même chofe de mon côté. Comment donc fe pourront terminer les conteſtations dont vous dites que le public eſt fcandalifé?

Vous nous en donnez une ouverture dans votre feconde Lettre. Vous prétendez que c'eſt un procès fuffifamment inſtruit, qui eſt en état d'être jugé, fans qu'il foit befoin de faire de nouvelles Ecritures, & qu'il faut feulement employer celles qui font déja faites. J'ajoute à cela, qu'il feroit bon de le réduire à cinq ou fix Chefs dont tout le reſte dépend, & c'eſt ce que je vas faire en marquant fur chacun ce que j'emploie de mes Ecritures, en vous laiſſant à marquer, de votre côté, ce que vous voudrez employer des vôtres.

Le premier Chef fera, qui de nous deux a plus de fujet de fe plaindre, d'avoir été maltraité par fon adverſaire? Sur quoi j'emploie la premiere, la troiſieme & la quatrieme partie de ma *Défenſe*; mes quatre premieres Lettres, & les Préfaces de mes deux derniers volumes contre votre Syſtême.

Le deuxieme fera, fi vous avez eu raifon de prendre pour les véritables idées, certains êtres repréfentatifs diſtingués de nos perceptions. Sur quoi j'emploie, outre ce que j'en ai dit dans mon Livre *des Idées*, la premiere & la feconde Confidération de ma Défenſe, depuis la page 378, jufqu'à la page 398, & le feizieme Exemple, dans le même Livre.

Le troiſieme fera, s'il y a quelque vraiſemblance à ce que vous dites, que l'on ne fauroit voir les chofes matérielles, que dans l'étendue intelligible infinie qui eſt en Dieu, & qui eſt Dieu même. Sur quoi j'emploie le Dialogue qui eſt dans ma *Défenſe*, & le neuvieme Exemple dans le même Livre.

Le quatrieme, fi on peut croire tout ce que vous nous enfeignez de l'étendue intelligible infinie, que vous dites être en Dieu, fans mettre en Dieu une vraie & formelle étendue. Sur quoi j'emploie le fixieme Exemple de ma *Défenſe*, & mes deux dernieres Lettres; la huitieme & la neuvieme.

Le cinquieme, si j'ai tort de trouver à redire à cette proposition que vous répétez si souvent: que les Plaisirs des Sens nous rendent heureux, & d'autant plus heureux qu'ils sont plus grands. Sur quoi j'emploie les Chapitres XXI, XXII, XXIII & XXIV, de mon premier volume contre votre Système, & la Dissertation que j'ai faite sur ce sujet.

VII. Cl.
N°. XI.

Le sixieme, si je n'ai pas dû regarder comme des erreurs insoutenables, qui renversent les véritables idées, que la foi du mystere de l'Incarnation nous oblige d'avoir de la très-sainte ame de Notre Seigneur Jesus Christ, les deux Propositions que vous avez avancées: l'une, qu'elle a d'elle-même une infinité de volontés, que le Verbe divin auquel elle est unie ne lui fait point avoir. L'autre, qu'elle ne connoît point le secret des cœurs, & qu'elle ne le veut point connoître; d'où il arrive qu'elle fait donner des graces, sans savoir quel effet elles auront. Sur quoi j'emploie les Chapitres de mon troisieme Volume que j'ai marqués ci-dessus; à quoi vous n'avez fait jusques ici aucune réponse (*a*).

Les choses dont on doit juger étant ainsi arrêtées, convenons de deux Evêques, chacun en choisissant un de son côté, que nous prierons, s'ils le jugent à propos, de s'associer d'autres personnes capables de juger de ces matieres, pour nous en dire ensuite leur sentiment, sans qu'il soit nécessaire que personne leur parle, puisque vous convenez aussi-bien que moi, que le procès est suffisamment instruit par des pieces produites il y a long-temps.

Je ne vois pas ce qui vous pourroit empêcher d'accepter cette proposition, puisqu'elle ne vous peut être qu'avantageuse, si vous êtes sérieusement persuadé de ce que vous me faites entendre, que depuis qu'on a lu vos livres & les miens, ceux qui se sont mis en état de juger de ces matieres, se sont déclarés pour vous contre moi. Car c'est ce que signifie ce que vous ne m'avez pas voulu dire si cruement, de peur de me trop chagriner.

Depuis dix ans on a eu le temps d'examiner mes sentiments & les vôtres sur la nature des Idées: on a lu vos livres, on a lu les miens. Et vous sauriez ce qu'en pensent ceux qui se sont mis en état de juger de ces matieres, si vous aviez voulu le savoir.

(*a*) [M. Arnauld paroit n'avoir pas connu les *deux Lettres du P. Malebranche*, &c. *touchant le second & le troisieme volume des Réflexions philosophiques*, &c. imprimées chez Leers à Rotterdam, en 1687. L'Auteur prétend y désavouer les deux Propositions auxquelles M. Arnauld avoit réduit la dispute; mais en changeant leur objet.]

VII. Cl Profitez donc, mon Pere, de ce prétendu changement du public à
N°. XII. votre égard, & faites juger le procès, étant auffi perfuadé que vous l'êtes
qu'on le jugera en votre faveur.

25 Juillet 1694.

DISSERTATION
LATINE
DE MONSIEUR ARNAULD,
SUR
LA VUE DES VÉRITÉS EN DIEU, &c.

[Donnée sur la premiere édition faite en Hollande en 1715; collationnée avec une copie corrigée de la main de M. Arnauld (*a*).]

(*a*) [Cette Dissertation fut imprimée dans le Recueil des Ecrits sur la Grace générale, Tome I, page 261 & suiv. Voyez la Préface historique, Art. IV.]

AVERTISSEMENT

AVERTISSEMENT

[DES PREMIERS ÉDITEURS. (*a*)]

I.

L'Ecrit suivant est une Dissertation latine sur deux points, qui sont plus métaphysiques que théologiques. M. Huygens, célebre Docteur & Professeur de Louvain, avoit publié & fait soutenir une Thèse raisonnée: De veritate æterna, sapientia & justitia æterna, où il prétendoit deux choses. La premiere, que c'est dans la vérité incréée, qui est Dieu, que nous voyons toutes les vérités nécessaires & immuables. La seconde, que lorsque nous aimons quelque vertu pour elle-même, ce que nous aimons, c'est la forme primitive & éternelle de cette vertu, qui est en Dieu, & qui est Dieu même. Et, pour établir ces deux points, il apportoit beaucoup de passages de S. Augustin, que l'on peut voir aussi dans Jansénius, qui a soutenu la même chose, & qui s'est fort étendu à prouver, que c'étoit la doctrine de S. Augustin.

*Défense,
III. Part.*

Lib. I. de statu nat. puræ c. 7 & 8.

M. Huygens tiroit de-là diverses conséquences, & il se servoit sur-tout de cette doctrine, pour concilier, avec les principes de S. Augustin, certains Décrets de Rome, qui y paroissent être contraires en quelques points; comme celui des actions des infideles, que S. Augustin a cru être toutes des péchés, n'ayant jamais reconnu de bonnes actions, c'est-à-dire, des actions exemptes de tout défaut, sans la vraie grace de Jesus Christ, ni de vraie grace de Jesus Christ avant la foi. Car M. Huygens, selon ce principe, ne trouvoit aucune difficulté à reconnoître dans les Payens beaucoup de bons mouvemens, puisqu'ils aiment la justice & les autres vertus, & que cet amour de la justice & des vertus ne peut être que bon, étant l'amour de la forme primitive des vertus, qui n'est autre chose que Dieu même.

M. Arnauld ayant vu cette Thèse, ne put gouter ni l'un ni l'autre point; & il fut particuliérement blessé de cette conséquence que l'on en tiroit; savoir, que les Payens avoient pu avoir quelque amour de Dieu, en ce qu'aimant une vertu, ils en aimoient la forme éternelle, qui est Dieu. Il fit donc à ce sujet cette Dissertation, qu'il nomma, Bipartita, parce qu'il y examinoit ces deux prétentions de M. Huygens: la premiere, dans les cinq premiers articles, & la seconde, dans les suivans.

(*a*) [MM. Petitpied, Docteur de Sorbonne, & Fouillou.]

VII. Cl.
N. XIII.

Comme c'est une question purement philosophique, de savoir si c'est dans la vérité incréée, que l'on voit les vérités immuables, il ne crut pas que l'autorité de S. Augustin, qui semble avoir été prévenu de cette pensée, qu'il avoit tirée de la Philosophie Platonicienne, dut l'arrêter ni l'empêcher de s'attacher à S. Thomas, qui a raisonné sur d'autres principes, lesquels paroissoient à M. Arnauld beaucoup plus solides. Ce sont ces principes qu'il expose, & met dans tout leur jour dans cette Dissertation. Il apporte ensuite quelques preuves, pour montrer, que pour connoître les vérités, il n'est pas besoin que ce soit dans la vérité incréée, tamquam in objecto cognito, que nous les connoissions. On remarquera bien ces mots, tamquam in objecto cognito, qui est de quoi il est précisément question. Car il est, sans doute, que Dieu est la cause efficiente de la connoissance que nous avons de ces vérités; la lumière naturelle de notre esprit, par laquelle nous les connoissons, étant une participation de la lumière incréée, & Dieu formant, par son opération immédiate, toutes nos connoissances. M. Arnauld répond enfin aux principales objections, qui, bien examinées, paroîtront peut-être plus spécieuses que solides, & n'être fondées que sur des équivoques, qu'il suffit de démêler pour les faire évanouir.

Ce sentiment, que M. Arnauld réfute dans cette Dissertation, n'est pas tout-à-fait le même que celui de l'Auteur de la Recherche de la Vérité, qui est le sujet du Livre des Vraies & des fausses Idées, que M. Arnauld publia contre cet Auteur en 1683, & qui lui attira une Réponse, à laquelle il opposa en 1684, la Défense du Livre des Vraies & des fausses Idées. Car l'Auteur de la Recherche ne prétend pas que les vérités nécessaires se voient en Dieu, n'étant, selon lui, que des rapports, en quoi il a raison; mais que ce sont les corps que Dieu a créés, qui, ne pouvant être vus en eux-mêmes, se voient en Dieu, ou dans ce qu'il appelle l'étendue intelligible, qui n'est autre chose, selon lui, que la substance de Dieu, en tant que participable par les créatures. Au contraire, M. Huygens, après Jansénius, veut que ce soient les vérités mêmes que nous voyons en Dieu, comme étant la vérité souveraine qui les contient & les représente toutes. Mais si l'on se donne la peine d'examiner les principes de S Thomas, & les raisons que M. Arnauld apporte contre ce sentiment, on conviendra peut-être, qu'il ne renferme pas moins de difficultés, que celui de l'Auteur de la Recherche de la Vérité.

Dans l'autre partie de la Dissertation, M. Arnauld montre avec la même clarté, que lorsqu'on aime les vertus, ce n'est point une je ne sais quelle forme ou archétype des vertus, qui seroit en Dieu, & Dieu même, qui est ce que l'on aime: par exemple, que lorsqu'on aime la chasteté, ce n'est point la forme éternelle & originale de la chasteté que l'on aime. Tout ce

AVERTISSEMENT.

qu'il dit sur ce sujet, paroît si solide & si lumineux, que tous ceux qui se plaisent à ces matieres métaphysiques, ne pourront que le lire avec beaucoup de plaisir.

II. M. Nicole s'étoit beaucoup servi de ces deux opinions métaphysiques pour établir sa Grace générale, & pour se débarrasser des objections qu'on lui faisoit, comme on le voit particuliérement dans sa Réponse à l'Ecrit géométrique de M. Arnauld. Mais ayant vu la Dissertation latine dont on vient de parler, il eut la sincérité de reconnoître, qu'il ne voyoit pas ce qu'on y pourroit répondre. Cependant il engagea le P. François Lami, Bénédictin, dont le mérite est fort connu, & qui étoit son ami, comme il l'étoit de M. Arnauld, à lire & à examiner cette Dissertation. C'est ce que fit le P. Lami : mais il se trouva si prévenu de cette métaphysique [de M. Huygens] qu'il fit une réponse en forme à la Dissertation. Cette Réponse ayant été envoyée à M. Arnauld, il lui parut utile de la réfuter, pour faire voir, comme il le dit lui-même, le peu de fondement de diverses opinions que M. Nicole avoit employées dans son Traité, pour donner plus de couleur à son Système, & pour rendre plus croyables les étranges suppositions sans lesquelles il paroissoit ne pouvoir subsister.

C'est ce que M. Arnauld exécuta par l'Ecrit qui a pour titre : Regles du bon sens, &c. C'est une espece de Logique pratique, & une maniere de réfuter, qui étoit propre à M. Arnauld. Chaque article est une regle du bon sens, dont il fait l'application à l'Ecrit du P. Lami, qu'il montre s'en être écarté. Cet Ecrit a, comme la Dissertation latine, deux parties ; dont la premiere regarde cette question métaphysique : Si nous ne pouvons voir les vérités nécessaires & immuables, que dans la vérité souveraine & incréée ? C'est ce qu'il traite dans les dix premiers articles. Dans les cinq autres, il s'agit de l'autre question. Si on ne peut aimer une vertu, comme est la chasteté, que l'on n'aime la forme éternelle de cette vertu, qui est en Dieu, & Dieu même ? On trouvera de quoi se satisfaire pleinement dans cet Ecrit sur l'une & l'autre question. Il est de 1693.

Il y a dans cet Ecrit deux articles importants, qui regardent la dispute de la Grace générale ; le cinquieme, qui est des pensées imperceptibles, & qui a 42 pages, & le quatorzieme, qui est de l'amour de la justice.

M. Arnauld avoit posé, pour fondement de ses démonstrations dans l'Ecrit géométrique, ce Lemme qui lui paroissoit évident & qui est le cinquieme ; savoir que l'on n'est point éclairé à l'égard d'un objet, lorsqu'on n'a aucune pensée de cet objet : d'où il concluoit, que les Américains, par exemple, n'ayant aucune pensée de Dieu, & n'ayant jamais songé, avant qu'ils vissent des Prédicateurs évangéliques, qu'ils dussent aimer Dieu, l'adorer, le remercier, lui rapporter toutes leurs actions, on ne pouvoit dire ni prétendre

VII. Cl. N. XIII. qu'ils fuſſent éclairés à cet égard, ni par conſéquent qu'ils euſſent des graces intérieures, qui rendiſſent leur volonté proportionnée à l'accompliſſement de ces devoirs eſſentiels; la Grace étant une lumiere qui éclaire l'entendement, jointe à un bon mouvement qui excite & échauffe la volonté.

Comme ce Lemme & la concluſion qui s'en déduit naturellement, renverſoient abſolument le Syſtême de M. Nicole, il mit en uſage diverſes diſtinctions pour éluder le Lemme, & il s'arrêta particuliérement à la diſtinction des penſées perceptibles & imperceptibles; prétendant qu'à la vérité les Américains n'étoient pas éclairés par rapport à ces devoirs, par des penſées perceptibles, ou qu'ils ſentiſſent & apperçuſſent en eux-mêmes; mais qu'ils l'étoient par des penſées imperceptibles, qui étoient en eux ſans qu'ils s'en apperçuſſent.

M. Arnauld avoit déja fait quelques remarques ſur ces penſées imperceptibles dans ſa Défenſe de l'Ecrit géométrique. Mais l'Ecrit du P. Lami, qui, pour éluder une des raiſons de M. Arnauld contre la vue des vérités en Dieu, faiſoit auſſi uſage de ces ſortes de penſées, lui donna occaſion de traiter ce point plus à fond dans le cinquieme article des Regles. Ce qu'il y a de plus conſidérable, & qui tranche plus nettement toute queſtion, c'eſt le §. V. de l'article, où après avoir montré dans les §§. précédents, le peu de ſolidité des penſées imperceptibles, il fait voir évidemment que, quand il y auroit même de telles penſées, elles ne pourroient être d'aucun uſage dans la matiere de la Grace, & qu'ainſi, être réduit à ces penſées pour ſoutenir la Grace générale, c'étoit être pouſſé à bout.

Un des points ſur lequel M. Nicole fait auſſi un grand fond, c'eſt que les Payens aiment la vertu, la juſtice, par exemple; que cet amour de la juſtice n'eſt point différent de l'amour de Dieu, & que c'eſt là une grace générale, que l'on ne peut ſe diſpenſer d'admettre. Il y a dans l'Ecrit des Regles diverſes choſes qui peuvent ſervir d'éclairciſſement ſur ce point; mais c'eſt de quoi il eſt particuliérement traité dans l'article XIV, qui mérite d'être lu avec ſoin, comme auſſi le XV, qui en eſt la ſuite.

DISSERTATIO BIPARTITA.

An veritas propositionum quæ necessariò & immutabiliter veræ sunt, videatur à nobis in primâ & increatâ veritate, quæ Deus est? Et, an qui amat castitatem, vel quamlibet aliam virtutem moralem, eo ipso amet æternam, quæ in Deo est, rationem castitatis? 1693.

ARTICULUS I.

Veritas principaliter est in intellectu, & secundariò in rebus.

Probat hanc assertionem S. Thomas his verbis: *Hoc autem distat inter appetitum & intellectum, sive quamcumque cognitionem; quia cognitio est secundùm quòd cognitum est in cognoscente; appetitus autem est secundùm quòd appetens inclinatur in ipsam rem appetitam. Et sic terminus appetitus, quod est bonum, est in re appetibili; sed terminus cognitionis, quod est verum, est in ipso intellectu.* [1. part. q. 16. art. 1. in c.]

Hinc concludit S. Thomas veritatem principaliter (sive secundùm prius significatum hujus vocis *veritas*) esse in intellectu. Sic verò conficit veritatem esse secundariò in rebus, id est, secundùm posterius significatum hujus vocis.

Sicut autem bonum est in re, in quantum habet ordinem ad appetitum, & propter hoc ratio bonitatis derivatur à re appetibili ad appetitum, secundùm quòd appetitus dicitur bonus prout est boni: ita (cùm verum sit in intellectu, secundùm quòd conformatur rei intellectæ) necesse est quòd ratio veri ab intellectu ad rem intellectam derivetur, ut res etiam intellecta vera dicatur, secundùm quòd habet aliquem ordinem ad intellectum.

Hinc infert S. Thomas aliquas res esse veras per ordinem ad intellectum humanum, alias per ordinem ad intellectum divinum.

Res autem intellecta ad intellectum aliquem potest habere ordinem vel per se, vel per accidens. Per se quidem habet ordinem ad intellectum à quo dependet; per accidens autem ad intellectum à quo cognoscibilis est. Sicut si dicamus quòd domus comparatur ad intellectum artificis per se, per accidens autem comparatur ad intellectum à quo non dependet. Judicium au-

VII. Cl. *tem de re non sumitur secundùm quòd inest ei per accidens, sed secundùm*
N. XIII. *quòd inest ei per se. Unde unaquæque res dicitur vera absolutè, secundùm ordinem ad intellectum à quo dependet. Et inde est, quod* RES ARTIFICIALES *dicuntur veræ per ordinem ad intellectum nostrum: dicitur enim domus vera, quæ assequitur formam quæ est in mente artificis, & dicitur oratio vera, in quantum est signum intellectus veri. Et similiter res naturales dicuntur esse veræ, secundùm quòd assequuntur similitudinem specierum, quæ sunt in mente divinâ. Dicitur enim verus lapis, qui assequitur propriam lapidis naturam secundùm præconceptionem intellectûs divini. Sic ergo veritas principaliter est in intellectu, secundariò verò in rebus, secundùm quòd comparantur ad intellectum ut ad principium.*

Refert posteà sanctus Doctor aliquas definitiones *veri,* seu veritatis, quarum aliquas dicit pertinere ad veritatem prout est in intellectu, quasdam autem ad veritatem prout est in rebus. *Quod autem dicitur quòd veritas est adæquatio rei & intellectûs, potest,* inquit, *ad utrumque pertinere.* Unde obiter notandum *non tres acceptiones vocis* veritas, sed tantùm duas à S. Thomâ in hac quæstione stabiliri. Tertiam enim acceptionem, quæ ex Articulo VI. ad I. eruitur in Thesibus, ad rem non pertinere infrà ostendemus.

ARTICULUS II.

COROLLARIA *ex his principiis à S. Thoma deducta*

Ex his clarissimis & certissimis, ut mihi quidem videtur, S. Thomæ principiis, multa corollaria deduci possunt, quæ, ut opinor, evidenter conficient, nullo niti idoneo fundamento quod in Thesibus propugnatur. Quæ judicamus necessariò & immutabiliter vera esse, ut æterna temporalibus esse potiora, septem & tria decem esse, videri à nobis in primâ veritate quæ Deus est.

COROLLARIUM I.

Multa dicuntur vera de quibus vox *veritas* non univocè prædicatur, sed tantùm analogicè, id est per prius, & per posterius, principaliter, & secundariò.

Id jam vidimus à S. Thoma declaratum, dum ait veritatem esse principaliter in intellectu, & secundariò in rebus per ordinem ad intellectum. Sed Articulo VI, id uberiùs explicat & illustrat comparatione vocis *fani*, & *fanitatis. Sciendum eft*, inquit, *quòd quando aliquid prædicatur univocè de multis, illud in quolibet eorum fecundùm propriam rationem invenitur, ficut animal in qualibet fpecie animalis. Sed quando aliquid dicitur analogicè de multis, illud invenitur fecundùm propriam rationem in uno eorum tantùm, à quo alia denominantur, ficut fanum dicitur de animali, & urina, & medicina; non quòd fanitas fit nifi in animali tantùm, fed à fanitate animalis denominatur medicina fana, in quantum eft illius fanitatis effectiva, & urina, in quantum eft illius fanitatis fignificativa. Et quamvis fanitas non fit in medicina, & urina, tamen in utroque eft aliquid, per quod illud quidem facit, iftud autem fignificat fanitatem. Dictum eft autem quòd veritas per prius eft in intellectu, & per pofterius in rebus, fecundùm quod ordinantur ad intellectum divinum à quo dependent.* VII. Cl. N. XIII.

Ergo ex S. Thoma, vox *veritas* fe habet ad verum judicium intellectûs, & ad veram propofitionem fcriptam, vel voce prolatam, & ad verum aurum, vel verum lapidem; ficut fe habet vox *fanitas*, ad animal fanum, & ad urinam, & medicinam. Ergo veritas, fecundùm propriam rationem, non eft nifi in judicio intellectûs, eft que conformitas judicii intellectûs, cum re de quâ judicat; ut cùm judicat de toto quod fit majus fuâ parte: fed ab illâ veritate propofitio illa fcripta, vel voce prolata: *Totum eft majus fuâ parte*, dicitur vera, quia eft fignificativa judicii veri. Et aurum dicitur verum, quia conforme eft ideæ divinæ, five fcientiæ practicæ per quam Deus aurum creavit.

Hac eadem comparatione veritatis cum fanitate utitur S. Thomas Articulo VII, in quo probat creatam veritatem non effe æternam. *Veritas*, inquit, *enuntiabilium non eft aliud quàm veritas intellectûs. Enuntiabile enim eft in intellectu, & eft in voce. Secundùm autem quod eft in intellectu, habet per fe veritatem: fed fecundùm quod eft in voce, dicitur verum enuntiabile, fecundùm quod fignificat aliquam veritatem intellectûs, non propter aliquam veritatem in enuntiabili exiftentem ficut in fubjecto: ficut urina dicitur fana non à fanitate quæ in ipfa fit, fed à fanitate animalis quam fignificat. Similiter etiam fupra dictum eft, quòd res denominantur veræ à veritate intellectûs.*

Corollarium II.

Veritas five fecundùm propriam rationem, five fecundùm analogiam, hoc eft, prout eft in intellectu, vel prout eft in fignis vel rebus, non eft per fe nifi *relatio, habitudo* (un fimple rapport) quæ *non eft aliquid diftinctum ab ipfo fuo fundamento, five fubjecto proximo confiderato cum*

VII Cl. reliquis ad ejusmodi relationem præreqvisitis, ut fatetur Auctor Theseos (a).
N. XIII. Nam veritas secundùm propriam rationem est judicium intellectûs, quatenus est conforme rei de qua judicat. Veritas verò prout est in signis, ut propositio scripta, vel voce prolata, est scriptura vel vox, quatenus significat judicium quod est verum. De modo autem quo voces & scrip-
XV. Ex. turæ significant videri potest Liber, cui titulus, *Défense de M. Arnauld &c.* Et veritas prout est in rebus, est *res ipsa, quatenus conformis est ideæ, potissimùm divinæ, de talis rei essentia.* Non de nihilo dictum est in Thesi, *potissimùm divinæ.* Res enim artificiales veritatem suam mutuantur, ut supra vidimus, à conformitate cum artificis ideâ

Corollarium III.

Cùm judico de toto, majus illud esse suâ parte, vel de sole, majorem esse terrâ, veritas illius judicii, quæ veritas est secundùm propriam rationem, non alibi quàm in meo intellectu quærenda est. Nam, ex S. Thoma, veritas propriè dicta est tantùm in intellectu, sicut sanitas propriè dicta est tantùm in animali. Ergo unaquæque veritas in eo intellectu est, qui de re judicat prout est.

Corollarium IV.

Veritas propriè dicta, sive secundùm propriam rationem, non est una per quam omnia vera sint, sed tot sunt veritates propriè dictæ quot formantur judicia de rebus ut sunt, sive à diversis mentibus, sive ab una eademque mente.

Hoc concludit S. Thomas, Art. VI, cujus titulus est: *Utrùm sit una sola veritas secundùm quam omnia sunt vera?* Postquam enim ostendit ex comparatione veritatis cum sanitate, utramque hanc vocem dici de multis non univocè, sed analogicè: *Cùm ergo,* inquit, *veritas per prius sit in intellectu, & per posterius in rebus: si loquamur de veritate prout existit in intellectu secundùm propriam rationem, sic in multis intellectibus creatis sunt multæ veritates, & in uno eodemque intellectu secundùm plura cognita.*

Corollarium V.

Veritas impropriè dicta, quæ est *in rebus*, secundùm variam considerationem potest dici una, & potest dici multiplex.

Potest

(a) Eximius Dominus Huygens, Doctor Lovaniensis. Titulus Theseos est: *De veritate æterna, sapientia & justitia æterna.*

Potest dici una, secundùm D. Thomam, *quia omnes res sunt veræ* VII. Cl.
unâ primâ veritate, cui unumquodque assimilatur secundùm suam entitatem. N. XIII.
Et sic licèt plures sint essentiæ vel formæ rerum, tamen una est veritas di- Art. 6.
vini intellectûs, secundùm quam omnes res denominantur veræ.

Potest tamen dici multiplex, non ex parte intellectûs divini, ad quem
illa rerum veritas ordinem habet, sed ex parte rerum, quarum unaquæque vera est veritate illa transcendentali, quæ nihil aliud est quàm res
unaquæque, quatenus conformis est ideæ divinæ.

Præterea rerum artificialium veritas, quæ est per ordinem ad intellectum artificis à qua dependent, multiplex sine dubio est, etiam ex parte
intellectûs artificum.

Corollarium VI.

Veritas propositionum, quæ dicuntur, *æternæ veritatis*, non est æterna,
& ubique, propriè loquendo, sicut Deus est æternus, & ubique, sed
tantùm impropriè, quia non est alligata certo tempori, & loco.

S. Thomas, Art. VII, quærit: *An veritas creata sit æterna?* Et concludit: *Nullam creatam veritatem esse æternam, sed solam veritatem divini intellectûs, qui solus est æternus, & à quo ipsa ejus veritas indis-
tincta est.*

Sed cùm sibi objecisset more solito: *Videtur quòd veritas creata sit
æterna. Quia omne quod est semper, est æternum: sed universalia sunt ubique & semper: ergo sunt æterna. Ergo & verum, quod est maximè universale.* Sic respondet: *Dicendum quòd aliquid esse semper & ubique potest* Ad. 2.
*intelligi dupliciter. Uno modo, quia habet in se unde se extendat ad omne
tempus, & ad omnem locum, sicut Deo competit esse ubique & semper.
Alio modo, quia non habet in se quo determinetur ad aliquem locum vel
tempus. . . Et per hunc modum quodlibet universale dicitur esse ubique &
semper, in quantum universalia abstrahuntur ab hic & nunc: sed ex hoc
non sequitur ea esse æterna, nisi in intellectu, si quis sit æternus.* Unde
colligendum relinquit veritatem creatam non posse esse æternam nisi impropriè, non verò propriè, sicut Deus est æternus, quia veritas secundùm propriam rationem est tantùm in intellectu. Ergo veritas creata ea
dicitur, quæ est in intellectu creato: quæ aliud esse non potest quàm
judicium intellectûs creati, quatenus conforme est cum re de quâ judicat. Quod evidens est non posse esse æternum propriè & absolutè,
sicut Deus æternus est, sed tantùm impropriè, quomodo universalia
sunt æterna.

Philosophie. Tome XL. Q

VII. Cl. Unde patet quomodo intelligendum sit quod respondet S. Thomas ad
N. XIII. primam objectionem ex auctoritate S. Augustini, quæ talis est.

Videtur quòd veritas creata sit æterna. Dicit enim Augustinus in libro
Lib. II. *de lib. Arb. Quòd nihil magis æternum quàm ratio circuli, &, duo &*
cap. 8. *tria esse quinque. Sed horum veritas est veritas creata: ergo veritas creata est æterna.*

Quid ad hoc S. Thomas? *Ad primum ergo*, inquit, *dicendum quòd ratio circuli, &, duo & tria esse quinque, habent æternitatem in mente divina.* Particula *ergo*, indicat hanc responsionem pendere ex eo quod dixerat in corpore. *Si nullus intellectus esset æternus, nulla veritas esset æterna, sed quia solus intellectus divinus est æternus,* IN IPSO SOLO VERITAS ÆTERNITATEM HABET. Non igitur concedit absolutè rationem circuli, & hanc veritatem, duo & tria sunt quinque, esse aliquid æternum, sed tantùm quatenus considerantur ut sunt in mente diviná. Quatenus verò sunt in mente nostrá, sunt veritates creatæ, quæ non sunt æternæ nisi improprié, ut explicat in responsione ad 2.

Corollarium VII.

Deus est prima & summa veritas, & secundùm propriam rationem veritatis, quatenus veritas est in intellectu, & secundùm analogicam. Quod sic probat S. Thomas, Art. V, in corp.

Veritas, inquit, *est in intellectu, secundùm quòd apprehendit rem ut est; & in re, secundùm quod habet esse conformabile intellectui. Hoc autem maximè invenitur in Deo. Nam cùm Deus se ipse cognoscit, esse suum, non solùm est conforme suo intellectui, sed etiam est ipsum suum intelligere. Et suum intelligere, est mensura & causa omnis alterius esse, & omnis alterius intellectus, & ipse est suum esse & intelligere.*

Ibid. *Quod tamen de rebus dicitur, eas esse veras secundùm quod conformantur suo principio, hoc propriè loquendo non potest dici in veritate*
ad. 2. *divina, nisi forte secundùm quod veritas appropriatur filio qui habet principium. Sed si de veritate essentialiter dicta loquamur, non potest intelligi, nisi resolvatur affirmativa in negativam; sicut cùm dicitur, Pater est à se, quia non est ab alio. Et similiter dici potest veritas divina similitudo principii, in quantum esse suum non est suo intellectui dissimile.*

ARTICULUS III.

De tertiâ acceptione vocis veritas, *quam appellat Auctor* VERITATEM DOCENTEM: *an bene deducta sit ex Articulo VI. S. Thomæ ad 1?*

Primus Thesis paragraphus totus in eo est, ut ostendatur juxta S. Thomam, *dari tres acceptiones vocis*, veritas.

Prima est, *cùm sumitur pro veritate residente in judicio intellectûs, & in signis judicium illud enuntiantibus.*

Secunda, *cùm accipitur pro veritate inexistente ipsis rebus significatis, puta prout res, ideæ, potissimùm divinæ, de talium rerum essentia, sunt conformes.*

Tertia non definitur, sed referuntur tantùm quædam verba S. Thomæ ex Articulo VI. ad 1. quibus illam indicari asserit Auctor Thesis, de quo postea.

Verùm non satis hæc accurata videntur. Primò enim nunquam in totâ hac quæstione docet S. Thomas tripliciter accipi vocem, *veritas*, sed tantùm dupliciter, *principaliter*, & *secundariò*, sive *per prius*, & *per posterius*: quia ut vox, *sanitas*, ita vox, *veritas*, de multis dicitur, non univocè, sed analogicè.

2°. Notari oportuit non unicam apud S. Thomam esse vocis, *veritas*, acceptionem cùm *sumitur pro veritate existente in judicio intellectûs, & in signis judicium illud enuntiantibus*; sed duplicem & multùm diversam. Ut enim expressè docet Articulo VII: *Enuntiabile secundùm quod est in intellectu*, HABET PER SE VERITATEM; ac proinde veritas tunc sumitur *secundùm propriam rationem principaliter, & per prius. Sed enuntiabile quod est in voce, dicitur verum, quia significat aliquam veritatem intellectûs, non propter aliquam veritatem in illo enuntiabili existentem sicut in subjecto: sicut urina dicitur sana, non à sanitate quæ in ipsa sit, sed a sanitate animalis quam significat*; adeoque tunc veritas sumitur non secundùm propriam rationem, & principaliter, sed per posterius, & secundariò.

3°. Eamdem ob causam *res dicuntur veræ*, non secundùm propriam rationem veritatis, & propter aliquam veritatem quæ in ipsis est, sed propter veritatem intellectûs à quo dependent; vel intellectûs increati, si sint res naturales, vel intellectûs creati, si sint res artificiales.

4°. Itaque, secundùm S. Thomam, sic distribuenda est varia veritatis acceptio.

1. p. qu. 16. de Veritate.

VII. Cl.
N. XIII.

Veritas sumitur
- Principaliter & secundùm propriam rationem, & tunc tantùm est in intellectu.
- Secundariò & per posterius, non propter veritatem existentem in eo quod dicitur verum, tamquam in subjecto,
- Sed propter ordinem, quod habet.

Ad veritatem intellectûs,
- Quam significat, ut vox vel scriptum.
- A qua dependet, ut res naturales, vel artificiales.

5°. In hac divisione duo sunt; primùm membra, quorum posterius in duo alia subdividitur. Sed nihil hoc facere potest pro triplici acceptione vocis, *veritas*, quam tradit Thesis. Prima enim istarum vocis hujus acceptionum, quæ est in Thesi, comprehendit primum membrum divisionis, juxta S. Thomam, nempè veritatem quæ est in intellectu, & alterum membrum subdivisionis, nempè veritatem quæ est in signis. Secunda autem acceptio, veritatem quæ est in rebus. Nihil ergo loci superest pro tertia quam Thesis adjungit hujus vocis acceptione, & quæ à verbis S. Thomæ, quæ hic referuntur, nequaquam exsculpi potest: quod demonstrandum.

En Thesis verba. " Tertiam veritatis acceptionem indicat S. Thomas **Art. VI.** „ his verbis: *Anima non secundùm quamcumque veritatem judicat de rebus* **ad. 1.** „ *omnibus, sed secundùm veritatem primam, in quantùm resultat in eâ sicut* „ *in speculo, secundùm prima intelligibilia*". Ex his verbis infertur in Thesi. *Veritas secundùm acceptionem tertiam, id est veritas prima, non malè appellatur veritas illuminans sive docens. Etenim cùm, teste S. Thoma, secundùm veritatem primam de rebus omnibus judicemus, necessum est, ut circa res omnes hæc nos quoquo modo illuminet, & doceat.*

Enimverò quàm hæc aliena sint à doctrinâ S. Thomæ facilè intelliget, qui totum articulum legerit. In illo enim quærit Doctor Angelicus: *Utrùm sit una sola veritas, secundùm quam omnia sunt vera?* Primùm verò proponit de more suo duo argumenta pro parte affirmativâ, alterum ex auctoritate S. Augustini, alterum ex auctoritate S. Anselmi. In corpore autem concludit pro parte negativa, cùm veritas sumitur pro principali suo significato, & secundùm propriam rationem, id est, pro veritate, quæ est in intellectu nostro, cùm ejus judicium conforme est rebus de quibus judicat. *Si ergo loquamur*, inquit, *de veritate, prout existit in intellectu secundùm propriam rationem, sic in multis intellectibus crea-*

tis sunt multæ veritates, & in uno & eodem intellectu, secundùm plura cognita.

VII. Cl.
N. XIII.

Concludit verò pro parte affirmativâ, si veritas sumatur non secundùm propriam rationem, sed analogicè per ordinem ad intellectum divinum. *Si verò loquamur*, inquit, *de veritate secundùm quod est in rebus, sic omnes sunt veræ primâ veritate, cui unumquodque assimilatur secundùm suam entitatem.*

Finge nunc S. Thomam tertiam veritatis acceptionem agnovisse, juxta quam una esset veritas, nempe *veritas prima secundùm quam de rebus omnibus judicamus*, nonne quod affirmat de *veritate, prout existit in rebus, quòd una sit prima veritas, cui unumquodque assimilatur secundùm suam entitatem*, affirmasset etiam procul dubio de veritate, prout existit in intellectu secundùm propriam rationem, scillicet quòd una sit veritas prima secundùm quam de rebus omnibus judicamus? Contra verò absolutè statuit non unam, sed multas esse veritates, si sermo sit de veritate prout existit in intellectu secundùm propriam rationem. Certum igitur nihil à mente S. Thomæ magis alienum esse quàm tertiam illam veritatis acceptionem, quæ in Thesi appellatur *veritas illuminans*, sive *docens*, quam supponit Auctor Thesis esse veritatem primam, quæ Deus est, *secundùm quam* opinatur nos *de rebus omnibus judicare*.

Quid ergo sibi vult S. Thomas in hoc loco tam obscuro & perplexo? Nihil aliud quàm infringere auctoritatem Augustini doctrinæ suæ oppositam, quam pro suâ in Augustinum observantia, perrumpere nec audebat, nec volebat. Talis enim erat ex Augustino petita objectio.

Videtur quòd quodammodo una sola sit veritas secundùm quam omnia sunt vera: quia, secundùm Augustinum, nihil est majus mente humanâ nisi Deus. Sed veritas est major mente humanâ, alioquin mens judicaret de veritate: nunc autem omnia judicat secundùm veritatem, & non secundùm seipsam. Ergo solus Deus est veritas. Ergo non est alia veritas quàm Deus.

Si nihil esset in præmissis hujus argumenti ab Augustino desumpti, quod non probaret S. Thomas, non potuisset negare conclusionem, etiam de illa veritate intellectam, quæ est in intellectu secundùm propriam rationem. At expressè negat illam in corpore, ut jam vidimus. Ergo debuit vel majorem, vel minorem negare, vel utramque. Et revera nihil est in præmissis quod non enervet per aliquam distinctionem, vel explicationem: ut patebit ex integrâ S. Thomæ responsione, cujus tantùm pars in Thesi refertur.

Ad primum ergo dicendum quòd anima non secundùm quamcumque veritatem judicat de rebus omnibus, sed secundùm veritatem primam: in quantum resultat in eâ sicut in speculo secundùm prima intelligibilia. Unde

VII. Cl. *sequitur quòd veritas prima sit major animâ. Et tamen etiam veritas*
N. XIII. *creata, quæ est in intellectu nostro, est major animâ, non simpliciter sed secundùm quid, in quantum est perfectio ejus; sicut etiam scientia posset dici major animâ. Sed verum est quod nihil subsistens est majus mente rationali, nisi Deus.*

Augustinus dixerat: *Nihil esse majus mente humanâ nisi Deus.* S. Thomas restringit ad rem subsistentem, qualis per se non est veritas, cùm sit tantùm relatio. *Verum est*, inquit, *quod nihil* SUBSISTENS *est majus mente rationali, nisi Deus.*

Augustinus: *Veritas est major mente humanâ.* S. Thomas, ut probet non hinc sequi veritatem esse Deum: *Etiam veritas*, inquit, *quæ est in intellectu nostro est major animâ non simpliciter, sed secundùm quid, in quantum est perfectio ejus, sicut etiam scientia posset dici major animâ.*

Augustinus: *Si veritas non esset major mente humanâ, mens judicaret de veritate; nunc autem omnia judicat secundùm veritatem, & non secundùm seipsam.* S. Thomas hìc obscurior est, quia occultare maluit quàm prodere suam ab Augustino dissensionem. Ait ergo mentem nostram judicare de rebus omnibus secundùm veritatem primam, non absolutè, sed *in quantum resultat in mente nostrâ velut in speculo secundùm prima intelligibilia.* Quod nullum commodum sensum in doctrina S. Thomæ videtur habere posse, nisi intelligas per *primam veritatem, quæ resultat in mente nostrâ tamquam in speculo*, lumen naturale rationis quod habemus à Deo, qui est prima veritas, & quod alibi ait esse *lumen participatum à lumine increato*: & per *prima intelligibilia*, universalia principia scientiarum, secundùm quæ mens nostra de omnibus judicat, quia omnium rerum quæ in scientiis addiscuntur certa cognitio ex illis pendet.

Hunc esse genuinum S. Thomæ sensum ex multis aliis ejusdem sancti Doctoris locis demonstrari potest.

1°. Ex toto articuli contextu. Quod enim statuit in corpore funditus everteretur, si quod respondit ad primum, eo modo intelligi deberet quo intelligit Auctor Thesis.

2°. Ex qu. 117. art. 1. in quo contendit S. Thomas contra Platonicos, *hominem ab homine doceri posse, causando in ipso scientiam.* Sed quomodo id fiat luculenter explicat exemplo Medicinæ. *Effectuum qui sunt ab exteriori principio, aliquis est ab exteriori principio tantùm, sicut forma domûs causatur in materia solùm ab arte. Aliquis autem effectus est quandoque quidem ab exteriori principio; quandoque autem ab interiori principio.... ut cùm aliquis sanatur per virtutem naturæ: & in talibus effectibus, duo sunt attendenda. Primùm quidem, quòd ars imitatur naturam in sua operatione: sicut enim natura sanat infirmum alterando, diri-*

gendo, & expellendo materiam quæ caufat morbum, ita & ars. Secundum attendendum eft, quòd principium exterius, fcilicet ars, non operatur ficut principale agens, fed ficut adjuvans agens principale, quod eft principium interius, confortando ipfum, & miniftrando ei inftrumenta & auxilia, quibus natura utatur ad effectum producendum: Sicut Medicus confortat naturam, & adhibet ei cibos, & medicinas quibus natura utatur ad finem intentum.

VII. Cl. N. XIII.

Nunc verò obfervandum eft quo pacto hæc accommodet ad modum quo fcientias acquirimus.

Scientia autem, inquit, *acquiritur in homine, & ab interiori principio, ut patet in eo qui per inventionem propriam, fcientiam acquirit; & à principio exteriori, ut patet in eo qui addifcit.* INEST ENIM UNICUIQUE HOMINI QUODDAM PRINCIPIUM SCIENTIÆ, SCILICET LUMEN INTELLECTUS AGENTIS, PER QUOD COGNOSCUNTUR STATIM A PRINCIPIO NATURALITER QUÆDAM UNIVERSALIA PRINCIPIA OMNIUM SCIENTIARUM.

An cuiquam dubium effe poteft quin verbis illis id ipfum fignificarit, fed clariùs, quod obfcuriùs dixerat in art. 6. qu. 16. ad 1. *Nos judicare de rebus omnibus fecundùm veritatem primam, in quantum refultat in mente noftrà velut in fpeculo fecundùm prima intelligibilia.* Videamus porro quid præterea de homine hominem docente doceat S. Thomas.

Cùm autem aliquis hujufmodi univerfalia principia applicat ad aliqua particularia, quorum memoriam, & experimentum per fenfum accipit; per inventionem propriam acquirit fcientiam eorum quæ nefciebat, ex notis ad ignota procedens. Unde & quilibet docens, ex his quæ difcipulus novit, ducit eum in cognitionem eorum quæ ignorabat; fecundùm quòd dicitur in libro Pofteriorum; quòd omnis doctrina, & difciplina ex præexiftenti fit cognitione. Ducit autem Magifter difcipulum ex præcognitis in cognitionem ignotorum dupliciter. Primò quidem proponendo ei aliqua auxilia, vel inftrumenta quibus intellectus ejus utatur ad fcientiam acquirendam: puta cùm proponit ei aliquas propofitiones minus univerfales, quas tamen ex præcognitis dijudicare poteft; vel cùm proponit ei aliqua fenfibilia exempla, vel fimilia, vel oppofita, vel aliqua hujufmodi, ex quibus intellectus addifcentis manuducitur in cognitionem veritatis ignotæ. Alio modo cùm confortat intellectum addifcentis ... in quantum ei proponit ordinem principiorum ad conclufiones, qui fortè per feipfum non haberet tantam virtutem collativam, ut ex principiis poffet conclufiones deducere. Et ideò dicitur in primo Pofteriorum quòd demonftratio eft fyllogifmus faciens fcire. Et per hunc modum ille qui demonftrat, auditorem fcientem facit.

Ex ejufdem art. refp. ad 1. facile difcitur, quid intellexerit S. Thomas, *per veritatem primam in mente noftrà refultantem tamquam in fpeculo fecun-*

VII. Cl. *dùm prima intelligibilia.* En 1. illa objectio. *Videtur quòd homo non possit*
N. XIII. *alium docere. Dicit enim Dominus : Nolite vocari Rabbi. Ubi dicit glossa*
Matth.23. *Hieron : Ne divinum honorem homini tribuatis. Esse ergo magistrum pertinet propriè ad divinum honorem. Sed docere est proprium magistri: homo ergo non potest docere, sed hoc est proprium Dei.*

Ad primum, inquit, *dicendum quòd homo docens solummodò exterius ministerium adhibet, sicut Medicus sanans. Sed sicut natura interior est principalis causa sanitatis, ita & interius lumen intellectûs est principalis causa scientiæ. Utrumque autem horum est à Deo. Et ideo sicut de Deo dicitur:* Qui sanat omnes infirmitates tuas, *ita de eo dicitur:* Qui docet hominem scientiam; *in quantum lumen vultûs ejus super nos signatur per quod nobis omnia ostenduntur.*

3°. Tertius locus quo illustrari potest locus controversus, est art. 5 qu. 84. in quo quærit: *Utrùm anima nostra ea quæ intelligit, videat in rationibus æternis?*

Notandum verò in hoc articulo S. Thomam consuetum ordinem invertere. Solet enim 1°. proponere argumenta adversùs eam sententiam quam in corpore articuli traditurus est. 2°. In §. *sed contra*, aliquam in contrarium rationem affert pro sua sententia. 3°. Explicat, & probat in corpore articuli suam sententiam. 4°. Diluit objectiones quas primò proposuerat. Hìc autem ne nimis apertè videretur Augustino esse contrarius: 1°. proponit tria argumenta tamquam essent adversùs suam sententiam, cùm tantùm pro eâ faciant. 2°. In §. *sed contra*, adfert locum Augustini à quo tamen dissentit. 3°. Post explicatam suam doctrinam in corpore articuli, hoc solum respondet ad argumenta in principio articuli proposita : *Et per hæc patet responsio ad objecta*, quia non verè erant objecta, sed tantùm in speciem.

Nemo diffitebitur rem ita se habere, qui totum articulum legerit. Sed hìc referam tantum quæ habet in corpore.

Postquam annotavit Augustinum Platonicos imitatum, sensisse *mentem humanam omnia cognoscere secundùm rationes æternas, quæ in divinâ mente existunt*, ab illà sententiâ se dissentire his verbis satis indicat, etsi id apertè non profiteatur. *Cùm ergo*, inquit, *quæritur utrùm anima humana in rationibus æternis omnia cognoscat, dicendum est quòd aliquid in aliquo dicitur cognosci dupliciter. Uno modo sicut in objecto cognito, sicut aliquis videt in speculo ea, quorum imagines in speculo resultant : sic in rationibus æternis cognoscunt omnia Beati, qui Deum vident, & omnia in ipso. Alio modo dicitur aliquid cognosci in aliquo, sicut in cognitionis principio: sicut dicimus quòd in sole videntur ea quæ videntur per solem : & sic necesse est dicere quòd anima humana omnia cognoscat in rationibus æternis, per*

quarum

quarum participationem omnia cognoscimus. Ipsum enim lumen intellectuale VII. Cl. quod est in nobis, nihil est aliud quàm quædam participata similitudo lu- N. XIII. minis increati, in quo continentur rationes æternæ. Unde in Psalmo dicitur: *Multi dicunt, quis ostendit nobis bona? Cui quæstioni Psalmus respondet dicens: Signatum est super nos lumen vultûs tui Domine.* Quasi dicat, per ipsam sigillationem divini luminis in nobis omnia demonstrantur.

4°. Hæc omnia magis adhuc explicantur & illustrantur in art. 3. qu. 88. in quo quæritur: *Utrùm Deus sit primum quod à mente humanâ cognoscitur?* Cùm enim concludat pro parte negativâ, duo sibi argumenta proponit pro parte affirmativâ, quorum solutio clarè ostendit quid. sit in doctrina S. Thomæ, *Omnia in luce primæ veritatis cognosci.*

1. *Videtur quòd Deus sit primum quod à mente humanâ cognoscitur. Illud enim in quo omnia alia cognoscuntur, & per quod de aliis judicamus, est primò cognitum à nobis; sicut lux ab oculo, & principia prima ab intellectu. Sed omnia in luce primæ veritatis cognoscimus, & per eam de omnibus judicamus, ut dicit Augustinus in libro de Trinitate, & in libro de verâ Religione. Ergo est id quod primò cognoscitur à nobis.*

Conclusio contraria est menti S. Thomæ: ab illo tamen necessariò admittenda, si nihil esset in præmissis obvio sensu intellectis quod improbare posset? Ex responsione quid illud sit intelligimus.

Ad primum ergo dicendum, quòd in luce primæ veritatis omnia intelligimus & judicamus, IN QUANTUM LUMEN INTELLECTUS NOSTRI, SIVE NATURALE SIVE GRATUITUM, *nihil aliud est quàm quædam impressio veritatis primæ, ut supra dictum est. Unde cùm ipsum lumen intellectûs nostri non se habeat ad intellectum nostrum, sicut id quod intelligitur, sed sicut quo intelligitur, multò minus Deus est id quod primò à nostro intellectu intelligitur.*

Alterum argumentum pro parte affirmativâ tale est.

Propter quod unumquodque, & illud magis. Sed Deus est causa omnis nostræ cognitionis: ipse est lux vera quæ illuminat omnem hominem venientem in hunc mundum, ut dicitur Joan. 1. Ergo Deus est id quod primò & maximè est cognitum nobis.

Quid ad hæc S. Thomas? Distinguit majorem, minorem verò alio modo intelligendam esse censet quàm quo intelligitur in Thesi.

Ad secundum dicendum, quòd, propter unum quodque, illud magis, intelligendum in his quæ sunt unius ordinis. (Ex qu. 87. art. 2. ad 3. *ut si accipiamus duo; quorum utrumque sit per se in ordine objectorum cognitionis, illud propter quod aliud cognoscitur, erit magis notum, sicut principia conclusionibus*) *Propter Deum autem alia cognoscuntur, non sicut*

VII. Cl. *propter primum cognitum, sed sicut propter primam cognoscitivæ virtutis*
N. XIII. *causam.*

Ex his omnibus locis inter se collatis, palam fit his locutionibus diversis unum & idem à S. Thoma significari.

1. p. qu.   A Deo nobis datum esse interius lumen intellectûs, quod est princi-
117. art. 1. palis causa scientiæ.
ad. 1.

Ibid.   Lumen vultûs Dei super nos signatum esse per quod nobis omnia ostenduntur.

Ibid. in c.   Unicuique homini inesse principium quoddam scientiæ, scilicet lumen intellectûs agentis, per quod cognoscantur statim à principio quædam universalia principia omnium scientiarum.

qu. 84. ar.   Lumen intellectuale quod in nobis est, nihil esse aliud quàm quamdam
3. participatam similitudinem luminis increati, in quo continentur rationes æternæ.

Ibid.   Per sigillationem divini luminis in nobis, omnia demonstrari.

qu. 88. ar.   In luce primæ veritatis omnia nos intelligere & judicare, in quantum
3. ad. 1. lumen intellectûs nostri, sive naturale, sive gratuitum, nihil aliud est quàm quædam impressio veritatis primæ.

Ib. ad. 2.   Propter Deum omnia cognosci non sicut propter primum cognitum, sed sicut propter primam cognoscitivæ virtutis causam.

qu. 16. ar.   Animam nostram judicare de rebus omnibus secundùm primam veri-
6. ad. 1. tatem, in quantum resultat in mente nostrâ sicut in speculo secundùm prima intelligibilia.

At pleraque ex illis testimoniis apertè significant non aliâ ratione in primâ veritate nos omnia intelligere, quàm quia Deus, qui est prima veritas, est prima virtutis nostræ cognoscitivæ causa; quàm quia lumen intellectûs nostri, sive naturale, sive gratuitum, est quædam impressio veritatis primæ, quàm quia à Deo nobis datum est lumen interius intellectûs, quod est principalis causa scientiæ.

Ergo si quæ alia sint minus clara, eodem sensu accipienda sunt.

Quare quidquid fit de mente S. Augustini (quem ingenuè fateor quibusdam in locis favere sententiæ, quæ propugnatur in Thesi, licèt in aliis ab illâ non parum videatur distare) manifestum mihi videtur *tertiam veritatis acceptionem*, cui illa sententia innititur, à doctrina S. Thomæ omnino alienam esse, nec idoneè probari posse per obscurum, & perplexum locum, qui in Thesi refertur ex qu. 16. art. 6. ad 1.

Neque verò S. Thomam allego, quasi ejus auctoritatem auctoritati D. Augustini præferendam putem. Sed in re quæ ad fidem nullatenus pertinet, non quid alteruter senserit, sed quid rationi magis consentaneum, pensatis utriusque rationibus, expendendum mihi videtur.

ARTICULUS IV.

Utrùm ratione probari possit & rationi consentaneum sit, nos omnia quæ intelligimus, in primâ veritate quæ supra mentes est, sive in rationibus æternis quæ in Deo sunt, nos videre?

Partem affirmativam tuetur Thesis, eamque sic explicat verbis ab Augustino desumptis: *Si ambo videmus verum esse quod dicis, & ambo videmus verum esse quod dico, ubi quæso illud videmus? Nec ego utique in te, nec tu in me, sed ambo in ipsâ, quæ supra mentes nostras est, incommutabili veritate.* Duo verò hìc notanda. Primum est, sensum obvium istius locutionis, *videri in incommutabili veritate*, hunc esse quòd videantur illa vera in illa veritate tamquam in objecto cognito, non verò quòd videantur solum per illam veritatem tamquam per causam efficientem, eo quòd vim illam menti nostræ tribuerit, quâ illas veritates videre posset. Alterum est, hanc Augustini rationem, quam suam fecit Auctor Thesis, ad omnia quæ clarè, necessariò & immutabiliter vera sunt, se extendere, ita ut nihil prorsus illorum à nobis videri possit, nisi in ipsâ, quæ supra mentes nostras est, incommutabili veritate.

Multa verò sunt quæ me ab hac sententia retrahunt obvio illo sensu intellectâ, mihique persuadent eam nec ratione probari posse, nec rationi consentaneam esse. Sed ante omnia bene exponendus est controversiæ status.

Cùm de re aliquâ rectè judicamus, ultro fatetur Auctor Thesis, esse in mente nostrâ veritatem creatam, quam agnoscit nihil aliud esse quàm ipsum judicium nostrum, quatenus conforme est rei de quâ judicat. Quid ergo ultra quæritur? An scilicet, præter illam veritatem creatam, quæ est in mente nostrâ, opus sit ut veritas increata, quæ Deus est, & supra mentes nostras est, sese præsentem menti nostræ exhibeat ut in illâ videre possimus veritatem creatam, vel ejus objectum. Necessarium id esse opinatur Auctor Thesis, quod multis rationibus probare nititur, de quibus infrà dicemus. Ego verò contra sentio; & hæc sit prima ratio cur id, ut superfluum, rejiciendum esse contendam.

RATIO I.

Quod de omnibus hominibus dicitur, intelligere eos in æterna veritate, quæ clarè, necessariò & immutabiliter vera sunt, id de me ipso

VII. Cl.
N. XIII.
verum esse experirer, si verum esset. Ea est enim mentis nostræ natura, ut conscia sit se intelligere quidquid clarè intelligit.

At innumera intellexi tamquam clarè, necessariò & immutabiliter vera, neque unquam mihi conscius fui ea me videre, vel vidisse, in ipsâ, quæ supra mentes nostras est, incommutabili veritate, hoc est, in Deo.

A me ergo obtinere non possum, ut credam ea me vidisse in ipsâ, quæ supra mentes nostras est, incommutabili veritate, hoc est, in Deo. Quidquid ergo alii de se opinentur, conscius mihi sum multa esse clarè, necessariò & immutabiliter vera, quæ aliter videri possunt quàm in Deo. Conscius enim sum mihi multas geometricas, & arithmeticas veritates clarè intellexisse; cùm nulla subiret animum meum cogitatio de ipsâ, quæ supra mentes nostras est, incommutabili veritate, hoc est, de Deo: sed de solâ connexione necessariâ ideæ attributi cum idea subjecti, quæ est veritas creata in meo intellectu existens, & non in Deo. Atqui unum idemque est me de re aliquâ cogitare, & rem aliquam menti meæ conspectui præsentem esse. Ergo incommutabilis illa veritas, quæ Deus est, mentis nostræ conspectui præsens non fuit, si dum illas intellexi, conscius mihi sim nullam nequidem levissimam de illâ veritate, quæ Deus est, cogitationem animum meum subiisse. At si tum mentis meæ conspectui præsens non fuit illa veritas, quæ Deus est: non ergo in illa videre potui geometricas illas veritates. Ergo persuadere mihi non possum, quidquid sibi alii persuadeant, geometricas illas veritates non nisi in primâ illâ veritate, quæ Deus est, videri posse.

Sed vides, inquiunt, quod te videre non advertis. Hoc est recurrere ad cogitationum, de quibus non cogitatur, inane commentum, ut faciunt Molinistæ, dum gratiam suam sufficientem, quam in bonis cogitationibus sitam esse aiunt, in omnibus justorum & peccatorum tentationibus nunquam non adesse contendunt, de quo videri possunt Arnaldus in sua Dissertatione Theologica, & Wendrockius in nota 2. ad Epist. 4. Hoc vero commentum eo incredibilius in hoc negotio, quòd veritas illa incommutabilis, quæ Deus est, toties mentis meæ conspectui præsens esse debuisset, quoties intellexi duo & tria esse quinque, & similia, quia illud, ut supponunt, verum esse videre non potui nisi in illâ veritate quæ Deus est. Quid ergo incredibilius, quàm illam veritatem frequentissimè mentis meæ oculis obversari, ut in illa tamquam in objecto cognito quæcumque necessariò vera sunt, videre possim; etsi nunquam advertam vel adverterim mentis meæ oculis illam esse præsentem, etiam tum cùm illa vera esse clarè perspexi, quæ in illa tantum videri posse poscunt, ut credam. Mihi certè verissimum videtur quod ait S. Thomas: *Si accipiamus duo, quorum utrumque sit in ordine objectorum cognitionis (tunc*

part. 3.
art. 5.

1. p. qu. 87. art. 2. ad. 3.

locus erit huic axiomati, propter quod unumquodque est tale, & illud ma- VII. Cl.
gis; ac proinde si alterum ex his duobus propter alterum cognoscitur) *illud* N. XIII.
propter quod aliud cognoscitur, erit magis notum, ut principia conclusio-
nibus. At si tria & quatuor esse septem, verum esse non intelligitur, nisi
in primâ veritate, quæ Deus est, tamquam in objecto cognito, tam illum
enuntiabile quàm ipsa veritas prima, erunt in ordine objectorum cognitionis. Si ergo illud enuntiabile non cognoscitur verum esse nisi propter
veritatem primam, quotiescumque perspexi illud enuntiabile esse verum,
magis mihi nota esse debuit veritas prima, quàm illud enuntiabile. At
mihi conscius sum sexcenties intellexisse me, necessariò & immutabiliter
verum esse illud enuntiabile, tria & quatuor sunt septem, cùm nihil cogi-
tarem de primâ illa veritate, quæ Deus est, ac proinde longè tum minus
mihi nota esset, quàm illud enuntiabile, cujus veritas in meo intellectu
existit, & non in Deo. Videre igitur mihi videor, *certissimâ scientiâ,*
& clamante conscientiâ, ut alicubi ait Augustinus, nullo fundamento niti
quod in Thesi propugnatur: *Quæcumque necessariò, & immutabiliter vera*
sunt, à nobis in hac vitâ constitutis videri non posse, nisi in ipsâ, quæ
supra mentes nostras est, incommutabili veritate quæ Deus est.

Objicies fortasse omnia videri in lumine rationis; & tamen necesse non
est nos de lumine rationis cogitare, quotiescumque clarè aliquid intelligimus. Non igitur consequens est non videre nos in æternâ veritate quæ
clarè intelligimus, quia tum de æternâ veritate non cogitamus.

Respondeo, lumen rationis sive intellectum nostrum non esse per se
& necessariò id quod intelligitur, sed id quo intelligitur, ut observavit
S. Thomas, adeoque necesse non est, ut cùm aliquid intelligimus, id
in intellectu nostro tamquam in objecto cognito intelligamus, sufficit enim
si illud intelligamus per intellectum nostrum tamquam per principium
cognitionis: quod fieri potest, etiam si nullam cogitationem habeamus
de intellectu nostro. Quia tamen intellectus noster potest etiam esse id
quod cognoscitur, dum mens per cogitationem reflexam cogitationes
suas agnoscit; si eo modo dicatur aliquid cognosci in intellectu nostro,
tamquam in medio cognito, ut cùm ad multas veritates probandas hoc
axiomate utitur: *Quidquid clarè intelligitur in alicujus rei ideâ contineri,*
id potest de eâ re cum veritate affirmari: tunc manifestum est, sicut nihil
dici potest in illo axiomate videri, nisi de illo axiomate cogitemus, ita
nihil dici poterit in intellectu nostro eodem modo videri, quin per reflexam cognitionem de intellectu nostro cogitemus.

Ratio II.

VII. Cl.
N. XIII.

Altera ratio ad priorem accedit. Istiusmodi enim rerum quæ ad mentem nostram pertinent, non aliunde magis notitiam haberi posse arbitror, quàm à nostrâ conscientia.

Frustra recurrimus ad veritatem æternam, quæ supra mentes nostras est, si in ipsâ mente nostrâ reperimus quidquid necessarium est, ut vera esse judicemus quæ in scientiis apodicticè demonstrantur. At rem ita se habere facilè perspicitur, si mens nostra in se conversa quid in se agatur, dum scientias acquirimus, sedulò investigare voluerit.

1°. Et enim in se ipsa esse animadvertet multarum rerum perceptiones sive ideas, undecumque illas habuerit, ut corporis cogitationis, numerorum, totius, partis, æqualitatis, inæqualitatis. Quæ est prima mentis operatio.

2°. Animadvertet præterea, in se esse vitutem ideas illas sive perceptiones inter se comparandi, & dijudicandi, an una alteram includat vel excludat; ut dum confert ideam totius cum idea partis, facilè judicat in ideâ totius contineri quod majus sit suâ parte? Quæ est secunda mentis operatio, in quâ propriè veritas & falsitas reperitur.

3°. Aliam virtutem quæ ad illam accedit in se reperiet, nempe dijudicandi an una idea aliam includat, per comparationem tertiæ cum utraque? Ut cùm inquiro num pars omnis materiæ quantumvis exiguæ est divisibilis, assumo ideam extensi, quam comparo cum ideis utriusque termini quæstionis, hoc pacto. Omne extensum est divisibile. Pars omnis materiæ quantumvis exigua, est extensa. Ergo pars omnis materiæ quantumvis exigua, est divisibilis. Hæc est tertia mentis operatio.

Nihil est ex istis omnibus quod ad mentem nostram non pertineat, nihil quod fingi possit in Deo tantùm esse, & esse æternum ut Deus est æternus.

Atqui his tantùm suppositis facilè intelligimus, quomodo mens humana scientias apodicticas, qualis est Geometria, Arithmetica, sibi comparare possit. Totæ enim constant definitionibus, & demonstrationibus. Definitiones excitant in mente nostrâ ideas terminorum, qui ad illas scientias pertinent. Axiomata, ut totum est majus suâ parte; omnis numerus est par vel impar; cogito, ergo sum, sunt judicia quæ mens nostra format ope cognoscitivæ virtutis quam à Deo habet, ita clara, ut omnibus in confesso sit supponi posse ut per se nota: quia ut mens nostra illis sine dubitatione assentiatur opus tantum habet ut attendat ad ideas claras & simplices, quas in se ipsâ reperit, ex quarum connexione illa judicia efformata sunt: ad se, v. g. conversa esse nequit ut cogitantem actu, quin se simul apprehendat ut existentem. Quæ autem ibi veritas nisi creata, & quæ in mente meâ sit, non supra mentem meam: ideæ in mente mea sunt, connexio illarum à mente mea fit, ut & assensus quo illi connexioni adhæret.

VII. CL
N. XIII.

Supersunt theoremata, quæ non ita clara sunt, ut primo intuitu mens mea iis possit sine dubitatione assentiri: sed per virtutem quam à Deo accepit unum ex alio inferendi, de illis judicat, & vera esse conspicit, non in æternâ veritate quæ supra mentes nostras sit, sed in creatâ quam apud se jam habet, distinctionum & axiomatum veritate. Utraque ergo veritas tam axiomatum quàm theorematum creata est, & in mente nostrâ residet, sed una ab alia dependet, & una in alia quodammodo videtur... Theoremata enim perspicuitatem suam ab axiomatum perspicuitate mutuantur.

Absit verò ut non agnoscam omnem cognoscendi virtutem, & aliud ex alio inferendi, quam in mente meâ esse animadverto, à Deo esse, & lumen rationis quo omnia video, esse *participatam similitudinem luminis increati*, ut agnoscit S. Thomas. Verùm quid hoc sibi vult, nisi mentem nostram non à se esse, sed à Deo, adeoque creatam, non increatam. Sed tantùm abest ut hinc colligi possit, mentem nostram videre in lumine increato, quod per lumen rationis à Deo acceptum videt, ut contrarium inde sequatur. Nam lumen participatum à lumine increato, eo ipso quo participatum est, creatum est, non increatum. Alioquin dici posset lapis esse summum ens, quia est ens participatum à summo ente.

Non video igitur qui mihi persuaderi possit, illa quæ recensui (in quibus nihil deprehendo quod non in mente meâ sit & creatum) non sufficere ad scientias apodicticas mihi comparandas; sed requiri præterea, ut, quæ in illis vera sunt, videam in illâ, quæ supra mentes nostras est, incommutabili veritate.

Ratio III.

Non videtur Augustinus censuisse quæcumque vera sunt, in æternâ, quæ supra mentes nostras est, veritate videri; sed ea tantùm quæ necessariò & immutabiliter vera sunt: quod patet ex eo quod ait Lib. IV, de Trinitate. C. XVI. *Numquid quia Philosophi documentis certissimis persuadent æternis rationibus omnia temporalia fieri, propterea potuerunt in illis rationibus perspicere, vel ex ipsis colligere quot sunt animalium genera, quæ semina singulorum? Nonne ista omnia per locorum ac temporum historiam quæsierunt?*

At veritates contingentes, quas ex historiâ discimus, v. g. Alexandrum VII, successisse Innocentio X, Clementem IX, Alexandro VII, Cle-

VII. Cl. mentem X, Clementi IX, Innocentium XI, Clementi X, non minus
N. XIII. funt apud Deum in primâ veritate, quàm veritates fcientiarum quæ dicuntur neceſſariæ.

Nulla ergo idonea ratio afferri mihi poſſe videtur, cur veritates contingentes in prima veritate quæ Deus eſt, non videantur; veritates autem fcientiarum, non niſi in primâ veritate quæ Deus eſt, videri poſſint.

ARTICULUS V.

Solvuntur objectiones, quæ probare videntur veritatem in quâ videmus quæ necessariò & immutabiliter vera sunt, esse Deum.

Agnoſcunt omnes Deum eſſe primam & ſupremam veritatem, & è converſo primam & ſupremam veritatem eſſe Deum. Id à nobis jam conceſſum eſt in Art. II. Coroll. VII. Præterea Deus eſt ſumma veritas, cùm veritas ſumitur pro veracitate, & verus pro veraci.

Itaque ad rem non faciunt multa Auguſtini loca, in quibus veritatem alloquitur ut Deum, vel ut Verbum divinum.

Id unum quæritur, an Deus, qui eſt in ſe prima & ſumma veritas, & in quâ fatentur omnes plurimas veritates videri poſſe, dùm clarè videtur, ſicut videtur à Beatis, ſit etiam nobis in hac vita conſtitutis, id in quo videre nobis neceſſe ſit, quæcumque ſunt clarè & immutabiliter vera?

Multæ ad id probandum rationes afferri ſolent, quæ, fateor, me olim moverunt, ſed quas poſtea penitius examinatas, non eam vim habere perſpexi ut me ad eam ſententiam amplectendam impellerent, quæ alias ob cauſas parum mihi probabilis viſa eſt.

Objectio I.

Si ambo videmus verum eſſe quod dicis, & ambo videmus verum eſſe quod dico, ubi quæſo id videmus? Nec ego utique in te, nec tu in me, ſed ambo in ipſa, quæ ſupra mentes noſtras eſt, incommutabili veritate. At ſolus Deus ſupra mentes noſtras eſt. Ergo illa incommutabilis veritas Deus eſt.

Responsio

Nec ego in te, nec tu in me id videmus, fateor; ſed nego inde ſequi quòd id videamus in ipſa, quæ ſupra mentes noſtras eſt, incommutabili veritate

veritate. Uterque enim noſtrûm in ſuâ mente id videt : ego in mea, tu VII Cl.
in tuâ. Et ſi plurimos diſcipulos magiſter exortetur ut unuſquiſque apud N. XIII.
ſe dicat : *Ego cogito, ergo ego exiſto* : & unuſquiſque ſeriò expendat num
falſum id eſſe poſſit, omnes proſpicient id eſſe veriſſimum. Sed ubi unuſquiſque videt hanc veritatem niſi in ſuâ mente ; quæ in ſe converſa cla-
riſſimè videt, & ſe cogitare, & fieri non poſſe, ut non ſit dum cogi-
tat ? Si item ab illis petat : *Num totum ſit majus ſuâ parte ?* Omnes unâ
voce reſpondebunt majus eſſe, nec unus in alio id videbit, nec in ipſâ,
quæ ſupra omnium mentes ſit, veritate, ſed unuſquiſque in ſuâ mente
ineſſe percipit ideas totius & partis, in quibus contineri facilè videt,
totum eſſe majus ſuâ parte.

Objectio II.

Nihil eſt majus mente humanâ niſi Deus. Sed veritas eſt major mente
humanâ, alioquin mens judicaret de veritate : nunc autem omnia judicat
ſecundùm veritatem, & non ſecundùm ſe ipſam. Ergo veritas ſecundùm
quam judicat Deus eſt.

Responsio.

Multis exemplis oſtendi poteſt hoc argumentum nihil probare, quia
nimis probat.

Leges humanæ, quibus ea conſtituuntur quæ lege naturali determinata
non ſunt, ut quomodo dividenda ſit hæreditas inter liberos, an æqua-
liter inter omnes, an inæqualiter, vel pro ſexus diverſitate, vel ex pri-
mogeniti prærogativâ, vel pro parentum arbitrio, ſunt opus mentis humanæ : & tamen ubi ſemel latæ ſunt, non de illis, ſed ſecundùm illas
judicare homines debent. An hinc concludes leges illas humanas, ubi
ſemel latæ ſunt, eſſe quid majus mente humanâ, & proinde Deum eſſe,
quia nihil eſt majus mente humanâ niſi Deus ?

Veritates contingentes, fatente Auguſtino, non in æternis rationibus
videntur, ſed per hiſtoriam diſcuntur. Attamen cùm de illis certiores facti
ſumus, non de illis, ſed ſecundùm illas judicamus. Ut cùm maritus
per mortem uxoris ſcit ſe cœlibem eſſe factum, non judicat de illà veritate, *ſum cœlebs*, ſed ſecundùm illam veritatem vitam ſuam componit.
Hinc-ne concludes veritam illam Deum eſſe ?

Regulæ ſermonis humani, quibus fit ut quædam nomina ſint generis
maſculini, alia feminini, uſu diſcuntur, & nemo illas dixerit in æternâ
veritate videri. Qui tamen illas novit non de illis, ſed ſecundùm illas

judicat. Non enim mihi licet, quasi judicans de regulá & illam corrigens dicere, *bonus arbor*, sed secundùm regulam, *bona arbor*. An hinc consequens erit has regulas esse quid majus mente humaná, & proinde esse Deum?

Ad singulas verò argumenti partes sic respondendum.

Ad majorem. Concedi non debet nisi intelligatur de *re subsistenti*, & de eo quod sit majus mente humaná, non secundùm quid tantùm, sed absolutè. At cùm judico totum esse majus suâ parte, veritas istius enuntiabilis non est quid subsistens à meá mente distinctum, sed est tantum conformitas judicii mentis meæ cum re de quâ judicat, quæ conformitas non potest esse quid majus mente meá, nisi forte secundùm quid, quâ ratione scientia dici potest secundùm quid major mente, quia mens docta major secundùm quid semet indoctá dici potest.

Ad minorem. *At veritas est major mente humaná*: distinguo, secundùm quid, esto: absolutè & tamquam quid subsistens, nego.

Ad assumptionem minoris: Mens non judicat de veritate, sed secundùm veritatem. Ad summum hic tantum probari posset, veritatem esse non absolutè, sed tantùm secundùm quid mente majorem.

Nego igitur hinc concludi ullatenus posse Deum esse veritatem secundùm quam judicamus. Neque enim Deus est, quod non est quid subsistens, neque majus mente nostrá nisi secundùm quid.

Objectio III.

Quod est ubique & semper, Deus est, quia Deo proprium est esse immensum & æternum. Sed veritas quá mens nostra videt duo & tria esse quinque, totum esse majus suâ parte, est semper & ubique. Ergo illa veritas Deus est.

Responsio.

Ad majorem respondeo cum D. Thoma: *Aliquid esse semper & ubique potest intelligi dupliciter. Uno modo quia habet in se ut se extendat ad omne tempus & ad omnem locum, sicut Deo competit esse ubique & semper. Alio modo quia non habet in se quod determinetur ad aliquem locum, vel tempus. Et per hunc modum quodlibet universale dicitur esse ubique, & semper, in quantum universalia abstrahuntur ab hic, & nunc.* Quod ergo priori modo est ubique, & semper, concedo Deum esse: quod tantùm posteriori, nego esse Deum: alioqui totum, triangulum, quadratum universaliter considerata Deus essent.

DISSERTATIO BIPARTITA. 139

Ad minorem. Obfervandum eft veritatem propriè dictam, & fecundùm propriam rationem effe tantum in intellectu. Cùm ergo unufquifque noftrum judicat duo & tria effe quinque, & totum majus effe fuâ parte, veritas quæ tum eft in noftrâ uniufcujufque mente, non poteft effe ubique & femper priori modo, qui foli Deo competit, fed folùm pofteriori: quia quocumque tempore, & in quocumque loco fit qui ita judicat, clarè videt duo & tria effe quinque, & totum effe majus fuâ parte. Non ergo inde concludi poteft veritatem illam effe Deum.

VII. CL.
N. XIII.

OBJECTIO IV.

Quod propter fe amandum eft Deus eft: veritas propter fe amanda eft; ergo veritas Deus eft.

RESPONSIO.

Ad majorem. Duobus modis aliquid à nobis propter fe amatur: propriè, & impropriè. Propriè, cùm aliquid amatur tamquam finis nofter ultimus, cui adhærentes beati fumus. Impropriè, cùm aliquid amatur, & quæritur tamquam id quo fini noftro adhæremus. Solus Deus propter fe amandus eft priori modo. Sed pofteriori, & minus propriè mentis noftræ actiones, ut amor Dei, vifio Dei, contemplatio Dei dici poffunt propter fe amari, quia amantur & quæruntur non propter commodum noftrum, fed tamquam id quo Deo tamquam ultimo fini noftro adhæremus, minus perfectè in hac vita, perfectiùs in alterâ.

Ad minorem diftinguo. Veritas increata quæ eft in intellectu divino, cùm fit ipfe Deus, propter fe amanda eft, tamquam id quod propriè propter fe amatur. Veritas creata, quæ in intellectu noftro eft, rurfum diftinguenda. Veritas quæ circa Deum verfatur, quæ ad Deum ducit, & quæ charitatis individua comes eft, quia non amatur quod prorfus ignoratur, impropriè propter fe amari poteft, ut charitas, & amor Dei: fed Deus non eft quod hoc tantummodò propter fe amatur. Illam verò veritatem quæ ad naturales fcientias pertinet, quales funt Arithmetica, Geometria, &c. non fupponi debet, fed probari eam effe propter fe amandam, non folùm impropriè, fed propriè, ut inde concludi *poffit veritatem illam effe Deum*. At quâ ratione id probabitur, nifi per principii petitionem; fupponendo nimirum quod eft in quæftione, præter veritatem creatam, quæ in mente noftra eft dum judicamus duo & tria effe quinque, totum effe majus fuâ parte, omne triangulum habere tres angulos æquales duobus rectis, etiam præterea requiri veritatem quæ fuprà

VII. CL
N. XIII.
mentes nostras sit, & à mente nostrâ omnino distincta sit, quam nullus Geometra hactenus advertit intellectui suo præsentem fuisse, quantumvis attentè veritates illas geometricas specularetur.

Ego verò tantùm abest ut credam veritates geometricas propter se amandas esse, ut nisi propter aliud amentur, sine aliquo vitio curiositatis amari posse non existimem. Unde mihi videtur istud argumentum hoc modo posse retorqueri.

Si veritates geometricæ Deus essent, possent & deberent ab homine Christiano propter se amari. Atqui illæ veritates ab homine Christiano propter se amandæ non sunt, sed propter alium finem. Ergo ab omni specie veritatis alienum est veritates geometricas Deum esse.

Item. Quia Deus propter se amandus est, non potest nimiùm amari. Unde pervulgata S. Bernardi sententia: Modus amandi Deum est amare sine modo. Atqui veritates geometricæ similesque possunt nimiùm amari. Ergo veritates Geometricæ similesque non sunt Deus, nec propter se amandæ sunt, sicut propter se Deus amatur.

ARTICULUS VI.

De ratione cujusque virtutis. An & quatenus æterna sit, & Deus ipse?

Contendit Auctor Theseos, *circa quamlibet virtutem duo considerari posse, virtutem ipsam quæ est mentis nostræ affectio, modus sive sic se habentis: & rationem aliquam æternam ipsi correspondentem.*

Potest concedi hoc. Sed hinc concludi non posse quod probare vult Auctor Thesis, eo ipso quo amatur aliqua virtus, puta castitas, Deum amari: facilè intelliget qui observaverit quàm id latè pateat. Nulla est enim creatura, nullus non vitiosus creaturæ modus, de quo idem dici non possit.

Quis enim dubitet dici posse de sole, duo circa illum considerari posse: solem ipsum qui à Deo creatus est: & æternam rationem soli ipsi in Deo respondentem. *Cùm enim omnia* (ut inquit Augustinus lib. 83. qu. 46.) *ratione sint condita, nec eadem ratione homo, quâ equus, hoc enim absurdum est existimare; restat ut singula propriis sint condita rationibus, quæ in divinâ intelligentia continentur.*

Quidni etiam de sanitate vel de pulchritudine corporeâ idem dici queat, quod de virtute: quòd duo circa utramque considerari possint, sanitas vel pulchritudo ut est modus & affectio corporis, & æterna ratio ipsi

in Deo respondens? Unde dicit Augustinus de pulchritudine operum arte VII. Cl.
factorum. *Quoniam pulchra trajecta per animas in manus artificiosas, ab* N. XIII.
illa pulchritudine veniunt quæ super animas est, cui suspirat anima mea
die ac nocte.

Videsis nunc an de sole, de sanitate, de pulchritudine corporeâ concludi
possit, quod de virtute concludit Auctor Thesis?

Qui solem adorat, quæ fuit olim Persarum religio, æternam rationem
solis adorat. Æterna autem ratio solis Deus est: ergo Persæ solem adorantes Deum adorabant.

Qui amat sanitatem, æquè censeri potest amare æternam rationem
sanitatis, ac ille qui amat aliquam virtutem, eo ipso censetur amare æternam rationem illius virtutis.

At ratio æterna sanitatis Deus est. Ergo qui amat sanitatem Deum diligit.

Qui amat pulchritudinem sive mulierum, sive operum arte factorum,
amat æternam rationem illius pulchritudinis quæ Deus est, non minùs
quam æterna ratio alicujus virtutis. Quare, sicut dicit Augustinus, *Deum* De Gen.
esse castitatem, cujus participatione castæ sunt animæ: dicit etiam, *Deum* ad Litt. J
esse pulchritudinem, cujus participatione pulchra sunt omnia quæcumque 16.
pulchra sunt. Ergo qui diligit quamcumque pulchritudinem, etiam corpoream, Deum diligit.

Has tres argumentationes vitiosas esse nemo non videt. At vitiosæ esse
non possunt, quin etiam vitiosa sit illa quâ concludit Auctor Thesis,
amari Deum dilectione saltem imperfectâ ab eo qui amat castitatem, quia
qui amat castitatem eo ipso amare censendus est rationem æternam castitatis, quæ ratio æterna esse non possit, nisi esset Deus.

Unde ergo fallacia istiusmodi argumentationum? Ex æquivocatione
istarum vocum: *ratio æterna* vel solis, vel circuli, vel cujusque numeri,
vel sanitatis, vel pulchritudinis, vel alicujus virtutis.

In istis enim locutionibus vox *ratio*, primariò significat naturam,
essentiam cujuslibet rei, sive id quo res quælibet est id quod est, quod
antiqui Theologi barbaro vocabulo appellabant *quidditatem rei*, estque
id quod uniuscujusque rei definitione significatur.

Quid est ergo ratio circuli? Id in quo consistit natura & essentia figuræ
corporeæ, quæ appellatur circulus. Quid ratio sanitatis? Id in quo consistit dispositio corporis animalis, quam sanitatem homines appellant.
Idemque dicendum de ratione pulchritudinis corporeæ, & de ratione
virtutis. Itaque quæ sit ratio virtutis tradunt Theologi, dum illam definiunt: *Bona qualitas mentis quâ rectè vivitur, & quâ nemo malè utitur.*

Quæ definitio, non ad rationem æternam virtutis quæ in Deo sit, sed
ad virtutem quæ in nobis est sine dubio refertur.

VII. Cl.   Est hac de re locus Augustini notatu dignus in lib. 83. qu. 48. cùm
N. XIII. de rationibus æternis quæ in Deo sunt, accuratè disputasset in qu. 46.
" Credibilium, inquit, tria sunt genera. Alia sunt quæ semper credun-
„ tur, & nunquam intelliguntur. Sicut est omnis historia temporalia &
„ humana gesta percurrens. Alia quæ mox ut creduntur, intelliguntur:
„ sicut sunt OMNES RATIONES HUMANÆ, vel de numeris, vel de quibusli-
„ bet disciplinis. Tertium quæ primùm creduntur, & postea intelliguntur.
„ Qualia sunt ea quæ de divinis rebus non possunt intelligi nisi ab his
„ qui mundo sunt corde, quod fit præceptis servatis quæ de bene vivendo
„ accipiuntur ".

Rationes quarumcumque virtutum moralium, secundùm quas judicamus quid unicuique virtuti conveniat, non sunt alterius generis quàm
rationes numerorum & magnitudinum, quæ traduntur in Arithmetica, &
Geometria. At agnoscit Augustinus has postremas rationes esse *rationes
humanas*: sunt igitur etiam *rationes humanæ*, secundùm quas de unaqua-
que virtute judicamus.

Verùm, inquies, hæ rationes vel circuli, vel sanitatis, vel pulchri-
tudinis, vel virtutis, dum considerantur ut res certæ, vel modi, sunt extra
Deum, sunt quid distinctum à rationibus earumdem rerum quæ sunt in
Deo: sunt enim æternæ quæ sunt in Deo. Quidquid autem est extra
Deum, æternum non est nec immutabile.

Jam professus sum me non negare quin rationes rerum creatarum, quæ
sunt in Deo, sint omnino distinctæ à rationibus rerum creatarum, prout
sunt extra Deum. Sed gratis assumitur priores illas æternas dici non posse,
sed tantùm posteriores. Essentiæ enim rerum materialium, ut essentia circuli, vel trianguli, sunt suo modo æternæ, quia attributa essentialia attri-
buuntur subjectis independenter ab omni tempore; sed longè alio modo
æternæ sunt, quàm Deus; non solùm quia Deus est subsistens, nihil
autem subsistens præter Deum est quod sit æternum, sed præsertim quia
Deus ideò est æternus, quia cùm sit à se, habet necessariam existentiam,
& à suâ essentiâ nullatenus diversam. Essentiæ autem rerum creatarum
æternæ tantùm dicuntur quatenus considerantur ut possibiles, non ut
existentes. Implicat autem contradictionem aliquid possibile considerari
ut æternum eâ æternitate quæ soli Deo competit, quia esse *à se*, & esse
possibile adversâ inter se fronte pugnant.

Cùm ergo sint duplicis generis rationes æternæ: Aliæ humanæ ut de
numeris, vel de quibuslibet aliis disciplinis, qualis est disciplina morum:
quæ quidem rationes æternæ dicuntur, non propriè, sicut Deus, sed eo
modo quo universalia dicuntur æternæ: Aliæ autem divinæ illis respon-
dentes, quæ sunt in mente creatoris, & æternæ sunt ut Deus: quia quid-

quid in Deo eft, Deus eft; hinc fit ut fallaces fint argumentationes quas expendimus.

Nam major quæ talis eft (qui amat caftitatem amat æternam rationem caftitatis) nullam habet verifimilitudinem, nifi intelligatur de ratione caftitatis quæ eft in anima perfonæ caftæ, & quæ definiri poteft, *Voluntas firma & conftans continendi fe ab obfcœnâ voluptate*, vel ab omni abfolutè, fi fit cœlebs; vel ab omni non conjugali, fi fit matrimonio junctus. Certum enim eft amari non poffe caftitatem, nifi ametur ratio, natura, & effentia caftitatis, quæ illâ definitione fignificatur. Nihil contra ab omni probabilitate magis alienum, quàm non poffe amari caftitatem, nifi ametur æterna illa ratio caftitatis quæ in Deo eft, de quâ è mille caftiffimis mulieribus chriftianis vix ulla quidquam inaudiit.

Minor autem (atqui ratio æternæ caftitatis Deus eft) falfa omnino effet, nifi de æternâ, quæ in Deo eft, ratione intelligeretur.

Ergo, ut aiunt in fcholis, quatuor funt in hoc fyllogifmo termini, vel major ab omni veri fpecie aliena eft. Cætera plana funt: hoc ultimum probandum reftat fi in dubium vocetur, hoc eft, fi quis adhuc velit contendere, ut quis amet caftitatem, neceffarium effe non folùm ut amet quidquid requirit ratio, natura, & effentia caftitatis, prout in anima perfonæ caftæ eft, fed ut amet præterea rationem æternam caftitatis quæ in Deo eft. At quàm id fit improbabile multis argumentis palam fiet in articulo fequenti.

VII. Cl. N. XIII.

ARTICULUS VII.

Propofitionem illam, Qui amat caftitatem, amat rationem æternam caftitatis, *veram effe non poffe, fi intelligatur de ratione caftitatis quæ in Deo eft.*

1. REctè obfervat S. Thomas rationes æternas quæ in Deo funt, à nobis non videri quamdiu in hac vitâ fumus, fed tantùm à Beatis qui Deum clarè vident. Certè exceptis Theologis, aut Philofophis, reliqui omnes Chriftiani, & maximè mulieres, quantumvis piæ, æternas illas rationes quæ in divinâ intelligentiâ continentur, penitus ignorant, qui verò aliquid de his inaudierunt, non nifi generalem tantùm, & confufam earum notitiam habent, quam Metaphyfici ratiocinando collegerunt, non quòd ullas unquam ex illis æternis rationibus mente perfpexerint. Qui enim novit Deum rerum omnium effe caufam, & eas non cafu & for-

1. p. q. 84. art. 5.

VII. Cl. tuitò, sed ratione condidisse, hinc facilè concludit cum Augustino, re-
N. XIII. rum omnium rationes æternas in intelligentiâ divinâ contineri, sed non
proptereà rationes illas, quatenus in Deo sunt, prospicere potest, nec
unam ab aliâ discernere. Tantum ergò abest ut quid sit circulus vel ellipsis ab illis rationibus æternis ediscere possim, ut non aliunde conjectare
queam esse illas rationes in Deo, quàm quia mihi nota est ratio, natura
& essentia circuli & ellipsis, quatenus sunt extra Deum, ut pote modi
extensionis: unde conjicio rationes illas, quas studio addidici, *Habere
in Deo rationes aliquas æternas sibi correspondentes*, ut dicit Auctor Thesis.
Quamdiu ergo in hac vitâ sumus, potiori jure dici potest rationes increatas videri à nobis in creatis, quàm creatas in increatis.

2. Quidquid hactenus dixi, exemplo clarescet. Cùm video tabellam
eleganter depictam, facilè mihi in mentem venit, quidquid artificii est
in hac tabella priùs fuisse in animo pictoris. Ideone quis mihi meritò
dicere queat: Ergo artificium quod adeo miraris, melius in animo pictoris
videre poteris, quàm in tabella. Quid enim ego ad illum monitorem?
Bene moneres, inquam, si animus pictoris ita mihi probè notus esset, ut
meus notus est mihi. Sed cùm generatim tantùm sciam hujus tabellæ
artificium objectivum & ideale, ut ita dicam, priùs fuisse in intellectu
pictoris quàm in tabella; quale autem & quanti pretii, conjectare non
possum nisi ex tabellâ quam video. Et non satis sanum me esse arbitrarer, si in artificiosâ pictoris ideâ, quam prospicere non valeo, tabellæ
artificium videre velim, cùm illud mihi probè cognitum esse possit, etsi
de illa pictoris idea nihil cogitem; illa verò idea vel omnino mihi ignota, vel eatenus tantùm nota est, quantùm mihi datur conjicere ex picturâ
quam cerno.

Hæc autem ad rationes æternas, quæ in Deo sunt, non ægrè transferri queunt. Ambigo utrum sol sit major terrâ, vel terra major sole.
Consule, inquies, æternas solis, & terræ, quæ in Deo sunt, rationes:
in iis enim certò deprehendes quæ sit ratio, quoad magnitudinem, solis
ad terram. Ego verò libenter facerem si hoc in meâ esset positum
potestate; sed cùm tantæ visioni me imparem sentiam, alia tentanda
via est. Ex defectibus lunæ deprehenditur umbram terræ conicam esse,
eâque umbrâ totum lunæ corpus aliquando obscurari. Inde certissimâ
conjecturâ assequi possum, terram sole esse minorem, & lunâ majorem.
Quod profectò ab æternis quæ in Deo sunt solis & terræ rationibus
nunquam discere potuissem. Non ergo quales sunt creaturæ per illas
rationes novimus, sed quales sint in Deo istæ rationes, & quod in illis,
v. g. sol sit major terrâ, & terra major lunâ, ex rerum creaturarum, quam
aliunde habemus, notitiâ conjicimus. Qua de re egregius est Sancti Augustini

guftini locus in lib. 5. de Gen. ad Litteram, novæ editionis, n. 28. **VII. Cl.**
Cùm ergo, inquit, *aliter se habeant omnium creaturarum rationes incom-* **N. XIII.**
mutabiles in Verbo Dei: aliter illa ejus opera à quibus in die septimo re-
quievit: aliter ista quæ ex illis usque nunc operatur: horum trium hoc
quod extremum posui, nobis utcumque notum est per corporis sensus, &
hujus consuetudinem vitæ. Duo verò illa remota à sensibus, & ab usu co-
gitationis humanæ, priùs ex divinâ auctoritate credenda sunt; deinde per
hæc quæ nobis nota sunt utcumque noscenda, quantò quisque magis minus-
que potuerit pro suæ capacitatis modo, divinitus adjutus ut possit. Sic enim
legendum ex optimæ notæ codicibus: non ut in editionibus vulgatis.
Divinitus adjutus internis externisque rationibus ut possit. Glossema sapit
additamentum illud, *internis, æternisque rationibus*, quibus sublatis multò
melius fluit oratio. Verùm veteri retentâ lectione, illud ad pios tantum
homines, non ad plerosque omnes passim pertineret. Observandum verò
quod docet Augustinus, rationes illas incommutabiles quæ in verbo Dei
sunt, *remotas esse ab usu cogitationis humanæ*; at quomodo remotæ essent
ab usu cogitationis humanæ, si quæcumque sunt necessariò & immutabiliter vera, in illis rationibus æternis videre nos necessum esset. Addit,
quæ ad illas rationes attinent, *priùs ex divinâ auctoritate credenda esse,*
deinde per hæc quæ nobis nota sunt utcumque noscenda. Quo confirmatur
quod demonstrandum susceperam, non per rationes æternas nosci à nobis
opera Dei, sed per ea quæ aliunde novimus de operibus Dei, nosci utcumque à nobis rationes æternas.

3. A tenerâ ætate pueri & puellæ docentur, mentiri eum qui dicit
quod scit esse falsum; turpe autem esse mentiri, & laudabile non mentiri,
& Deum vetuisse ne mentiremur. Supponamus nunc puellam 12. aut 13.
annos natam à pia matre sic educatam à mendacio ita abhorrere, ut malit
fateri se clam aliquid comedisse quàm culpam suam mendacio tegere.
Quisquamne sibi seriò persuadebit id fieri non posse nisi videat in rationibus æternis, quæ in Deo sunt, turpe esse mentiri, nec ab illa veracitatis virtutem diligi posse, quin eo ipso diligat æternam veracitatis
rationem quæ Deus est? Unde ergo, inquies, id sibi persuasit? Quia
credidit quod sibi à piis parentibus sæpissimè dictum est, turpe esse mentiri, idque à Deo vetitum. Atqui, ut omnibus in confesso est, aliud
planè est aliquid credere alienâ auctoritate motum, sive divinâ sive humanâ; aliud, id intelligere in ipsis rerum rationibus creatis, aut increatis.
Quare certissimum est, eos saltem quos, ut ait Augustinus, *credendi*
simplicitas tutissimos facit, vitia fugere, & virtutes amplecti, non quia
videant in rationibus æternis, de quibus nihil unquam inaudierunt, vitia

Philosophie. Tome XL. T

VII. Cl. esse fugienda, & virtutes amplectendas, sed quia, divinâ eos adjuvante
N. XIII. gratiâ, firmiter crediderunt, utrumque à Deo esse revelatum. Falsa igitur est & ab omni specie veritatis aliena, major syllogismi propositio quam examinamus, quæ universalis esse debet: si quis amat aliquam virtutem, eo ipso diligere rationem æternam illius virtutis quæ in Deo est.

4. Cùm Augustinus dogmaticè de virtute disputat, non æternam virtutis rationem quæ in Deo sit & quæ Deus sit, eo nomine designat sed virtutem ipsam, quæ est bona qualitas quâ nemo malè utitur, vel quæ bonum habentem facit, & actum ejus bonum.

In lib. 4. de Civit. Dei c. 20. docet contra Gentiles virtutem non esse adorandam ut Deum. *Virtutem quoque Deam fecerunt, quæ quidem si Dea esset, multis fuerat præferenda. At nunc quia Dea non est, sed donum Dei est, ipsa ab illo impetretur à quo solo dari potest, & omnis falsorum Deorum turba vanescet.*

Si qui amat virtutem amat Deum, quia amat æternam virtutis rationem quæ Deus est, quidni eamdem ob causam posset coli ut Deus At negat Augustinus virtutem colendam esse ut Deum, quia non es Dea, sed donum Dei quod ab illo impetrare debemus, à quo solo dar potest. Quod autem à Deo datur, in nobis est, & est quid omnino distinctum ab æternâ ratione quæ in divinâ intelligentia continetur Nihil ergo magis dignum homine Christiano, quàm ut quamlibet virtutem, castitatem, sobrietatem, humilitatem amet, & amplectatu, ut donum Dei, pro illo dono gratia agat, & illius doni usum ac Deum referat, etsi nullatenus cogitet de illius virtutis æternâ in Deo ratione.

In eodem opere lib. 19. c. 25. ut Stoicos refelleret qui summum bo num hominis in virtute collocabant, negat virtutem ad seipsam referr debere; adeoque summum bonum non esse. *Nam licèt*, inquit, *à quibus dam tunc veræ & honestæ putentur esse virtutes cùm ad seipsas referun tur, nec propter aliud expetuntur, etiam tunc inflatæ ac superbæ sunt, & ideo non virtutes sed vitia judicandæ sunt.* Enimvero si tunc tantùm vere amaretur virtus, cùm amatur æterna ratio virtutis quæ in Deo est, quid ni propter se amaretur, cùm æterna illa ratio Deus sit qui propter s amandus est.

Lib. 4. Multùm hanc materiam illustrabit quod docet Augustinus in unaqua
cont. Jul. que virtute duo considerari debere *officium*, & *finem. Noveris*, inquit
c. 3. *non officiis sed finibus à vitiis secernendas esse virtutes. Officium est auten quod faciendum est, finis verò propter quod faciendum est. Cùm itaque faci*

homo aliquid, ubi peccare non videtur, si non propter hoc facit propter quod facere debet, peccare convincitur.

Concedit autem Juliano Auguſtinus in gentilibus eſſe poſſe officia virtutum, quæ ſint ex ſe opera bona, ſed quæ à gentilibus malè fieri contendit. "Ecce, inquit, eadem *commemoro quæ ipſe poſuiſti: ſi gentilis, qui non vivit ex fide, nudum operuerit, periclitantem liberaverit, ægri vulnera foverit, divitias honeſtæ amicitiæ impenderit, ad teſtimonium falſum nec tormentis potuerit impelli;* quæro abs te utrum hæc OPERA BONA bene faciat an malè? Si enim, quamvis bona, malè tamen facit, negare non potes eum peccare qui malè quodlibet facit".

Probat autem Auguſtinus bona illa opera ſeu officia virtutum à gentilibus malè fieri, *quia non propter hoc ab illis fiunt propter quod fieri vera ſapientia præcipit*, hoc eſt, propter Deum. Unde concludit hoc caput egregiâ illâ ſanctiſſimâque ſententiâ: *Amor Dei quo pervenitur ad Deum, non eſt niſi à Deo Patre per Jeſum Chriſtum cum Spiritu Sancto. Per hunc amorem Creatoris bene quiſque utitur creaturis; ſine hoc amore Creatoris nullus quiſquam bene utitur creaturis.*

Finis igitur, quò referri debent omnia virtutum officia, ut ſint veræ virtutes, eſt Deus propter ſe dilectus. Quod docet etiam S. Thomas 2. 2. qu. 23. dum Art. 7. negat *ſine charitate ullam eſſe poſſe veram virtutem.* Et Art. 8. demonſtrat, *charitatem formam eſſe omnium virtutum: quia in moralibus forma actus principaliter attenditur ex parte finis. Per caritatem verò ordinantur actus omnium aliarum virtutum ad ultimum finem.*

Multa hinc conſectaria notari poſſunt. 1. Varia eſſe virtutum moralium officia, ſecundùm uniuſcujuſque virtutis objectum; unicam verò formam, nempe caritatem, quæ varia illa officia ad unum finem referat, nempe Deum propter ſe dilectum.

2. Officia illa virtutum eſſe actus humanos, ut nudum operire, periclitantem liberare, &c., quæ ab infidelibus nullâ prorſus veri Dei cognitione præditis fieri poſſunt, & quæ, etiam dum ab illis fiunt, ſunt in ſe opera bona, ſed malè facta, ideoque peccata, defectu relationis ad debitum finem.

3. Finem illum eſſe amorem Creatoris quo quiſque bene utitur creaturis, & ſine quo nullus bene utitur creaturis.

4. Nihil ergo aliud neceſſarium eſt, ut aliquis habeat aliquam veram virtutem, quàm officium unicuique virtuti proprium, & finis ad quem illud officium referri debet, qui eſt Deus per ſe dilectus. Atqui ad neutrum requiritur ut attendat ad æternam illius virtutis rationem quæ in

VII. Cl.
N. XIII.
Deo est; non ad officium, cùm nihil aliud sit quàm actus aliquis humanus rectæ rationi conformis, ut nudum operire, esurientem alere, periclitanti subvenire præsertim innocenti; quæ omnia fieri posse fatetur Augustinus ab Ethnicis sine ullá Dei cognitione: Neque etiam ad finem quò illud officium referri debet; finis enim ille est Deus propter se dilectus, qui est objectum caritatis.

At nemo dixerit ut Deus diligatur verá & christianá caritate, requiri ut diligatur sub alia consideratione, quàm ut est cum Filio & Spiritu Sancto rerum omnium Creator æternus, omnipotens, & omniscius: ut patet ex Augustino qui vocat amorem illum quo bene quisque utitur creaturis, amorem Creatoris. Non ergo requiritur ad finem debitum cujuscumque virtutis christianæ, ut Deus diligatur sub illá consideratione metaphysicá omnibus fere Christianis ignotá, secundùm quam habet in suá diviná intelligentiá æternam illius virtutis rationem.

Accedit quòd si hoc necessarium esset, ut officium cujusque virtutis ad finem ultimum, ut par est, referretur, non una esset forma omnium virtutum, nempe caritas, sed unaquæque sua sibi forma esset, quia ad peculiarem sibi præstitutum finem se ordinaret; non ad communem omnium virtutum finem ordinaretur à caritate.

ARTICULUS VIII.

Expenditur cui usui esse possit metaphysica illa consideratio æternarum in Deo rationum.

HActenus ostendisse mihi videor ad nullam virtutem vel habendam vel exercendam necessarium esse, ut quis attendat ad æternas quæ in Deo sunt, virtutum illarum rationes. Fateor tamen, si quis longá meditatione considerationem illam de æternis illis rationibus sibi familiarem fecerit, posse inde hunc fructum capere, ut ex officio cujusque virtutis specialem de Deo cogitandi occasionem arripiat. Sed id ipsum consequi poterit ex inspectione omnium creaturarum, quarum æquè ac virtutum æternæ rationes in Deo sunt.

Dum solem aspiciet, vel de sole cogitabit, erit ei frequenter illa cogitatio gradus ad meditandum, quidquid in sole miramur, excellentiùs & eminentiùs in æterná solis ideá contineri. Idem ei contingere poterit dum de circulo, vel de triangulo philosophabitur. Imò quidquid pul-

DISSERTATIO BIPARTITA. 149

chri illi occurret, five naturâ five arte, ut pulchritudo formofæ mulieris, magnifici palatii, loci amœni, elegantis fupellectilis, egregiarum picturarum, non infrequenter ad æternam pulchritudinis rationem animum transferet, cujus participatione pulchra funt quæcumque pulchra funt.

Sed cave ne credas id omnibus hominibus contingere, quafi ex naturali quodam nexu inter res creatas quas mente confpicimus, & æternas illarum rationes quæ in diviná intelligentiâ continentur. Quotus enim quifque eft, qui videns aliquod pulchrum horologium, & ingeniofiffimè elaboratum, exclamet cum Auguftino, pio pulchritudinis illius amore captus: *Quoniam pulchra trajecta per animas in manus artificiofas, ab illâ pulchritudine veniunt, quæ fuper animas eft, cui fufpirat anima mea nocte & die.*

Multùm ergò diverfæ funt duæ illæ propofitiones, & multùm diftinguendæ.

1. Fieri poteft ut quis dum attendit ad rationem, naturam, effentiam trianguli, circuli, pulchritudinis coporeæ, virtutis alicujus, ut caftitatis, fubinde animum transferat ad confiderandas rerum illarum rationes æternas quæ in Deo funt.

2. Fieri non poteft ut quis attendat ad rationem, naturam, effentiam trianguli, circuli, pulchritudinis corporeæ, virtutis alicujus, ut caftitatis, quin eo ipfo mentem convertat ad æternas rerum illarum rationes quæ in Deo funt.

Pofterior illarum propofitionum univerfalis eft, & effe debet, ut quidquam ex illâ concludatur in Thefi. Demonftraffe autem mihi videor illam fic generatim fumptam, ab omni fpecie veri effe alienam.

Prior verò particularis, nec vera nifi in paucis, ut ipfe Auguftinus agnofcit lib. 83. Qu. qu. 46. Locum integrum adfcribam, quia multa inde erui poffunt ad hanc difputationem illuftrandam idonea.

"Sunt ideæ principales formæ quædam, vel *rationes* rerum ftabiles
" atque incommutabiles, quæ ipfæ formatæ non funt, ac per hoc æternæ
" ac femper eodem modo fefe habentes *quæ in divinâ intelligentia conti-*
" *nentur.* Et cùm ipfæ neque oriantur neque intereant, fecundùm eas tamen formari dicitur omne quod oritur & interire poteft, & omne
" quod oritur & interit. Anima verò negatur eas intueri poffe, nifi rationalis ea fui parte quâ excellit, id eft, ipfâ mente atque ratione
" quafi quadam facie vel oculo fuo interiore atque intelligibili. Et ea quidem ipfa rationalis anima *non omnis & quælibet*, fed quæ *fancta & pura*
" *fuerit*, *hæc afferitur illi vifioni effe idonea*: id eft, quæ illum ipfum

VII. Cl. „ oculum, quo videntur ista, sanum, & sincerum, & serenum, & simi-
N. XIII. „ lem his rebus quas videre intendit, habuerit. *Quis autem religiosus, &*
„ *verá religione imbutus, quamvis nondùm possit hæc intueri*, negare
„ tamen audeat, imo non etiam profiteatur, omnia quæ sunt, id est,
„ quæcumque in suo genere propriá quadam naturá continentur, ut
„ sint, Deo auctore esse procreata, eoque auctore omnia quæ vivunt
„ vivere, atque universalem rerum incolumitatem ordinemque ipsum
„ quo ea quæ mutantur suos temporales cursus certo moderamine cele-
„ brant, summi Dei legibus contineri, & gubernari? Quo constituto
„ atque concesso, quis audeat dicere Deum irrationabiliter omnia con-
„ didisse? Quod si rectè dici vel credi non potest, restat ut omnia ra-
„ tione sint condita, nec eadem ratione homo quá equus, hoc enim
„ absurdum est existimare; singula igitur propriis sunt creata rationibus.
„ Has autem *rationes* ubi arbitrandum est esse, nisi in ipsá mente Crea-
„ toris? Sed anima rationalis inter eas res quæ sunt à Deo conditæ,
„ omnia superat, & Deo proxima est, quando *pura est*, eique in quan-
„ tum *caritate cohæserit*, in tantum ab eo lumine illo intelligibili per-
„ fusa, & illustrata cernit, non per corporeos oculos sed per ipsius sui
„ principale quo excellit, id est per intelligentiam suam, istas ratio-
„ nes, quarum visione fit beatissima. Quas rationes, ut dictum est, sive
„ ideas, sive formas, sive species, sive rationes licet vocare, & mul-
„ tis conceditur appellare quod libet; sed paucissimis videre quod ve-
„ rum est".

1. S. Thomas ex hoc loco colligit, *non credidisse S. Augustinum omnia cognosci in rationibus æternis, vel in incommutabili veritate, quasi ipsæ rationes æternæ videantur. Patet*, inquit, *per hoc quod ipse dicit in Lib. 83. qu. quòd rationalis anima non omnis, & quæcumque, sed quæ sancta & pura fuerit, asseritur illi visioni*, scilicet *rationum æternarum, esse idonea. Sicut sunt*, infert S. Thomas, *animæ Beatorum*. Quod & confirmari poterat ex eo quod ait S. Augustinus, animas illas puras & sanctas, quibus illas rationes æternas intueri datum est, *illarum visioni fieri beatissimas*.

2. Ut ut sit, sive in hac vita, sive tantùm in alterá, rationes æternas videri posse censuerit Augustinus, pro certo saltem habuit non ab omnibus passim hominibus, imò nec ab omnibus Christianis, & verá religione imbutis illas videri; sed à paucis solùm animabus puris, & sanctis, in tantùm ab illo lumine intelligibili perfusis, & illustratis, in quantum ei caritate cohærent.

3. Unde sequitur (si de doctrina Augustini ex illo loco judicemus ubi

de ideis five rationibus æternis ex profeſſo diſputat) rationes illas ethni- VII. Cl. cis & infidelibus nulli uſui eſſe potuiſſe: neque illas eis adjumento fuiſſe, N. XIII. cùm fecerunt multa opera bona fecundùm officium, & eò tantùm mala quòd ad Deum non referrentur.

4. Multùm etiam aberrare ab illa S. Auguſtini doctrinâ, qui ſibi perſuadent, non improbabile eſſe, ab homine impudico Deum diligi, caſtâ dilectione licèt imperfectâ, eò quòd multùm amet & ſincerè filiam ſuam eſſe caſtam: quia ſcilicet caſtitatem in ſuâ filiâ non amaret, niſi amaret etiam æternam caſtitatis rationem quæ Deus eſt. Quaſi verò animus impudicus, æternarum rationum viſioni idoneus eſſe poſſit, quas non niſi à puris & ſanctis animis videri poſſe diſertè affirmat Auguſtinus.

5. Idem hic locus Auguſtini evincit etiam, niſi fallor, fruſtra laboraturum qui per conſiderationem illarum rationum demonſtrare contendet, Deum eſſe. Rectè enim advertit ſanctus Doctor, *ſuppoſito atque conceſſo*, omnia quæ ſunt, Deo auctore eſſe procreata, negari non poſſe æternas omnium quæ facta ſunt rationes in divina intelligentiâ contineri, quia rectè dici non poteſt, Deum irrationabiliter omnia condidiſſe. Si verò non ſupponas, ſed probandum ſuſcipias Deum exiſtere, id eſt, cauſam intelligentem infinitam à qua omnia creata ſunt, quomodo per æternas rationes illius exiſtentiam demonſtrabis, cùm evidens ſit æternas illas rationes nuſquam eſſe poſſe, niſi in æternâ intelligentiâ, ut obſervat Auguſtinus his verbis: *Has autem rationes ubi arbitrandum eſt eſſe niſi in mente Creatoris?* Qui ergo idoneum eſſe poteſt ad probandam exiſtentiam Dei, quod ipſum eſſe nemo tibi concedet, niſi qui credet exiſtentiam Dei?

Dices fortaſſe, etſi non ſupponatur Deum exiſtere, poſſe extorqueri ab adverſario qui poſtularet ſibi demonſtrari Deum eſſe, illas rationes circuli, trianguli, caſtitatis eſſe æternas. At nihil æternum præter Deum. Ergo, inquies, qui mihi conceſſerit rationes illas eſſe æternas, concedat neceſſe eſt Deum eſſe.

Sed jam oſtendi in multis peccare hoc argumentum. 1. enim qui dubitat an Deus ſit, dubitet neceſſe eſt an non materia ſit æterna? Evidens enim eſt, vel Deum eſſe, vel materiam eſſe æternam.

2. Alia eſt æternitas rei ſubſiſtentis quæ revera ſoli Deo competit, ſed quæ tamen per errorem ab iis qui Deum eſſe non credunt, materiæ tribuitur: Alia quam rationibus & eſſentiis rerum tribuunt Philoſophi, quia cùm ab omni tempore abſtrahant nunquam non eſſe intelliguntur. Hoc autem pacto æternæ dicuntur etiam illæ, quas Auguſtinus appellat, *rationes humanas quæ mox ut creduntur intelliguntur*, *ſicut ſunt omnes*, qu. 83. qu. 48.

VII. Cl. inquit, *rationes humanæ vel de numeris, vel de quibuslibet disciplinis.*
N. XIII. Etiamsi ergo tibi concessum fuerit rationes virtutum esse æternas, non inde conficies esse Deum, quia nihil sit æternum nisi Deus. Poterunt enim esse æternæ, non ut Deus, sed ut *rationes humanæ vel de numeris, vel de quibuslibet disciplinis.*

REGLES

REGLES DU BON SENS,

Pour bien juger des Ecrits polémiques dans des matieres de science, appliquées à une dispute entre deux Théologiens touchant cette question métaphysique: Si nous ne pouvons voir les vérités nécessaires & immuables, que dans la vérité souveraine & increée (a).

Voici, Monsieur, l'éclaircissement des difficultés, que notre Ami vous a proposées contre la Dissertation que vous lui avez fait lire (b). Je l'ai mise en la forme que vous voyez; parce que j'ai cru qu'on jugeroit mieux qui a tort & qui a raison dans cette dispute, si on faisoit attention à de certaines Regles du bon sens, dont ceux qui s'en écartent, sont sujets à s'éblouir, jusqu'à prendre pour fort raisonnable ce qui ne l'est point du tout, & pour évidemment vrai, ce qui est évidemment faux. C'est au moins ce qui me semble. Car, quelque justes que ces Regles me paroissent, je ne prétends point les avoir vues dans la vérité souveraine & increée: je les trouve seulement dans mon esprit; mais je me flatte que beaucoup de gens les trouveront aussi dans le leur.

ARTICLE I.

Diverses sortes de disputes.

Premiere Regle.

Prendre bien garde de quelle nature est la question dont on dispute: si elle est philosophique ou théologique? Car si elle est théologique, c'est principalement par l'autorité qu'on en doit décider; au lieu que si elle est philosophique, ce doit être principalement par la raison.

Je dis, *principalement*, parce que rien n'empêche qu'on n'apporte aussi quelques autorités dans les questions philosophiques; mais c'est plutôt pour servir d'éclaircissement que pour les décider: les plus grands

---

(a) [Imprimé pour la premiere fois, en 1715, dans le Tome II. du Recueil des Ecrits sur la Grace générale, page 1 & suiv. Voyez la Préface hist. Art. IV.]
(b) C'est la Dissertation latine, qui précede cet Ecrit.

VII. Cl. hommes ne devant être crus en Philofophie, qu'autant qu'il paroît de
N. XIV. folidité & de lumiere dans les preuves qu'ils apportent de leurs fentiments.

Application.

Si notre Ami avoit pris garde à cette Regle, il ne m'auroit pas fait tant de reproches de ce que j'abandonne S. Auguftin pour fuivre S. Thomas, préférant ainfi le fentiment du Difciple à celui du Maître. Car il n'eft pas vrai que j'ai eu égard, ni à l'autorité de S. Auguftin, ni à celle de S. Thomas. Suppofant, ce qui ne peut être mis en doute, que nous ne trouvons rien fur cette matiere, ni révélé de Dieu dans les Ecritures, ni décidé par l'Eglife, j'ai cru devoir prendre le parti qui me paroîtroit mieux fondé dans la lumiere de la raifon. Celui que j'ai pris m'a paru fi clair, qu'il m'auroit été impoffible de ne m'y pas rendre. Et loin que j'aie dû être retenu par la confidération de quelques fuites fâcheufes, qui auroient pu porter préjudice à la Religion, je n'y en ai point trouvé qui ne lui fuffent avantageufes.

Je fais bien que notre Ami tient le même langage, & qu'il déplore mon aveuglement, autant que je pourrois déplorer le fien. Mais ce fera encore à la raifon de décider qui en a plus de fujet. Cependant je puis ajouter quelques remarques fur ce qu'il dit de ces deux Saints.

1°. Qui voudroit s'arrêter à l'autorité (ce que je n'ai point prétendu faire) celle de S. Thomas ne feroit point fi méprifable que notre Ami le voudroit faire croire. C'étoit un fort grand efprit, & qui avoit une eftime & un refpect tout particulier pour S. Auguftin. La maniere même dont il a traité cette queftion en eft une preuve, comme je l'ai remarqué dans la Differtation. Il avoit fort étudié ce que ce Saint dit fur cette matiere, & il n'en diffimule point les principales raifons. Il ne témoigne pas même expreffément être d'un autre fentiment que lui; mais il marque en quel fens ce que dit ce Saint, fe pourroit entendre, & confirme ce fens par un paffage de S. Auguftin fort confidérable.

2°. Il n'eft pas vrai que S. Auguftin ait été fi attaché à ce fentiment, que le dit notre Ami. Il l'avoit pris de la Philofophie de Platon. Et comme il a d'abord quelque chofe d'éblouiffant, en ce qu'il femble nous élever beaucoup à Dieu, en nous le faifant confidérer comme la lumiere de nos efprits, ce qui eft très-vrai en un certain fens, ce Saint en a été frappé. Il en a beaucoup parlé dans fes premiers ouvrages & dans fes Sermons, pour donner à fon peuple des idées fpirituelles de Dieu; mais lorfqu'il l'a approfondi dans fes ouvrages dogmatiques, il l'a tellement limité, en reftreignant l'ufage de ces fentiments platoniciens aux ames pieufes, qu'il en a renverfé le fondement. On l'a montré à la fin de la Differtation, par un très-beau paffage des LXXXIII Queftions, auquel notre Ami n'a point trouvé de réponfe.   VII. Cl. N. XIV.

3°. Mais, ce qui eft bien confidérable, eft que ce S. Docteur n'a fait aucun ufage de cette Philofophie platonicienne, dans tous fes Livres de la Grace, & lors même qu'il en avoit une fort grande occafion, comme dans la célebre difpute qu'il eut avec Julien, touchant les vraies & les fauffes vertus. C'eft encore ce qui a été remarqué dans la Differtation, & à quoi notre Ami n'a point répondu.

4°. On a montré ailleurs, que, bien loin qu'il foit avantageux pour foutenir les points les plus importants de la doctrine de S. Auguftin, de s'attacher à cette penfée philofophique de fes premiers livres, c'eft au contraire ce qui ne peut que les affoiblir & les ébranler. Car c'eft par-là qu'on prétend trouver la connoiffance de Dieu dans ceux que S. Auguftin auffi-bien que l'Ecriture, a reconnu en être deftitués; de bonnes œuvres avant la foi; des graces furnaturelles données généralement à tous les hommes; &c.

ARTICLE II.

Etat de la queftion.

SECONDE REGLE.

COnfidérer avec foin, fi on a bien pofé l'état de la queftion, & prendre garde, fi on ne le change point dans la fuite, en paffant infenfiblement du point dont il s'agit, à un autre point dont il ne s'agit pas.

APPLICATION.

Nous verrons dans la fuite par beaucoup d'exemples, que c'eft ce qui arrive fouvent à notre Ami, de changer l'état de la queftion, & de paffer du point dont il s'agit, à un autre dont il ne s'agit pas. Comme lorfqu'il m'impute de ne pas vouloir que l'on conçoive Dieu comme juftice, au lieu que je foutiens feulement que la juftice que je conçois, quand je loue un homme jufte de ce qu'il eft jufte, n'eft point la juftice fouveraine & infinie qui eft en Dieu, & qui eft Dieu même; mais une qualité louable qui eft en cet homme, que les Jurifconfultes ont définie: *Conftans & perpetua voluntas jus fuum cuique tribuendi.*

VII. Cl.   Mais cela se comprendra mieux quand nous aurons nous-même bien
N. XIV. posé l'état de la question.

J'avoue que notre Ami l'exprime fort bien en ces termes : *Si c'est dans la vérité souveraine & incréée, que nous voyons toutes les vérités nécessaires & immuables.* Il ne reste qu'à bien considérer cette proposition ; prendre garde à ce qu'elle enferme, & à ce qu'elle n'enferme pas, & à démêler l'équivoque qui pourroit être dans ces mots : *Voir les vérités immuables dans la vérité incréée* ; en distinguant, comme a fait S. Thomas, le sens propre dans lequel on les doit prendre, d'un autre moins propre qu'on leur pourroit donner. Il est si important de bien marquer tout cela pour empêcher qu'on ne se trompe par les fausses lueurs de quelques raisons apparentes, qui ont quelque chose d'éblouissant, que j'ai cru le devoir traiter en trois §. différents.

§. I.

Quelles choses sont comprises dans cette question : Si on voit de certaines vérités dans la vérité incréée ?

Ceux qui tiennent l'affirmative, soutiennent qu'elle est générale à l'égard de toutes les vérités nécessaires & immuables ; c'est ce que notre Ami reconnoît expressément, puisqu'il exprime en ces termes le sentiment de S. Augustin, qu'il trouve bien étrange que j'aie osé abandonner : *Que c'est dans la vérité souveraine & incréée, que nous voyons* TOUTES LES VÉRITÉS *nécessaires & immuables.*

Les maximes de morale, qui reglent la conduite de notre vie, ne sont donc pas les seules que nous devons voir dans la vérité incréée (ce paradoxe ne laisseroit pas d'être faux quand on le restreindroit à cela ; mais il seroit bien plus aisé de s'en laisser éblouir) Ce sont toutes les vérités des sciences les plus abstraites ; l'Algebre, la Géométrie, l'Arithmétique. Tout ce que ces sciences ont de vrai soit dans les principes, soit dans une infinité de propositions qui y sont démontrées, ne peut être vu scientifiquement, si on en croit notre Ami, que dans la vérité souveraine & incréée. Il trouve cela si certain & si digne de Dieu, qu'il fait de grandes lamentations de ce que j'ai été si aveugle que d'en douter, & que j'ai représenté comme peu croyable, qu'on ne puisse voir certainement & clairement que trois & quatre font sept, & que le tout est plus grand que sa partie, que lorsqu'on le voit en Dieu.

En effet, il faut nécessairement que cette Philosophie platonicienne ne soit qu'une illusion, ou qu'elle s'étende généralement à toutes les vérités nécessaires & immuables. Car toutes les preuves qu'on a tirées de

S. Augustin, pour y donner quelque couleur, ou le prouvent de toutes sans exception, ou ne le prouvent d'aucune. On peut voir toutes ces preuves dans la Dissertation. On n'a qu'à les parcourir pour être convaincu de ce que je dis.

§. II.

Vérités, ou choses auxquelles cette question ne s'étend pas.

Ceux qui font un grand mystere de cette vue des choses ou des vérités en Dieu, ne l'étendent pas à toutes. Notre Ami en excepte toutes les vérités contingentes, quoiqu'il y en ait une infinité dont on n'est pas moins certain que des vérités de Mathématique. Telles sont une infinité de faits, dont on n'a qu'une foi humaine, mais appuyée sur des témoignages si infaillibles qu'on ne peut pas craindre de s'y tromper, quand on en a été une fois averti; comme est par exemple la révolution d'Angleterre, la levée du siege de Vienne en 1683, la prise de Bude en 1685, celle de Mons en 1691, & celle de Namur en 1692.

Il en excepte encore tous les ouvrages de Dieu; comme *le soleil*, *l'or & l'argent*: car il dit expressément qu'on ne les voit point dans les idées de Dieu, dont il donne pour raison ce qui ne le prouveroit point du tout, s'il étoit vrai que nous vissions les vérités de Mathématique dans la vérité incréée, comme nous le montrerons en son lieu.

Cependant comme on est fort sujet à se contredire, quand on s'est engagé à soutenir un sentiment dans une matiere dont on n'a que des idées confuses; notre Ami étend sa maxime dès le commencement de sa Réponse, à toutes sortes de vérités sans exception. Car il dit dès la quatrieme page, que le sentiment de S. Augustin, qu'il se plaint que j'ai abandonné, est, que ce Pere prétend, *qu'il n'y a qu'une vérité par la participation de laquelle* TOUT *ce qui est vrai, est vrai, & que consultent indifféremment en tout temps & en tous lieux* TOUS *ceux qui voient quelque vérité*. De qui que ce soit, ce sentiment peut-il être soutenable? Puisque selon notre Ami même, tous les hommes & en tous lieux, & en tous les temps, voient une infinité de vérités sans avoir eu besoin de consulter cette unique vérité.

Mais il y a ici une chose bien remarquable, c'est l'opposition qui se rencontre entre les deux Théologiens, qui ont témoigné plus de zele pour cette vue des choses ou des vérités en Dieu. Cette opposition est bien étrange, & bien capable de faire douter si cette Philosophie mystérieuse est autre chose qu'une chimere. Car l'un (c'est le P. Malebranche) ne veut pas que les vérités se voient en Dieu, parce que ce ne sont que

VII. Cl.
N. XIV.
des rapports, en quoi il a grande raison : mais il soutient que ce font les ouvrages de Dieu, & tous les corps qu'il a créés, qui n'étant pas intelligibles par eux-mêmes, ne peuvent être vus qu'en Dieu. Ce que nous avons fait voir ailleurs être un des plus insoutenables paradoxes qui fut jamais. Et l'autre, qui est notre Ami, nie expressément que ces ouvrages de Dieu, le soleil, la terre, la lune, les étoiles, les plantes, les animaux, l'or, l'argent & autres semblables se voient en Dieu ; c'est-à-dire, dans les idées sur lesquelles ces corps ont été formés. C'est ce qu'il fait entendre dans la remarque vingt-deuxieme ; & il n'y a, selon lui, que les vérités nécessaires & immuables qui se voient en Dieu, c'est-à-dire, dans la vérité incréée.

§. III.

Du sens propre de ces mots : Voir une chose dans une autre.

Quand on dit, sur-tout à l'égard de la vue spirituelle, qu'on voit une chose dans une autre, qu'on voit B dans A, le sens propre & naturel de ces mots est, que la connoissance de l'une, nous donne la connoissance de l'autre ; que c'est en connoissant B, que nous connoissons A.

C'est ce que l'on voit dans les sciences démonstratives. Elles sont fondées sur des vérités si simples, qu'il ne faut que les proposer pour y faire consentir ; comme que le tout est plus grand que sa partie, que quand deux choses sont égales à une troisieme, elles sont égales entr'elles. Il y en a d'autres moins claires, que la connoissance de ces premieres nous donne moyen de connoître ; ce sont celles qu'on dit être démontrées, & c'est de celles-là que l'on dit, qu'elles sont connues dans leurs principes.

Supposant que la proposition à démontrer soit B, & que le principe soit A, il s'ensuit qu'il faut qu'A soit connu, & plus connu que B, afin qu'à proprement parler nous puissions dire, que nous connoissons B dans A, *tamquam in objecto cognito*, comme dans un objet qui nous est connu. Car c'est ce qui doit être sous-entendu, quand on prend ces mots dans leur signification propre & naturelle.

Ce ne pourroit donc être qu'une signification fort impropre, si on n'entendoit autre chose par-là, sinon que A contribue à la vue de B, non comme un objet connu, mais comme la cause efficiente de la connoissance de B, ou comme une condition *sine quâ non* ; cela se comprendra mieux par des exemples. Il y a une infinité de corpuscules qu'on a découverts par les microscopes, & qu'on ne peut voir sans cela. On pourroit donc dire, qu'on les voit dans les microscopes ; mais ce seroit parler fort improprement. Car c'est par ces microfcopes qu'on les voit, & non VII. Cl. dans ces microfcopes, puifqu'il y a des microfcopes qu'on a trouvés de N. XIV. nouveau, dont on ne voit pas l'occulaire, lorfqu'on voit par eux fi diftinctement les petites fibres, par exemple, dont eft compofé le bois. Le foleil nous fait voir tout ce que nous voyons durant le jour, lors même que les nuées nous le cachent. On ne peut donc dire, à proprement parler, que nous les voyons dans le foleil, mais feulement que nous les voyons par le foleil ; que fi on difoit qu'on les voit dans le foleil, on devroit fous-entendre, *caufaliter, non verò objectivè, feu tamquam in objecto vifo.*

Ceux donc qui foutiennent que nous voyons en Dieu de certaines chofes, comme le P. Malebranche, ou de certaines vérités, comme Janfénius & notre Ami, n'ont qu'à s'expliquer, afin que l'on fache de quoi il s'agit. Entendent-ils par-là, que nous les voyons en Dieu, *tamquam in objecto cognito*, ou feulement *caufaliter*, & parce que Dieu eft caufe que nous les voyons ? S'ils n'entendoient que ce dernier, ils auroient grand tort de s'étonner, que nous ne foyons pas de leur avis, & que nous ayions abandonné S. Auguftin pour fuivre S. Thomas. Car S. Thomas a expreffément déclaré qu'il demeure d'accord de ce qu'a dit S. Auguftin de la vue de certaines vérités en Dieu, pourvu qu'on ne prétende pas qu'on les voie en Dieu, *tamquam in objecto cognito* ; mais feulement *caufaliter*, parce que Dieu eft la caufe efficiente de la connoiffance que nous avons de ces vérités ; la lumiere naturelle de notre efprit, par laquelle nous les connoiffons, étant une participation de la lumiere incréée. Notre Ami & le P. Malebranche feroient donc du fentiment de S. Thomas, auffi-bien que moi, qui ai rapporté cet endroit de l'Ange de l'Ecole dans la *Differtation*, s'ils ne prétendoient attribuer à Dieu que comme à une caufe efficiente, & non comme à un objet connu, de ce que nous voyons en lui, à ce qu'ils difent, de certaines chofes, ou de certaines vérités.

Mais il eft bien certain, que ce n'eft pas là leur penfée. Le P. Malebranche le fait bien entendre dans fa Réponfe au livre des Vraies & des fauffes Idées, quoiqu'il s'explique à fon ordinaire en des termes myftérieux. Car fur ce que M. Arnauld avoit déclaré, qu'il ne nioit pas que Dieu ne fût la caufe de notre lumiere, mais que cela ne faifoit pas que les perceptions que nous avons des objets, n'en foient effentiellement repréfentatives, voici ce qu'il lui replique : *Vous rendez à la* puissance *de Dieu l'honneur qui lui eft dû, fi vous reconnoiffez que vous n'êtes pas la* cause *de votre lumiere ; mais vous ne rendez pas l'honneur qui eft dû à fa fageffe, en foutenant que vos modalités font effentiellement repréfentati-*

VII. Cl.
N. XIV.
ves *de la vérité, en soutenant qu'elles sont* RÉELLEMENT & FORMELLE-
MENT *votre lumiere.* On peut voir sur cela la Défense de M. Arnauld,
page 396. Je ne le rapporte ici que pour faire voir qu'il ne lui suffit pas
que Dieu soit la cause de notre lumiere, mais qu'il doit être, selon lui,
formellement notre lumiere; ce qui est inintelligible.

Notre Ami s'explique plus clairement; car il ne fait point de difficulté
de soutenir, que de ce que nous ne voyons point en Dieu les vérités
contingentes, mais seulement les vérités nécessaires & immuables, c'est
que nous voyons son essence, & que nous ne voyons pas ses décrets,
d'où dépendent les vérités contingentes. C'est ce qui sera examiné en
son lieu. Je n'en parle ici que pour montrer, que ce seroit changer l'état
de la question (ce qui est une suite, ou une méprise qui ne se doit point
souffrir dans une dispute) si se voyant pressé par des preuves, qui seroient voir que son paradoxe est insoutenable, il s'avisoit de dire, qu'il
n'a pas prétendu que l'on vît les vérités nécessaires & immuables dans la
vérité souveraine & incréée, comme dans un objet connu. Car puisque
c'est uniquement ce que j'ai combattu dans ma *Dissertation*, sa réponse
n'auroit été qu'un égarement continuel, si ce n'étoit pas cela qu'il y a
soutenu.

ARTICLE III.

Définitions de S. Thomas.

Troisieme Regle.

Comme les définitions servent de principes aux sciences démonstratives, & que c'est ce qui y donne le plus de jour, c'est vouloir tout
brouiller que de les rejetter sans raison, en les faisant passer pour des
notions forgées à plaisir, sur lesquelles on ne peut rien bâtir de solide.
C'est par-là que les Pyrrhoniens ont prétendu pouvoir ôter la certitude
à la Géométrie, parce, disent-ils, qu'elles sont toutes fondées sur les
définitions du point, de la ligne & de la surface, qui ne sont que des
inventions de l'esprit humain, & ne se trouvent point dans la nature:
mais il seroit aisé de faire voir que rien n'est plus foible que cette prétendue preuve de l'incertitude de la Géométrie.

Application.

REGLES DU BON SENS.

APPLICATION.

Notre Ami fait la même chose, en parlant avec le dernier mépris des définitions de la vérité, que j'avois prises de S. Thomas, non pour obliger personne à se rendre à son autorité, mais parce que je les avois trouvées, & que je les trouve encore très-raisonnables.

Quelles sont donc, dit-il, *ces belles preuves qu'on oppose à S. Augustin? Elles sont toutes fondées sur des définitions purement arbitraires, & des notions forgées à plaisir, qui ne présentent à l'esprit qu'un pur jargon scholastique qui n'a rien de solide.* Cela est un peu fort; mais voyons si ce que j'ai rapporté de S. Thomas mérite une si rude censure.

Je ne m'arrêterai qu'à ce qu'il en rapporte lui-même. On peut voir le reste dans ma Dissertation, que je suis assuré que bien des gens trouveront fort raisonnable. Il avoit à montrer, que ma preuve ne paroît bonne, que parce que j'ai raisonné sur un principe de S. Thomas, qui est une notion forgée à plaisir; savoir, *que la vérité proprement dite ne se trouve que dans l'entendement*, & voici comme il s'y prend. *Il est vrai*, dit-il, *qu'il s'ensuit de-là, qu'il y autant de vérités proprement dites, qu'il se fait de jugements conformes aux choses dont on juge. Cependant il est certain qu'il n'y eut jamais de supposition plus arbitraire, pour ne pas dire plus fausse. Encore s'il avoit dit que la vérité proprement dite ne se trouve que dans l'entendement divin; mais il paroit qu'il l'entend de tout entendement créé.*

Il paroît par-là, que ce qui lui fait prendre ce que j'ai dit après S. Thomas, *que la vérité proprement dite est dans l'entendement*, & le reste, pour une supposition forgée à plaisir, est que je ne mets pas la vérité proprement dite dans le seul entendement divin; mais que je l'ai mise aussi dans l'entendement créé (Il n'a pu croire que je ne la mets pas aussi dans l'entendement divin, puisqu'il a vu le contraire dans la Dissertation.)

Or comment a-t-il pu penser que ce soit une supposition forgée à plaisir de reconnoître la vérité proprement dite dans l'entendement créé?

Est-ce qu'il n'y a point de vérités proprement dites dans les jugements que nous faisons, d'une infinité de faits qui sont incontestablement tels que nous les jugeons? Et cependant il a avoué que ces vérités, qu'on appelle contingentes, ne se voient point dans la vérité incréée.

Est-ce qu'il n'y a point de vérités proprement dites dans les jugements que nous faisons des ouvrages de Dieu? N'y a-t-il point de vérité proprement dite, dans le jugement que fait un Astronome, quand il assure que le soleil est plus grand que la terre, & la terre plus grande que la lune? N'y a-t-il point de vérité proprement dite, dans ce qu'a écrit M. Descartes du flux & du reflux de la mer? Notre Ami reconnoît

Philosophie. Tome XL.

VII. Cl. encore, que ces ouvrages de Dieu ne fe voient point dans les idées de
N. XIV. Dieu, par les hommes qui font fur la terre.

Mais la définition que donne S. Thomas de la vérité proprement dite, ne conviendroit pas moins au jugement que nous faifons des vérités néceffaires & immuables, quand nous ne les pourrions voir qu'en Dieu. Car il n'en feroit pas moins conftant, que ces jugements ne feroient vrais, que parce qu'ils feroient conformes à ce que nous aurions vu dans la vérité incréée. La vérité de ces jugements, auffi-bien que de tous les autres, confifteroit donc en ce qu'ils feroient conformes à leur objet. Ce ne feroit que l'objet qui changeroit dans cette hypothefe myftérieufe. Mais ce feroit toujours la conformité à ce prétendu objet incréé, qui feroit la vérité proprement dite de nos jugements.

Il n'y a donc rien de plus folide & de plus conforme à la penfée & au langage de tous les hommes, que la définition que S. Thomas a donnée de la vérité proprement dite; loin qu'on la puiffe appeler une notion forgée à plaifir. C'eft ce qui paroîtra encore mieux en confidérant ce que notre Ami y oppofe.

Paroles de la Réponse.

"Pourquoi ne pourroit-on pas dire, avec autant & plus de raifon,
„ que la vérité proprement dite, ne fe trouve proprement & principa-
„ lement que dans les chofes; qu'elle confifte dans le rapport qu'elles
„ ont avec les originaux, leurs idées éternelles, & que dans tout le refte,
„ elle ne fe trouve qu'improprement; & qu'ainfi nos jugements ne font
„ vrais qu'en ce qu'ils expriment les rapports des chofes avec leurs idées
„ & leurs originaux"?

Replique.

Il ne fuffit pas de pouvoir dire le contraire de ce qu'a dit S. Thomas pour s'imaginer qu'on l'a bien réfuté; il faut avoir eu raifon de le dire: & c'eft affurément ce que n'a pas eu notre Ami.

C'eft avec beaucoup de lumière que ce Saint a diftingué la vérité, qui fe trouve *primariò* dans nos jugements, & *fecundariò* dans les fignes qui réveillent en nous ces jugements; tels que font la parole & l'écriture, d'avec la vérité qui eft dans les chofes, que les Philofophes appellent *tranfcendentale*; comme quand on dit d'une certaine chofe, que c'eft du vrai or, ou une vraie perle, ou un vrai diamant, ou le vrai portrait d'un tel homme. Et c'eft encore avec beaucoup de raifon qu'il fait confifter

REGLES DU BON SENS.

cette derniere forte de vérité, à l'égard des choſes naturelles, dans la conformité qu'elles ont avec leurs originaux, qui ſont les idées de Dieu ; & à l'égard des artificielles dans la conformité avec les idées de l'artiſan.

VII. Cl.
N. XIV.

On voit par-là que notre Ami n'a rien dit touchant la vérité qui eſt dans les choſes, que S. Thomas n'ait mieux expliqué que lui, comme il l'a pu voir dans la Diſſertation. Il n'y a pas auſſi d'apparence qu'il oſe nier que le mot de *vérité* ne convienne à la conformité de nos jugements avec leurs objets.

En quoi donc pourrois-je avoir donné ſujet à notre Ami de trouver ſi mauvais, que j'aie approuvé ce que dit S. Thomas de la vérité ? Ce ne peut être qu'en ce que ce Saint veut, que la notion de la vérité convienne plus proprement à la vérité qui eſt dans l'entendement, qu'à la vérité qui eſt dans les choſes.

Mais je ne vois pas ſur quoi il peut appuyer ce qu'il dit en cela de contraire à ce que dit S. Thomas, ſi ce n'eſt qu'il raiſonnât en cette maniere. La vérité qui eſt dans les choſes, eſt la conformité qu'elles ont avec leurs originaux, qui ſont les idées éternelles de Dieu. C'eſt ainſi qu'il la définit. Or cette conformité eſt bien plus noble que la conformité de nos jugements avec leurs objets. On a donc plus de ſujet de dire, que la vérité proprement dite, eſt celle qui eſt dans les choſes.

Il peut s'être ébloui par cette conſidération. Mais c'eſt une très-fauſſe regle pour juger de ce qui eſt dit plus proprement ou moins proprement. Cela ne dépend nullement des ſujets plus dignes ou moins dignes, auxquels on applique les mêmes mots. L'Ecriture parle ſouvent de la colere de Dieu, de la jalouſie de Dieu, de la main de Dieu, du bras de Dieu : s'enſuit-il de-là, que ces termes de colere, de jalouſie, &c. conviennent plus proprement à Dieu qu'aux hommes ? Les mots ſignifient plus proprement ce qu'on peut juger que les hommes ont voulu d'abord qu'ils ſignifiaſſent, & ce qu'ils ont ſignifié enſuite le plus ordinairement. Or une des premieres choſes, que les hommes ont eu beſoin de faire entendre, eſt ſi eux ou les autres ſe trompoient, ou s'ils ne ſe trompoient pas dans les jugements qu'ils portoient des choſes dont ils parloient. C'eſt donc ce qu'on doit penſer qu'ont ſignifié d'abord, dans toutes les langues, les mots de *vrai* & de *faux ;* de *vrai*, pour ſignifier qu'on ne ſe trompoit pas ; de *faux*, pour ſignifier qu'on ſe trompoit. Et l'on ne peut douter auſſi qu'on n'ait continué depuis de les prendre ordinairement dans cette ſignification. Et par conſéquent, rien n'eſt mieux fondé dans le bon ſens, que ce que j'ai dit après S. Thomas, que la plus propre ſignification du mot de vérité étoit de ſignifier la conformité de nos jugements avec leurs objets : bien loin qu'on ait raiſon de dire, comme a

VII. Cl. fait notre Ami : *Que c'eſt une définition arbitraire, une notion forgée à*
N. XIV. *plaiſir, qui ne préſente à l'eſprit qu'un jargon ſcholaſtique qui n'a rien de ſolide.*

Cependant, Monſieur, je vous ſupplie de prendre garde à ce que je m'en vais vous dire. C'eſt qu'on peut lui laiſſer paſſer ce qu'il aſſure ſans raiſon, que la vérité qui eſt dans les choſes, eſt la ſeule vérité proprement dite, ſans qu'il en pût tirer aucun avantage pour l'établiſſement de ſon paradoxe, que nous ne pouvons voir qu'en Dieu les vérités néceſſaires & immuables. Car voici à quoi il réduit ce qu'il oppoſe à S. Thomas.

Il n'y a de vérité proprement dite, que la vérité qui eſt dans les choſes. Elle conſiſte dans le rapport qu'elles ont avec leurs originaux, qui ſont les idées éternelles de Dieu. Dans tout le reſte, elle ne ſe trouve qu'improprement. Et ainsi (c'eſt la concluſion) nos jugements ne sont vrais qu'en ce qu'ils expriment les rapports *des choſes avec leurs idées & leurs originaux* ; par où il entend les idées de Dieu.

Il faudroit donc qu'il n'y eût point de vérité proprement dite, dans aucun des jugements que nous faiſons d'une infinité de faits inconteſtables, tels que ſont tous ceux que nous croyons de foi divine, & un grand nombre de ceux que nous croyons de foi humaine. Car la vérité de ces jugements conſiſte dans la conformité avec les événements paſſés ou préſents, qui nous ont été atteſtés d'une maniere qui n'a pu nous tromper. C'eſt ce que notre Ami ſemble aſſez reconnoître, quand il dit, que ce ſont des vérités contingentes que nous ne voyons point en Dieu.

On pourroit plutôt dire, que les jugements que nous faiſons des ouvrages de Dieu, comme du ſoleil, de l'or, de l'argent, ne ſont vrais qu'en ce qu'ils expriment les rapports des choſes avec leurs originaux & leurs idées. Mais cela n'eſt vrai qu'en une maniere qui ne lui peut ſervir de rien, & eſt faux, ſelon lui-même, en la maniere qui ſeule lui pourroit ſervir. C'eſt ce qu'il faut expliquer : car cela peut être d'un grand uſage pour le dénouement de cette matiere ſujette à beaucoup d'équivoques.

Il eſt certain que nos jugements touchant la nature du ſoleil, de l'or, de l'argent, ne peuvent être vrais, s'ils ne ſont conformes aux idées de Dieu qui les a faits ce qu'ils ſont. Mais ils y peuvent être conformes, ou parce que nous aurions eu connoiſſance de ces idées que Dieu nous auroit fait voir, ou ſans que nous euſſions vu ces idées, n'ayant jugé que ces ouvrages de Dieu étoient de telle & telle ſorte que par des expériences & des conjectures. C'eſt ce que l'on comprendra mieux par l'exemple de l'explication d'une Lettre en chiffre. Il eſt indubitable qu'elle

ne peut être vraie, fi elle n'exprime le fens que celui qui l'a chiffrée a VII. Cl.
voulu y donner. Mais on y auroit pu donner ce fens ; ou parce qu'on N. XIV.
auroit eu communication du chiffre, & c'eft comme l'expliquent ceux
à qui la Lettre eft adreffée, ou fans en avoir eu aucune communication,
par de certaines regles, qu'ont trouvé ceux qui font profeffion de déchif-
frer ces fortes de Lettres. M. Defcartes a comparé le monde que Dieu
a créé à une Lettre écrite en chiffre. Ce feroit en connoître les divers
ouvrages par la communication du chiffre, que de les voir dans leurs
idées éternelles. Mais c'eft ce qu'il n'a eu garde de s'attribuer. Il fait
feulement entendre, que ce qui lui a donné quelque confiance, que ce
qu'il en dit eft conforme à ces idées, eft, que n'ayant pofé que des principes fort fimples & fort évidents, il en avoit déduit fort clairement un
grand nombre des plus beaux phénomenes de la nature.

C'eft en cette maniere qu'on a fait en ce temps-ci tant de nouvelles
découvertes. Nul de ceux qui les ont faites, ne s'eft avifé de dire, qu'il
avoit vu, dans les idées éternelles ce que d'autres n'y avoient pas vu.
Auffi faut-il rendre juftice à notre ami, il ne le dit pas lui-même. Il
ne pouffe pas jufques-là fon paradoxe. Il tient fi certain que nous ne
voyons point en Dieu les raifons éternelles des créatures, comme eft
le foleil, l'or & l'argent, qu'il dit qu'on ne peut fuppofer qu'on les
y voie fans extravaguer, au lieu de raifonner. Cet endroit eft important.
C'eft dans la Remarque vingt-deuxieme.

*Lorfqu'on dit que nous voyons en Dieu les vérités néceffaires, les loix
immuables & les raifons éternelles des vérités, on ne prétend pas que nous
y voyions de même les raifons de chaque créature en particulier. Les premieres nous font néceffaires pour notre conduite & le réglement de nos
mœurs, au lieu que les autres ne le font pas* (méchante raifon, mais je
ne m'arrête pas à la réfuter) *Et ainfi, qui raifonneroit en cette forte:
J'aime le foleil, la lumiere, l'or & l'argent: donc j'aime les raifons de
ces créatures qui font en Dieu, extravagueroit, au lieu de raifonner,* ÉTANT
BIEN CERTAIN QU'IL N'A NULLE CONNOISSANCE DES RAISONS ÉTERNELLES
QUI RÉPONDENT EN DIEU A CES CRÉATURES.

Remarquez, s'il vous plaît, cette fuite. Il dit d'abord : Que, quoique
nous voyions en Dieu les vérités néceffaires, nous n'y voyons pas de
même les raifons de chaque créature, en particulier du foleil, de l'or,
de l'argent. Et c'eft ce qu'il exprime à la fin en ces termes : *Il eft certain que nous n'avons nulle connoiffance des raifons éternelles qui répondent
en Dieu à ces créatures.*

Afin donc que nous les puiffions voir en Dieu, il faudroit que nous
euffions connoiffance des raifons éternelles qui répondent en Dieu à
ces créatures.

VII. Cl.   Afin donc auſſi que tous les Mathématiciens aient pu voir en Dieu la
N. XIV. vérité d'une infinité de propoſitions d'Algebre, d'Arithmétique, de Géométrie, il faudroit qu'ils euſſent eu connoiſſance de ce qui eſt en Dieu, qui répond à ces propoſitions.

Or peut-il ſuppoſer cela ſans une abſurdité manifeſte, en même temps qu'il avoue, que nous n'avons aucune connoiſſance de ce qui répond en Dieu aux créatures que nous connoiſſons le mieux?

Peut-être que notre ami eſt perſuadé que M. Deſcartes a bien connu la nature du ſoleil, de l'eau, du feu. Cependant il faut qu'il ſoit aſſuré qu'il n'a eu aucune connoiſſance de ce qui répond en Dieu à ces créatures. Mais il ne juge pas de même des Géometres. Il croit, au contraire, qu'ils n'ont pu ſavoir que le tout eſt plus grand que ſa partie; que tous les triangles qui ont même baſe & même hauteur ſont égaux; que la diagonale d'un quarré eſt incommenſurable à ſon côté; que le quarré du plus grand des trois côtés d'un triangle rectangle eſt égal aux deux quarrés des deux autres côtés; que toute pyramide eſt le tiers d'un parallélipipede de même baſe & de même hauteur; que la ſurface d'un globe eſt le quadruple de la ſurface d'un de ces grands cercles; qu'ils n'ont pu, dis-je, ſavoir ces choſes, & mille autres ſemblables, s'ils n'ont eu connoiſſance de ce qui eſt en Dieu qui répond à ces propoſitions. C'eſt, je vous avoue, ce qui me paroît incroyable. Mais puiſque notre Ami ne doute point que cela ne ſoit ainſi, je le ſupplie de nous dire, s'il a lui-même cette connoiſſance de ce qui répond en Dieu à ces vérités abſtraites, & s'il l'a, de nous apprendre ce que nous devons faire pour l'avoir auſſi.

Mais continuons de conſidérer la ſuite de la Réponſe: on y trouvera bien plus de brouillerie.

Suite de la Réponse.

Mais ce qui eſt plus certain & plus juſte, c'eſt que la vérité proprement dite, c'eſt-à-dire, cette vérité qui eſt néceſſaire, éternelle & immuable, ne ſe trouve qu'en Dieu.

Replique.

Ce, *c'eſt-à-dire*, eſt merveilleux. Il n'y a que Dieu qui ſoit néceſſaire, éternel & immuable. Il n'y a donc point de perfection dont je ne puiſſe dire qu'elle ne ſe trouve proprement qu'en Dieu, avec un ſemblable *c'eſt-à-dire*. L'intelligence proprement dite, c'eſt-à-dire, néceſſaire, éter-

nelle & immuable, ne se trouve qu'en Dieu. La volonté proprement VII. Cl.'
dite, c'est-à-dire, nécessaire, éternelle & immuable, ne se trouve qu'en N. XIV.
Dieu. L'existence proprement dite, c'est-à-dire, nécessaire, éternelle &
immuable, ne se trouve qu'en Dieu. Cela est vrai au même sens qu'on
le dit de la vérité. Mais si on en infere : Donc la vérité proprement dite,
sans y ajouter ces autres termes, nécessaire, éternelle & immuable, ne
se trouve qu'en Dieu, c'est le sophisme *à dicto secundùm quid ad dictum
simpliciter*. A quoi on peut ajouter que notre Ami ne peut rien conclure
de-là, comme il paroîtra par la suite.

Paroles de la Réponse.

Cette vérité proprement dite, nécessaire, éternelle & immuable, ne consiste que dans les rapports, ou de grandeur, ou de perfection qui se trouvent entre les idées éternelles que Dieu a des choses.

Replique.

Tout rapport suppose deux termes, & un rapport n'est point quand
un des termes n'est pas. Un homme n'est point pere avant que d'avoir
un enfant. Et Dieu n'a point été Créateur, à proprement parler, avant
que d'avoir créé le monde. Si donc la vérité proprement dite n'est qu'un
rapport de perfection, qui se trouve en Dieu entre ses idées éternelles
& les choses qu'il a créées selon ces idées ; quoique ces idées soient
éternelles, le rapport de ces idées éternelles avec les choses que Dieu
a créées, en quoi on fait consister la vérité proprement dite, n'a point
été avant que ces choses fussent créées : & par conséquent, si la vérité
proprement dite n'est que ce rapport, elle n'est plus éternelle.

De plus : les choses proprement dites sont les substances que Dieu a
créées ; au lieu que les vérités, & les propositions qui se démontrent
dans les sciences, ne sont point des choses que Dieu ait créées. La vérité
proprement dite devroit donc être le rapport entre les idées éternelles
& ces substances. Or nous venons de rapporter un passage de notre
Ami, où il soutient, qu'il est certain que nous ne voyons point le rapport
de ces idées éternelles de Dieu avec ces substances, telles que sont le
soleil, l'or & l'argent. Car c'est ce qu'il veut dire quand il assure, *que
nous n'avons aucune connoissance des raisons éternelles qui répondent en
Dieu à ces créatures*. Tout ce qu'il gagne donc par sa nouvelle définition, est, de nous faire entendre que nous sommes incapables de voir
ce qu'il appelle la vérité proprement dite.

VII. Cl.
N. XIV.

SUITE DE LA RÉPONSE.

Qui voit ces rapports, voit des vérités néceſſaires & immuables, & nos jugements ne ſont néceſſairement vrais qu'en tant que nos eſprits ont part à cette vue, & que nos jugements expriment ces rapports.

RÉPLIQUE.

Ce n'eſt pas prouver, mais ſuppoſer ce qui eſt manifeſtement faux, ſelon lui-même. Car notre eſprit ne ſauroit avoir part à cette vue des rapports qui ſont en Dieu, & nos jugements ne pourroient exprimer ces rapports, qu'en voyant les choſes en Dieu. Or il reconnoît que nous ne voyons point en Dieu les vérités contingentes, telles que ſont tous les faits révélés & non révélés, mais appuyés ſur des témoignages qui ne nous peuvent tromper. Il faudroit donc, ſelon lui, que les jugements que nous faiſons de ces faits mêmes révélés, ne fuſſent pas néceſſairement vrais, parce que notre eſprit n'a pas eu beſoin, pour les faire, d'avoir part à cette vue des rapports de grandeur & de perfection entre les idées éternelles de Dieu & les choſes qu'il a créées. C'eſt ce qu'il ne pourroit dire ſans ruiner la foi, dont pluſieurs de ces faits révélés ſont partie, comme il y en a d'autres non révélés qu'on ne pourroit croire n'être pas néceſſairement vrais, ſans ébranler la certitude de la même foi.

Il faudroit auſſi qu'il prétendît, qu'il n'y a rien de néceſſairement vrai de tout ce que diſent les Aſtronomes du ſoleil, & des autres aſtres, puiſqu'il aſſure qu'il eſt certain que ni eux, ni aucun des autres hommes, n'ont aucune connoiſſance du rapport qui eſt entre les idées éternelles de Dieu, & chacun de ſes ouvrages particuliers.

ARTICLE IV.

Principes & conséquences.

QUATRIEME REGLE.

CE que l'on doit principalement conſidérer dans une diſpute de ſcience, eſt, ſi les principes que poſe chacun des diſputants, peuvent être raiſonnablement conteſtés, & ſi les conſéquences qu'il en tire, & qui doivent conclure ce qui eſt à prouver, en ſont bien tirées. D'où il

s'enſuit

s'enfuit qu'on doit prononcer contre celui des difputants, qui avoue, VII. Cl.
d'une part, que les conféquences que fon adverfaire a tirées d'un certain N. XIV.
principe, en concluant ce qu'il doit prouver, en font bien tirées ; & qui,
de l'autre, eft réduit à contefter ce principe, lorfqu'il eft manifefte que
c'eft fans raifon qu'il le contefte.

Application.

C'eft ce qu'on vient de faire voir dans l'article précédent être arrivé à notre Ami.

Il fe plaint, dans fa feconde Remarque, que j'ai abandonné ce fentiment qu'il attribue à S. Auguftin, qu'il n'y a qu'une vérité proprement dite, par la participation de laquelle tout ce qui eft vrai eft vrai, & que confultent indifféremment, en tout temps & en tous lieux, tous ceux qui voient quelque vérité. Mais il prétend qu'il ne m'a pas été difficile de faire croire que ce fentiment eft faux, parce que ç'a été en métamorphofant en des principes clairs & certains ce que dit S. Thomas de la vérité, d'où j'ai tiré une multitude de propofitions que j'appelle des corollaires, qui renverfent ce fentiment. *Car, en fuppofant*, dit-il, *ce qu'enfeigne S. Thomas, que la vérité proprement dite n'eft que dans l'entendement, & qu'elle confifte dans la conformité du jugement avec les chofes dont on juge, il eft clair qu'il s'enfuit que la vérité proprement dite, n'eft pas unique, mais qu'il y en a autant qu'il fe forme de jugements conformes aux chofes.*

Peut-on avouer plus expreffément que les propofitions que j'ai tirées du principe de S. Thomas, & que j'ai appellées corollaires, en font bien tirées ? Il a donc été réduit à prétendre, que ce principe de S. Thomas eft un principe forgé à plaifir. Mais comme on a tout lieu de croire qu'on fera perfuadé, après avoir lu l'article précédent, que S. Thomas n'a rien dit fur ce fujet que de très-raifonnable & très-bien fondé, je ne doute point qu'on ne foit furpris de la confiance que témoigne notre Ami, en concluant par ces paroles ce premier point de fa Réponfe : *On voit donc bien par-là le peu de folidité du principe, que l'Auteur de la Differtation adopte ; & comme ce n'eft que fur ce principe qu'il fait rouler tous fes Corollaires, & toutes fes amples citations de S. Thomas, on peut juger de la folidité & de la force de cette grande machine, qu'on éleve fur de tels fondements.*

C'eft fans doute par-là qu'on en peut juger. Mais on a lieu de croire que ce ne fera pas à fon avantage.

Philofophie. Tome XL. Y

ARTICLE V.

Pensées imperceptibles.

CINQUIEME REGLE.

COmme il n'y a rien dont notre ame soit plus assurée, ni qu'elle connoisse mieux que ses propres pensées, & que c'est par cette connoissance qu'elle se convainc elle-même qu'elle ne peut douter de tout, une grande marque qu'un sentiment est insoutenable, est, quand on ne le sauroit soutenir, qu'en supposant que tous les hommes ont une infinité de pensées dont ils ne s'appperçoivent point, & qu'ils ne savent point qu'ils aient eues.

APPLICATION.

Si notre Ami n'a pas fait grand cas des conséquences que j'ai tirées des définitions de la vérité, qui détruisent l'opinion qu'il a entrepris de soutenir, il n'en fait pas davantage des deux raisons qui m'ont fait croire qu'elle n'étoit pas soutenable.

Je viens de relire la premiere dans la Dissertation. Elle m'a paru de nouveau si convaincante, que j'ai de la peine à comprendre comment un homme, qui a autant d'esprit que notre Ami, a pu n'en être pas persuadé. Je voudrois qu'on la pût lire toute entiere en latin; mais je me contenterai d'en rapporter la substance en françois.

Je suis certain, par le témoignage de ma conscience, que j'ai vu clairement, des yeux de mon esprit, beaucoup de vérités de Géométrie & d'Arithmétique, nécessaires & immuables, sans qu'en m'y appliquant, j'aie eu la moindre pensée de la vérité souveraine & incréée.

Or dire que je pense à une chose, & que cette chose est présente à mon esprit, ce sont des termes entiérement synonimes.

Je ne puis donc me persuader que la vérité incréée se soit rendue présente à mon esprit, toutes les fois que je me suis appliqué à connoître ces vérités géométriques, puisque je n'ai eu alors aucune pensée de la vérité incréée, dans laquelle on voudroit que j'eusse vu ces vérités particulieres, comme dans un objet connu. Car c'est de quoi il s'agit, comme je l'ai fait remarquer dans l'Article II.

J'ai bien prévu que tout ce qu'on pourroit faire, pour n'être pas accablé par cet argument, feroit de me dire : Vous n'êtes pas certain, que lorsque vous avez été persuadé de l'évidence de ces vérités géométriques, vous n'ayiez point pensé à la vérité incréée. Vous y avez pensé ; mais vous ne vous êtes pas apperçu que vous y pensiez. Je me suis fait à moi-même cette réponse : *Vides, inquiunt, quod te videre non advertis.* Mais je me suis fait aussi à moi-même cette replique : *Hoc est recurrere ad cogitationum, de quibus non cogitatur, inane commentum.* C'est en effet à quoi notre Ami a eu recours ; mais avant que de le rejoindre, voyons ce qu'on en a dit dans la Dissertation.

VII. Cl.
N. XIV.

Ces pensées auxquelles on ne pense point, sont d'autant moins recevables en cette rencontre, que cette vérité incréée, qui est Dieu, auroit dû être présente à mon esprit toutes les fois que j'ai vu que deux & trois font cinq, & autres choses semblables ; car, comme le supposent ceux que je combats, je n'ai pu voir que cela fût vrai que dans cette premiere vérité, qui est Dieu même. Or qu'y a-t-il de plus incroyable, que de prétendre que cette vérité ait été mille & mille fois présente aux yeux de mon esprit, ce qui est la même chose que d'avoir mille & mille fois pensé à cette vérité, sans que je me sois jamais apperçu que j'y pensois, lors même qu'ils veulent que ce soit dans elle, comme dans un objet connu, que j'aie vu tant & tant de vérités particulieres.

Je ne suis pas si dégoûté que notre Ami. Je trouve bien du bon sens dans ces paroles de S. Thomas, qu'il appellera peut-être un jargon scholastique : *Si accipiamus duo, quorum utrumque sit in ordine objectorum cognitionis, tunc locus erit huic axiomati. Propter quod unumquodque est tale, & illud magis ; ac proinde, si alterum ex his duobus propter alterum cognoscitur, illud, propter quod aliud cognoscitur, erit magis notum, ut principia conclusionibus.* Que s'il étoit certain que je n'eusse pu voir la vérité de cette proposition, deux & trois font cinq, que dans la premiere vérité, comme dans un objet connu, cette proposition, & cette premiere vérité qui est Dieu, auroient été toutes deux dans l'ordre des objets de ma connoissance. Et par conséquent, si je n'avois connu que cette proposition est vraie, qu'à cause que j'aurois connu cette premiere vérité, dans laquelle on doit voir tout ce qui est nécessairement & immuablement vrai, cette premiere vérité m'auroit dû être plus connue que cette proposition. Comme si je ne connoissois la vérité de ce théoreme : La diagonale d'un quarré est incommensurable à son côté, qu'à cause que je connois de certains principes qui m'auroient convaincu qu'il ne sauroit être faux, il est sans doute que ces principes me devroient être plus connus que ce théorême. Or il y a une infinité de personnes, qui savent très-certainement que deux & trois font cinq, sans

VII. Cl. qu'ils fachent quoi que ce foit de cette première vérité dans laquelle ils
N. XIV. l'auroient dû voir. C'eft donc une imagination fans fondement, qu'on
ne puiffe rien voir de ce qui eft néceffairement vrai que dans cette premiere vérité, comme dans un objet connu. Car c'eft ce qu'il faut toujours
ajouter ou fous-entendre, pour ne pas changer l'état de la queftion, comme
nous l'avons remarqué dans le fecond Article.

Cela eft fi clair qu'il fembleroit inutile de rien dire davantage. Mais
frappé de l'abus que font des gens de mérite de ces prétendues penfées
imperceptibles, j'ai cru qu'il ne feroit pas inutile de traiter à fond cette
matiere, & pour y donner plus de jour je la diviferai en divers paragraphes.

§. I.

Que c'eft mal connoître la nature de nos penfées, que de s'en figurer d'entiérement imperceptibles.

Quand on demande, s'il peut y avoir des penfées entiérement imperceptibles, il eft bien clair que cela fe doit entendre des penfées que
j'ai actuellement, & dans le temps que je les ai. Car il ne feroit pas
étrange qu'une penfée que je n'aurois pas, & que je pourrois feulement
avoir, me fût imperceptible. Je dis auffi, *entiérement imperceptibles :* car
il eft bien certain, qu'il y a des penfées plus ou moins perceptibles,
& qu'on s'apperçoit beaucoup plus des penfées claires & diftinctes, que
de celles qui font obfcures & confufes, & plus des penfées auxquelles
on fait une réflexion expreffe, que de celles à quoi on fait feulement
une réflexion virtuelle, qu'on doit juger être inféparable de la penfée,
fi nous faifons nous-mêmes une férieufe réflexion fur la nature de notre penfée.

La penfée eft le principal attribut de la nature intelligente, & qui la
diftingue le plus de toute nature non intelligente, qui eft la corporelle.
Mais pourquoi croyons-nous que cette nature purement corporelle, n'eft
pas intelligente? Il fe fait dans les corps purement corps, dans les
plantes, par exemple, & dans la formation des corps des animaux,
des chofes fi merveilleufes, fi bien réglées, fi bien ordonnées, & fi proportionnées à la production de certains effets, qu'il nous eft impoffible
de concevoir que cela fe faffe fans intelligence. On voit la même chofe
dans les ouvrages de l'art. On voit des horloges & d'autres machines,
qui produifent de certains effets avec tant d'art, que nul n'eft tenté de
s'imaginer que ce foit un ouvrage du hafard & non de l'efprit. Pourquoi donc difons-nous fi hardiment, qu'il n'y a point d'intelligence dans

ces machines, mais qu'il y en a eu beaucoup dans l'ouvrier qui les a faites? C'est que nous tenons pour certain, que nulle de ces machines ne s'apperçoit de ce qu'elle fait; ce qui se dit plus heureusement en latin: *Non est conscia suæ operationis*. Et que par conséquent elle ne pense point. On est donc porté naturellement à croire, que *conscientia suæ operationis*, est ou la même chose que la pensée, ou une propriété inséparable de la pensée. Et si cela n'étoit nous ne trouverions point, qu'il y eût de l'absurdité à croire que ces machines si artificieuses ont des pensées, mais que ce sont des pensées imperceptibles, dont elles ne s'apperçoivent pas.

§. II.

Préjugés naturels contre les pensées imperceptibles.

Les préjugés, qui nous viennent des sens, nous doivent être fort suspects; mais il n'en est pas de même de ceux qui nous viennent des réflexions que tous les hommes font sur ce qui se passe dans leur esprit: tel qu'est la certitude que chacun a de ses pensées. Ce qui fait dire à S. Augustin que chacun connoît ce qu'il pense, *certissimâ scientiâ*, & *clamante conscientiâ*.

Voyons donc quelles sont les notions naturelles que les hommes ont sur cela. On le peut apprendre par ce que tous les hommes ont accoutumé de dire en certaines occasions, & que ne manqueroient pas de dire les partisans mêmes des pensées imperceptibles, à moins qu'ils ne fussent bien sur leurs gardes. Un homme dit à un autre: On m'a dit que vous me voulez chasser de mon emploi & vous mettre en ma place. C'est une grande calomnie, répond l'autre; je vous assure que je n'en ai jamais eu la moindre pensée. En voudriez-vous bien jurer? Oui certainement, si cela étoit nécessaire. Mais l'un & l'autre auroit été bien surpris, s'il s'étoit trouvé là un partisan des pensées imperceptibles, qui leur eût dit gravement: A quoi pensez-vous tous deux? Est-il permis de proposer à un homme de jurer en vain, & celui à qui on le propose, le pourroit-il faire sans péché? Or n'est-ce pas jurer en vain que d'assurer avec serment ce qui pourroit être faux? On pourroit faire le serment que vous dites, s'il n'y avoit point d'autres pensées que celles dont nous nous appercevons: mais puisqu'il y en a un grand nombre dont nous ne nous appercevons pas, comment un homme pourroit-il jurer, qu'il n'a pas eu la moindre pensée de faire telle chose, sans s'exposer à être parjure, puisqu'il en pourroit avoir eu d'imperceptibles?

Le cas d'un serment semblable n'est point forgé à plaisir. S. Augustin

VII. Cl. nous apprend, qu'il y a des occasions où nous sommes obligés de pren-
N. XIV. dre Dieu à témoin de ce qui est caché au fond de notre cœur, comme
lorsque le prochain est scandalisé de quelque pensée qu'il nous attribue,
parce qu'alors la charité veut que nous ne différions pas de guérir son
ame malade des soupçons injustes qu'il a contre nous. Et il s'est trouvé
lui-même en une de ces occasions à l'égard d'une sainte femme, qui le
soupçonnoit d'avoir voulu faire son gendre Prêtre par une vue intéres-
sée: *Par ces soupçons*, lui dit-il, *vous ne m'ordonnez pas de jurer, mais
vous m'y forcez. Faisons donc ce qu'on nous force de faire, & ne différons
pas un moment de guérir votre ame malade.*

Mais rien n'est plus beau que ce que dit le même Saint sur ce sujet
Ep. 147. dans sa Lettre à Pauline. Voulant expliquer la différence qu'il y a entre
al. 112. voir & croire, il dit; *qu'il y a deux sortes de choses que l'on peut voir,
mais en différente maniere. Les unes sont celles que vous appercevez, ou
que vous vous souvenez d'avoir apperçues par les sens de la vue, de l'ouie
&c. Les autres sont celles à quoi peut atteindre cet œil de l'esprit par lequel
vous voyez votre vie, votre volonté, votre pensée, votre mémoire, votre
intelligence, votre foi, & toutes les autres choses qui vous sont connues
par la même voie, & dont vous ne sauriez douter, parce qu'il est vrai
de dire de ces sortes de choses, aussi-bien que de celles qui tombent sous les
sens, non seulement que vous les croyez, mais que vous les voyez.* C'est
pourquoi il ajoute un peu plus bas: *Que ce que nous voyons par les sens intérieurs, comme lorsque nous voyons notre volonté, notre pensée, notre mémoire dans l'opération de chacune de ces facultés, nous le voyons avec autant
d'évidence, que si nous le voyions par le sens extérieur; comme lorsque nous
voyons le soleil, des montagnes, des arbres.*

§. III.

*Sophismes qui ont fait croire qu'il n'y a rien de plus commun que les pen-
sées imperceptibles.*

On a prétendu avoir donné beaucoup de preuves de ces pensées imperceptibles, dans un long discours où l'on a entrepris de les établir,
parce qu'on en avoit besoin pour pouvoir nier cette proposition: *On n'est
point éclairé touchant une vérité, quand on n'a aucune connoissance, ni
aucune pensée de cette vérité.* On prétend qu'elle n'est pas claire, parce
qu'on n'y distingue pas les pensées claires d'avec les obscures, les distinctes d'avec les confuses, les médiates d'avec les immédiates, c'est-à-
dire, la connoissance d'une vérité dans son principe, d'avec la connois-

fance d'une vérité en elle-même, & enfin les penfées perceptibles d'avec VII. Cl.
les imperceptibles. Et c'eft à cette derniere divifion que toutes les autres N. XIV.
tendoient. On ne s'étonne pas qu'on ait pu embarraffer beaucoup de gens
par toutes ces diftinctions, & leur faire trouver de l'obfcurité & du doute
dans la propofition la plus claire & la plus certaine. Mais je puis dire en
un mot, que le premier fophifme de toutes ces prétendues preuves des
penfées imperceptibles confifte, ou en ce que l'imperceptibilité, pour
parler ainfi, qu'on devroit avoir trouvée dans une penfée actuelle à l'égard
de fon objet, tombe fur quelque autre chofe qu'on n'a jamais prétendu
qui ne pût être imperceptible; ou en ce que l'on prend une moindre
perceptibilité pour une imperceptibilité entiere.

1°. Cette derniere confidération réfout ce qu'on dit des penfées ou
connoiffances obfcures oppofées aux claires, & des confufes oppofées
aux diftinctes. Car cela fait voir feulement, qu'il y a des penfées moins
perceptibles les unes que les autres. Or prendre cela pour une preuve
qu'il y en ait d'imperceptibles, c'eft comme fi on difoit : il y a des montagnes qui ont moins de pente que d'autres. Il peut donc y en avoir qui
n'en aient point du tout, & qui, par conféquent, foient des montagnes
fans vallée.

2°. La diftinction des penfées ou connoiffances, en médiates & immédiates prouve encore moins la prétendue imperceptibilité des penfées.
Car l'Auteur appelle avoir une connoiffance médiate d'une chofe, quand
on la connoît dans fon principe, & en avoir une immédiate, quand on
la connoît en elle-même. Mais c'eft fans raifon qu'on voudroit faire
paffer la penfée ou la connoiffance qu'on a d'un principe, lorfqu'on n'a
aucune penfée ou connoiffance de la conclufion qu'on en peut tirer,
pour une penfée imperceptible de cette conclufion. Car fuppofant, comme il fait, qu'on n'ait aucune penfée actuelle de cette conclufion, mais
feulement du principe, à l'égard duquel on avoue que cette penfée eft
très-perceptible, n'eft-ce pas un vrai fophifme, de donner cela pour exemple d'une penfée imperceptible?

3°. Ce fophifme peut encore fe découvrir d'une autre maniere. C'eft
qu'on y prend le pouvoir de penfer pour une penfée actuelle. Car on
peut bien dire, que celui qui connoît un principe, peut par-là arriver à
la connoiffance de la conclufion qui s'en tire; mais non pas qu'il penfe
actuellement à cette conclufion, lorfqu'on avoue ou qu'on fuppofe qu'il
n'y penfe pas. Or il n'eft pas étrange qu'un homme ne s'apperçoive pas
d'une penfée qu'il n'a pas, & qu'il pourroit feulement avoir.

4°. Il eft encore plus étrange qu'on veuille faire paffer pour la penfée
imperceptible d'une vérité, l'ignorance où l'on eft de cette vérité, lorfque

VII. Cl. c'est par sa faute qu'on l'ignore. Que ce soit par ma faute, ou sans ma
N. XIV. faute que j'ignore une vérité, que cela fait-il pour dire, que j'en ai eu
la pensée ou perceptible, ou imperceptible, tant que je l'ai ignorée ?
C'est donc en vain qu'on allegue sur le sujet des pensées imperceptibles,
ce qu'ont dit d'habiles Théologiens de l'ignorance vincible ou invincible
du droit naturel. Cela peut-il faire douter de la clarté de cette proposition : *Qu'on n'est point actuellement éclairé de Dieu touchant une certaine
vérité, quand on n'a aucune connoissance, ni aucune pensée de cette vérité ;*
quand ce seroit par sa faute qu'on n'en auroit point de pensée ? En serois-
je moins dans les ténebres d'un cachot, quand ce seroit par ma faute que
j'y aurois été mis ?

5°. Pour nous rendre plus croyables les pensées imperceptibles, on
prétend que les pensées ne font presque point d'impression dans notre
esprit, si elles ne sont revêtues de mots, & que ce qu'on n'a jamais conçu
avec cette enveloppe de sons, demeure aussi peu dans la mémoire, que
si on ne l'avoit jamais conçu : mais c'est une imagination sans fondement.
Les mots peuvent servir à les retenir, parce qu'ils nous en réveillent
l'idée quand nous les entendons prononcer. Mais il n'est point vrai qu'ils
nous soient nécessaires, pour nous faire retenir nos pensées. Les sourds
& muets de naissance en sont une preuve convaincante. Ils n'ont jamais
rien conçu sous l'enveloppe des sons. Est-ce que tout ce qu'ils conçoi-
vent demeure aussi peu dans leur mémoire, que s'ils ne l'avoient point
conçu ?

6°. C'est ensuite de ce que l'on avoit dit, des pensées qui ne sont
point revêtues de mots, qu'on nous veut faire trouver des pensées imperceptibles dans les enthymêmes, parce qu'il y a une des propositions
qui n'est pas exprimée. Mais rien n'est encore plus mal fondé. Car ou
l'Auteur de cet enthymême a pensé à cette proposition non exprimée,
ou il n'y a pas pensé. S'il n'y a pas pensé, on n'a donc pas droit de lui
attribuer, à l'égard de cette proposition, aucune pensée ni perceptible,
ni imperceptible. Et s'il y a pensé, il s'est donc bien apperçu que cette
proposition n'étoit pas exprimée. Ce n'a donc pas été une pensée imperceptible. Mais il ne s'en est apperçu, dira-t-on, que confusément.
Quand cela seroit, la pensée de laquelle on s'appercevroit, quand ce ne
seroit que confusément, ne seroit pas une pensée imperceptible. On doit
dire la même chose de ceux qui lisent cet enthymême.

7°. On met en jeu les idées accessoires jointes aux principales ; par
où on a rendu raison de ce que Cicéron n'a pu résoudre, pourquoi de
certains mots sont déshonnêtes, & que d'autres ne le sont pas, quoiqu'ils
signifient la même chose. Mais on n'a qu'à appliquer ce que je viens de
dire

dire des enthymêmes. Car fi Cicéron n'a point penfé à cette idée accef- VII. Cl.
foire, il n'a point eu à fon égard de penfée imperceptible. Et s'il y N. XIV.
avoit penfé, pourquoi veut-on qu'il ne fe feroit pas apperçu qu'il y
penfoit ?

§. IV.

*Qu'on doit reconnoître en l'homme des actions machinales, qui fe font fans
penfée, & qui par conféquent ne peuvent être une preuve qu'il y ait des
penfées imperceptibles.*

Ceux qui croient que les bêtes ne penfent point, comme apparemment notre Ami le croit, doivent reconnoître, qu'une infinité d'actions que les bêtes font fans penfée, par la feule difpofition de leur machine, fe font fouvent auffi par les hommes de la même forte, fans qu'il foit néceffaire que notre ame y penfe. Mais c'eft auffi fouvent leur penfée & leur volonté qui le leur fait faire, ce qui n'eft pas dans les bêtes. Lorfque la penfée & la volonté y interviennent, on les doit appeler raifonnables & volontaires : mais lorfqu'elles n'y interviennent point, on les peut nommer des actions machinales. Et il eft aifé de les difcerner, en ce que les unes fe font avec advertance à l'action même, & les autres fans advertance, d'où il arrive que les premieres font bonnes ou mauvaifes moralement, & les autres non.

La raifon commence prefque toujours les actions extérieures de quelque importance & de quelque fuite, parce que nous ne pouvons guere paffer d'une action extérieure à une autre toute différente, fans que nous nous en appercevions : ce qui eft le propre de la penfée. Et il a été à propos que cela fût ainfi, afin que nous puiffions confacrer à Dieu chacune de nos actions. Mais la machine fait fouvent tout le refte. La raifon me fait mettre à table, & je ne le dois pas faire fans bénir Dieu. Mais il a été bien plus à propos que ce fût la machine qui me fît faire tous les mouvements de la bouche, fans lefquels on ne peut pas fe nourrir. Et il vaut bien mieux que cela fe puiffe faire machinalement, fans que j'y penfe, afin que ma penfée puiffe être occupée pendant les repas ou à m'entretenir de difcours honnêtes avec mes amis, ou à ouïr une lecture pieufe ou au moins utile.

Il en eft de même du marcher. C'eft à la raifon à me faire faire une vifite, ou de charité, ou d'affaire. Mais ce deffein pris, je puis laiffer faire à ma machine tous les mouvements de mes jambes néceffaires, pour me faire arriver où je veux aller. Elle le fera bien fans que j'y penfe ; & cepen-

VII. Cl.
N. XIV.
dant je pourrai m'entretenir de quelque bonne penſée, ou répéter ce que je ſaurai par cœur.

C'eſt par-là qu'on peut répondre à deux exemples d'un défenſeur des penſées imperceptibles. Il veut que ce ſoit par une de ces penſées imperceptibles, que nous choiſiſſions le plus court chemin. Mais il ſe trompe aſſurément : nous n'avons point beſoin de penſées pour cela ; les bêtes le font comme nous. Cela ſe peut donc faire & ſe fait preſque toujours, par la ſeule diſpoſition de la machine.

L'autre exemple ne vaut pas mieux. C'eſt, dit-il, par une penſée imperceptible, qu'étant dans une chambre haute, & voulant deſcendre dans la cour, je ne me jette pas par la fenêtre, mais je deſcens par l'eſcalier. Vous vous trompez, lui répondrois-je. Vous n'avez pas beſoin de penſer pour cela : vous le pouvez faire machinalement. Et c'en eſt une preuve, de ce qu'un chien en feroit autant, ſi ſon maître l'appelloit de la cour, en le voyant à la fenêtre de cette chambre haute.

Mais voici ce qui eſt remarquable. Quand les mouvements ne ſont pas naturels, comme ceux de manger, mais qu'il les faut apprendre par art, comme eſt le mouvement des doigts pour écrire, & celui des pieds pour danſer, on a beſoin d'y penſer pour les faire d'abord. Un enfant, par exemple, ne peut apprendre à écrire qu'il n'ait des penſées perceptibles de la maniere dont il faut former chaque caractere ; & il ſeroit ridicule de s'imaginer, qu'il pût apprendre à les former par des penſées imperceptibles. Mais quand il a pris l'habitude de bien écrire, il le peut faire machinalement ſans penſer à la formation de chaque lettre, & n'appliquant ſa penſée qu'à ce qu'il veut écrire. Que ſi s'étant accoutumé à une certaine façon d'écrire, il veut déguiſer ſon écriture afin qu'on ne la connoiſſe pas, ou qu'on la prenne même pour celle d'un autre ; c'eſt ce qu'il ne pourra plus faire machinalement, ni par de prétendues penſées imperceptibles ; il lui en faudra certainement de perceptibles.

§. V.

Que de prétendues penſées imperceptibles ne pourroient être d'aucun uſage dans la matiere de la Grace.

Quand on ne voudroit pas demeurer d'accord, que ce que nous faiſons machinalement ſe fait ſans penſée, & qu'on s'obſtineroit à ſoutenir que ces actions, que j'ai appellées machinales, ne ſe font point à la vérité par des penſées dont nous nous appercevions, mais qu'elles ſe font par des penſées imperceptibles, cela ne pourroit être d'aucun uſage dans la matiere de la Grace.

Je veux dire qu'on ne pourroit avoir recours à ces prétendues penſées imperceptibles, pour donner quelque vraiſemblance à un Syſtême de la Grace univerſelle, que l'on fait conſiſter en ces quatre propoſitions.

La premiere, que cette Grace univerſelle eſt une grace actuelle, intérieure & ſurnaturelle, qui éclaire l'entendement & qui échauffe la volonté.

La ſeconde, qu'elle rend la volonté de ceux à qui elle eſt donnée, proportionnée à l'accompliſſement des préceptes, leur donnant le pouvoir phyſique de les accomplir, qu'elle n'auroit pas ſans cette Grace.

La troiſieme, qu'elle peut être appellée ſuffiſante au ſens des Thomiſtes.

La quatrieme, qu'elle n'eſt pas ſeulement offerte, mais actuellement donnée à tous les hommes, & non ſeulement à ceux qui ont la foi, mais à tous & à chacun des infideles les plus ſtupides & les plus groſſiers.

N'ayant pas jugé que ce Syſtême fût ſoutenable, parce qu'il m'a paru contraire à tous les ſaints défenſeurs de la Grace de Jeſus Chriſt, qui ont tous raiſonné ſur ce principe : *Communis eſt omnibus natura, non gratia*; Je crus en pouvoir faire voir la fauſſeté par la voie des Géometres (*a*), en poſant quelques définitions ou lemmes, dont je formois des démonſtrations auxquelles je ne croyois pas qu'on pût répondre raiſonnablement. Voici les cinq premieres de ces définitions ou lemmes.

1°. Les mots d'illumination de l'entendement, & d'échauffement de la volonté, pour parler ainſi, peuvent être pris ou activement, ou paſſivement : activement, ſi on les conſidere en Dieu qui éclaire & qui échauffe : paſſivement, ſi on les conſidere en l'ame, qui eſt éclairée & échauffée.

2°. Il y a la même différence entre la Grace offerte & la Grace donnée. La Grace offerte n'eſt encore qu'en Dieu; mais la Grace n'a point été donnée qu'il ne ſoit arrivé quelque choſe de nouveau dans la créature. De ſorte qu'il eſt certain *à poſteriori*, que Dieu n'a point donné de Grace à Caïus, à l'égard d'un certain devoir, ſi à l'égard de ce devoir, il n'eſt arrivé aucun changement de la part de Dieu dans l'ame de Caïus.

3°. Ce ſont auſſi deux choſes très-différentes, de dire : Dieu auroit éclairé l'entendement de Caïus & échauffé ſa volonté, s'il ne s'étoit point auparavant rendu indigne que Dieu l'éclairât & l'échauffât; & de dire : Dieu a éclairé l'entendement de Caïus, & échauffe ſa volonté d'une telle maniere, que ſa volonté a été par cette grace, proportionnée à l'accompliſſement du précepte d'aimer Dieu, quoique ſon attachement à la

---

(*a*) [Cet Ecrit de M. Arnauld, avec quelques autres ſur la même matiere, ſe trouvent dans le dixieme Volume de cette Collection, N°· XI & ſuivants.]

créature ait été cause qu'il ne l'a pas accompli. Car la premiere façon de parler, ne suppose point que Dieu ait rien fait par sa Grace dans l'ame de Caïus ; au lieu que, dans la seconde, on suppose qu'il y a agi, & qu'il y a agi suffisamment, pour que Caïus eût pu accomplir le précepte, s'il avoit bien voulu user de cette Grace.

4°. Les termes métaphoriques, d'éclairer & d'échauffer doivent être réduits au sens propre, afin que l'on comprenne mieux de quoi il s'agit. On ne dit de Dieu qu'il éclaire une ame, que quand il lui donne quelque connoissance & quelque pensée ; qu'il l'éclaire à l'égard d'un devoir, que quand il lui donne quelque connoissance & quelque pensée de ce devoir. Et on ne dit qu'il l'échauffe, que quand il lui donne quelque amour du bien & quelque inclination vers le bien.

5°. Il s'ensuit de-là, qu'une ame n'a point été éclairée à l'égard de quelque objet, de quelque vérité, de quelque devoir, quand elle n'a eu aucune connoissance, ni aucune pensée de cet objet, de cette vérité, de ce devoir : & qu'elle n'a point été échauffée à l'égard d'un bien, quand elle n'a eu aucun amour, ni aucun desir qui l'ait portée vers ce bien.

Ensuite de ces définitions, on a prétendu avoir fait voir la fausseté de ce Système, par plusieurs démonstrations prises des exemples d'une infinité de personnes infideles, athées, épicuriens, sauvages, qu'on ne peut supposer avoir été éclairés de Dieu par une Grace actuelle, intérieure & surnaturelle, qui ait rendu leur volonté proportionnée à l'accomplissement des commandements ; parce qu'on ne sauroit feindre avec la moindre vraisemblance, qu'ils aient tous eu quelque bonne pensée de faire ce qui leur étoit ordonné par ces commandements, ou de ne pas faire ce que ces commandements défendoient.

L'Auteur du Système a bien vu, que son système étoit renversé, s'il demeuroit d'accord qu'il n'y avoit eu aucun de cette infinité de personnes, qui n'eût eu, par la Grace générale, de bonnes pensées à l'égard des commandements qu'il auroit manqué d'observer. Mais il a vu en même temps, qu'il ne pouvoit pas n'en point demeurer d'accord, s'il ne trouvoit quelque défaut dans la cinquieme définition ou lemme, qui pût faire croire qu'on ne devoit pas s'y arrêter. Et ce défaut, à ce qu'il prétend, est, qu'on n'a pas distingué les pensées que l'on s'apperçoit d'avoir, qu'on peut appeler *perceptibles*, d'avec les pensées qu'on ne s'apperçoit point d'avoir, & qu'on peut appeler *imperceptibles*. Il avoue donc que les personnes dont il est parlé dans les démonstrations, n'ont point eu de pensées perceptibles, touchant les commandements qu'ils ont manqué d'observer ; mais il soutient, qu'on a eu tort de supposer qu'ils n'en ont

pas eu d'imperceptibles ; c'est-à-dire, des pensées qu'ils ont eues très- VII. Cl.
souvent, sans qu'ils se fussent jamais apperçu de les avoir. N. XIV.

Il reconnoît que son Systême ne peut subsister, que par la supposition
de ces pensées imperceptibles. C'est pourquoi il a eu grand soin de nous
avertir, qu'il n'approuvoit plus ce que Bellarmin nous enseigne par ce De Grat.
passage autrefois soutenu comme indubitable : *Dicunt aliqui, Deum qui-* & lib. Arb.
dem perpetuò pulsare ad ostium cordis, sed nos aliis rebus intentos non l. 2. c. 6.
percipere vocationem Dei. At hæc sententia cum ipso EXPERIMENTO APER-
TISSIMÈ PUGNAT. *Nam cùm vocatio, pulsus, tractus, excitatio illa Dei sit*
actio nostra, quamvis non libera, nempe bona cogitatio, bonumque desi-
derium repentè ac divinitùs immissum, quomodo potest fieri ut non sen-
tiatur à nobis, si sit non solùm in nobis, sed etiam à nobis?

Notre Ami triomphe de ce que l'Auteur du Systême dit maintenant
contre ce passage, qu'il avoit autrefois si fort approuvé, parce qu'il n'a
pas moins besoin que lui de ces pensées imperceptibles. Mais quelque
estime que je fasse de l'un & de l'autre, je me fais fort de convaincre
tout homme de bon sens, qu'elles ne peuvent de rien servir pour donner
de la vraisemblance, ni à ce que l'un soutient avec tant de zele, qu'on
doit reconnoître une grace intérieure & surnaturelle, que Dieu ne manque point de donner à tous, & à chacun des hommes sans exception,
ni à ce que l'autre prétend qu'on ne peut voir qu'en Dieu les vérités nécessaires & immuables. Je commencerai par le prouver à l'égard de la
Grace, réservant l'autre point au §. suivant.

Première preuve.

Le principal effet de la Grace générale, à l'égard de l'entendement,
est de l'éclairer en lui donnant quelque bonne pensée, qui rende la volonté proportionnée à l'accomplissement des commandements, dont les
principaux sont; d'aimer Dieu, de l'adorer, de le prier & de lui rapporter
nos actions, comme à notre derniere fin.

Or il est contre le bon sens qu'une pensée imperceptible, c'est-à-dire,
une pensée que l'on prétend que j'aurois eue cent & cent fois, sans que
je m'en fusse jamais apperçu, ait pu avoir cet effet, de rendre ma volonté
proportionnée à l'accomplissement des commandements d'aimer Dieu, de
le prier, &c. supposé qu'elle n'y auroit pas été proportionnée sans cette
pensée imperceptible. Car à quoi me pourroit servir aux choses importantes, des pensées de cette nature, quand on m'assureroit que je les
aurois eues mille fois, si on m'avoue en même temps, qu'il y a tout lieu
de croire que je ne me suis jamais apperçu de les avoir eues.

VII. Cl. N. XIV. Il eſt donc contre le bon ſens de nous aſſurer, que Dieu n'a jamais manqué d'éclairer tous & chacun des hommes par de bonnes penſées, qui ont rendu leur volonté proportionnée à l'accompliſſement des commandements, lorſqu'on eſt réduit à dire, qu'à l'égard de preſque tous les hommes ; c'eſt-à-dire, de cent pour un, ces prétendues bonnes penſées n'auroient été que des penſées imperceptibles.

Seconde Preuve.

Un autre effet de la Grace générale, eſt de rendre inexcuſables ceux à qui Dieu la donne, & qui, ſans cela, feroient excuſables. C'eſt ſur quoi l'Auteur du Syſtême inſiſte fort, juſqu'à faire entendre qu'il auroit autant de peine à concevoir, que l'homme qui n'auroit point reçu de Dieu cette Grace générale, fût coupable devant Dieu en ne lui obéïſſant pas, qu'on en auroit à comprendre qu'un homme qui n'auroit point de jambes, fût coupable de ne point courir, quoique ce fût par ſa faute qu'il auroit eu les jambes caſſées.

Or, qu'y a-t-il de plus abſurde, que de s'imaginer, d'une part, que Dieu n'auroit pu condamner, avec juſtice, une infinité de perſonnes, qui auroient violé ſes commandements, s'ils n'avoient eu aucune penſée touchant l'obligation de les obſerver (c'eſt ce que ſuppoſe l'Auteur du Syſtême) & de prétendre, de l'autre, qu'il les pût très-juſtement condamner, pourvu qu'ils aient reçu de Dieu, touchant l'obligation d'obſerver ſes commandements, des penſées imperceptibles, qu'ils ne ſe feroient jamais apperçu d'avoir. Ignore-t-on moins ſon devoir, quand on n'en a que des penſées imperceptibles, que quand on n'en a point du tout ? Y a-t-il de la différence entre ne me rien dire du tout, du péril où je ferois de tomber dans une embuſcade, & de me le dire en une langue que je n'entendrois point ? Et celui qui ne m'en auroit averti qu'en cette maniere, pourroit-il me taxer d'imprudence, de ne m'être pas gardé de tomber dans cette embuſcade, après l'avis qu'on m'avoit donné de l'éviter ?

C'eſt donc ſe moquer du genre humain, que d'avoir recours à de prétendues penſées imperceptibles, pour empêcher qu'on ne trouve des abſurdités, qui ſautent aux yeux dans le Syſtême d'une Grace univerſelle, que l'on prétend être telle que ceux à qui elle n'auroit point été donnée, ne pourroient être condamnés de Dieu pour avoir violé ſes commandements, au lieu que s'ils les violent, l'ayant reçue, ils en ſeront très-juſtement condamnés.

REGLES DU BON SENS.

Troisieme Preuve.

VII. Cl.
N.° XIV.

Nous avons vu dans le parapraphe précédent, que les chercheurs de penſées imperceptibles, n'en ont pu trouver d'exemples que dans les actions machinales, que nous faiſons ſouvent ſans penſée; mais que nous faiſons auſſi avec des penſées perceptibles, lorſque nous les faiſons en y penſant. Et nous avons remarqué de plus, au même endroit, quand ces actions ſe peuvent faire machinalement, & quand elles ſe font avec des penſées dont nous nous appercevons. Les mouvements tout-à-fait naturels, comme eſt de marcher, en mettant alternativement les pieds l'un devant l'autre, ſe peuvent faire machinalement. Mais nous ne pourrions pas de même marcher en tenant les deux pieds ſerrés l'un contre l'autre, qu'en y penſant, & nous en appercevant. Et pour les mouvements qui ont beſoin d'art, comme écrire & danſer, nous ne les faiſons machinalement, que quand l'habitude eſt formée; & nous ne pourrions pas faire machinalement ce qui ſeroit tout oppoſé à cette habitude, comme écrire d'un caractere tout-à-fait différent de celui dont nous aurions accoutumé d'écrire. Pour ſavoir donc ſi ce qu'on pourroit prendre pour des penſées imperceptibles, peut avoir lieu dans la grace, il ne faut que conſidérer à quoi les opérations de la grace ſont deſtinées, laiſſant à part les différentes opinions ſur la qualité de ces opérations, comme ſont l'efficacité, la ſuffiſance, &c. Car je n'en regarde ici que le ſujet & la matiere. Et c'eſt ce que nous ne pouvons mieux apprendre, que par un très-beau paſſage de l'Auteur du Syſtême, tiré de l'Ecrit même où il l'établit.

„ On peut établir, dit-il, certaines propoſitions, non conteſtées entre
„ les Théologiens attachés à la doctrine de S. Auguſtin & A LA RAISON.
„ En voici une. L'homme, par le péché, eſt tombé dans une impuiſ-
„ ſance volontaire de faire aucun bien; d'aimer Dieu, de l'adorer, de
„ le prier; parce qu'étant déterminé par la cupidité, il n'agit & ne veut
„ agir que par ſes mouvements. Il ſuit ſes inſtincts en toutes choſes:
„ *Regnat enim carnalis cupiditas, ubi non eſt Dei caritas.* Or la cupidité
„ ne le portant qu'à s'aimer ſoi-même & les créatures, elle ne le porte
„ jamais, par conſéquent, à l'amour de Dieu, ni à aucune bonne œu-
„ vre, n'y en ayant aucune qui ne ſoit un fruit de l'amour de Dieu.
„ Celui qui n'aime que ſoi-même, ne prie point, parce qu'il n'y a que
„ la charité qui prie. Il ne fait point pénitence, parce que la pénitence
„ ſuppoſe une converſion de la créature à Dieu. Or celui qui n'aime
„ que ſoi-même, n'eſt point converti à Dieu. Il ne fait aucune bonne
„ œuvre, parce qu'une œuvre, pour être bonne, doit être rapportée à

III. Part.
ou ſect. II.
de la II. P.
Art. 3.

Enchir.
cap. 117.

VII. Cl. „ Dieu comme à fa fin. Or étant dominé par la cupidité, il rapporte
N. XIV. „ tout à lui-même".

Il joint une feconde propofition à cette premiere, qui eft, qu'il n'y a que la grace efficace de Jefus Chrift, laquelle n'eft pas donnée à tout le monde, qui produife, en l'homme déchu, un changement de cœur, ou total, ou commencé. *Ainfi*, dit-il, *les infideles & les endurcis, & généralement tous ceux qui n'ont point de grace efficace, demeurent dans l'impuiffance volontaire de faire aucun bien, que nous venons de décrire.*

Que fera donc la grace générale dans tous les infideles, en qui il ne s'eft jamais fait aucun changement, ni total, ni commencé, de la difpofition où eft un cœur qui n'a point reçu la grace efficace; puifqu'il ne s'en fait ni de total, ni de commencé, que par la grace efficace de Jefus Chrift.

Elle éclairera, dit-on, l'entendement de cet infidele, & touchera fon cœur, & rendra par-là fa volonté proportionnée à l'accompliffement des commandemens d'aimer Dieu, de prier Dieu, de rapporter fes actions à Dieu, qui n'y feroit point proportionnée fans cette grace générale.

Voyons donc, lui dirai-je, fi cela fe peut foutenir, & commençons par le *touchement* du cœur de cet infidele, à l'égard de l'accompliffement de fes commandemens.

Il s'agit de favoir, fi, fuppofant qu'un infidele n'a reçu aucune grace efficace à l'égard de l'obfervation des commandemens de Dieu, on peut dire, que Dieu ne laifferoit pas de l'avoir fouvent touché par une grace générale, qui auroit rendu fa volonté proportionnée à l'accompliffement des commandemens d'aimer Dieu, de le prier, & de lui rapporter fes actions. Et il ne faut que confiderer ce que vous venez d'accorder, pour reconnoître que cela ne fe peut dire.

On ne peut dire, que Dieu ait touché la volonté d'un homme par une grace intérieure, à l'égard de l'accompliffement de fes commandemens, quand à l'égard de cela, il ne s'eft fait aucun changement, ni total, ni commencé dans la volonté de cet homme. C'eft la troifieme définition ou lemme, que vous n'avez point contredit.

Or fuppofant, comme vous faites, que cet infidele n'a reçu aucune grace efficace & médicinale de Jefus Chrift, à l'égard de cet accompliffement des commandemens de Dieu, il faut, felon vous, qu'à cet égard il ne fe foit fait aucun changement, ni total, ni commencé, dans la volonté de cet infidele. Car vous venez de reconnoître, qu'il n'y a que la grace efficace de Jefus Chrift, qui produife le changement de cœur, ou total, ou commencé, à l'égard de l'obfervation de ces commandemens, & que tous ceux à qui elle n'eft pas donnée, demeurent

dans

dans l'impuissance volontaire de faire le bien, où est tombée la nature humaine depuis le péché.

On ne peut donc dire, sans renverser cette vérité, que vous avez reconnue, que, quoiqu'un infidele n'ait reçu aucune grace efficace de Jesus Christ, Dieu n'a pas laissé de toucher souvent son cœur par une grace générale, qui a rendu sa volonté proportionnée à l'accomplissement des commandements de Dieu.

Passons maintenant à ce qu'auroit dû avoir fait votre grace générale dans l'esprit de cet infidele. Vous dites qu'elle l'a éclairé pour la même fin, qui est, de rendre sa volonté proportionnée à l'accomplissement des préceptes d'aimer Dieu, de prier Dieu, &c.

On vous a dit (c'est la cinquieme Définition) qu'une ame n'avoit point été éclairée, à l'égard de quelque devoir ou obligation, quand elle n'avoit eu ni aucune connoissance, ni aucune pensée de cette obligation; d'où on a inféré, que, pour assurer, comme vous faites, qu'il n'y a eu aucun Payen qui n'ait été éclairé de Dieu, à l'égard de l'obligation de l'aimer, il faudroit qu'il fût probable, qu'ils ont tous eu, sans exception, quelque pensée de cette obligation.

Vous n'avez pu vous tirer de-là, qu'en prétendant, qu'il n'est pas probable qu'ils en aient tous eu des pensées distinctes dont ils se seroient apperçu; mais qu'il suffit qu'ils en aient eu d'imperceptibles, & qu'ils n'en aient jamais cru avoir. Et sur cela, vous vous êtes mis en peine de trouver des exemples de ces prétendues pensées imperceptibles. Mais on vous a fait voir, que vous n'en avez pu trouver que dans des actions machinales, qui se font sans pensée; & on vous a fait de plus remarquer, que nous n'agissons machinalement, qu'en suivant nos inclinations naturelles ou des habitudes formées; au lieu que nous avons besoin de pensées, dont nous nous appercevions, pour nous porter à agir contre nos inclinations, & contre nos habitudes. Or c'est à quoi est destinée toute grace intérieure, donnée à un infidele, de quelque nom qu'on l'appelle. Elle est destinée à le porter à aimer Dieu, lorsque sa cupidité le porte à n'aimer que soi-même & les créatures. Elle est destinée à le porter à combattre ses passions vicieuses, lorsqu'il met tout son bonheur à les satisfaire; & à faire tout pour Dieu, lorsqu'il est emporté, par la corruption de la nature, à faire tout pour soi-même. Rien n'est donc plus contraire à vos exemples mêmes, que de vouloir que des pensées imperceptibles soient propres à remplir l'idée que vous nous donnez de votre grace générale, qui est, d'avoir éclairé tous les infideles sans exception, en leur donnant de bonnes pensées pour les porter à aimer Dieu, à le prier, à lui rapporter toutes ses actions. Car

Philosophie. Tome XL.

ce sont là les commandements, à l'accomplissement desquels vous voulez que la volonté de tous les infidèles ait été proportionnée par votre grace générale.

Quatrieme Preuve.

Quelle raison y auroit-il d'admettre de prétendues pensées imperceptibles dans la matiere de la Grace, puisqu'on ne peut faire aucun bon usage de cette supposition, & qu'on en peut faire beaucoup de mauvais? En voici des exemples.

1°. On ne peut douter qu'il n'y ait des peuples entiers qui n'ont point connu Dieu. L'Ecriture nous l'assure dans le Pseaume: *Effunde iram tuam in gentes quæ te non noverunt.* Et dans S. Paul: *Sicut gentes, quæ ignorant Deum.* Et parlant des Gentils qu'il avoit convertis, il dit, qu'avant leur conversion, ils étoient sans Dieu: *Sine Deo in hoc mundo.* Il marque aussi, dans son discours aux Athéniens, que les temps qui avoient précédé la prédication de Jesus Christ, avoient été pour les Gentils des temps d'ignorance à l'égard de la connoissance de Dieu. C'est l'état où les Religieux de S. François trouverent les habitants de Canada, lorsqu'ils leur prêcherent les premiers l'Evangile. Ils ont remarqué qu'ils ne connoissoient aucune divinité, ni vraie, ni fausse, & qu'ils n'avoient pas même aucun mot dans leur langue qui signifiât la divinité. Mais si nous en croyons les défenseurs des pensées imperceptibles, ces bons Religieux n'ont pu porter ce jugement de ces peuples sans témérité. Car si ces Canadiens, diront-ils, n'ont pas connu Dieu comme Créateur du monde, comment prouvera-t-on qu'ils ne l'ont pas connu comme vérité & comme justice? Peuvent-ils n'avoir point connu quelque regle de justice & quelque vérité de morale? Or il n'y a que Dieu qui soit la regle de la justice, & les vérités de morale ne se connoissent qu'en Dieu. C'est donc une témérité à ces Religieux, d'avoir cru qu'ils n'avoient eu aucune connoissance de Dieu, jusques à ce qu'on ait commencé à leur prêcher l'Evangile. Ils peuvent bien n'avoir eu, sur tout cela, que des pensées imperceptibles. Mais c'est une autre témérité d'assurer, que cela ne suffise pas pour pouvoir dire, qu'on n'a pas été sans quelque connoissance de Dieu.

2°. Il y a des Théologiens qui soutiennent, que, quelque mauvaise action que l'on fasse, ce ne sera point un péché formel que Dieu puisse imputer, si l'on n'a quelque pensée que l'on fait mal. On les combat ordinairement par l'exemple de S. Paul, qu'on ne peut nier qui n'ait été fort coupable devant Dieu, en persécutant l'Eglise, quoiqu'il témoigne ne l'avoir fait que parce qu'il croyoit rendre en cela un grand service à Dieu. Mais cette inſtance, quelque forte qu'elle paroiſſe, peut aiſément être renverſée par les penſées imperceptibles. Car qui peut ſavoir, diront ceux qui y ont recours, ſi cet ardent perſécuteur des Chrétiens n'a pas eu cent fois des penſées qui le détournoient de ce deſſein, dont cet Apôtre n'a pas fait de mention, parce que c'étoient des penſées imperceptibles, qu'il n'a pas lui-même connues?

3°. Un des plus grands principes de la morale chrétienne, c'eſt ce qu'enſeigne S. Léon, quand il dit, qu'il y a deux amours, d'où procedent tous les mouvemens de la volonté humaine; l'amour de Dieu, & l'amour du monde: que dans l'amour de Dieu il n'y a rien de trop, & que dans l'amour du monde, il n'y a rien que de mauvais. Et il s'enſuit de-là, qu'étant obligés de rapporter à Dieu toutes nos actions, les infideles ne font délibérément aucune action qui ne ſoit un péché. On a trouvé étrange que ces deux Propoſitions aient été cenſurées dans un certain Décret (a). Mais un Défenſeur des penſées imperceptibles a trouvé une grande témérité à ce qu'on a dit ſur cela contre ce Décret ſubreptice. C'eſt, dit-il, une témérité de trouver à redire, qu'on ait condamné à Rome cette derniere Propoſition, à moins qu'on ait des raiſons convaincantes qu'elle n'eſt pas condamnable. Il prétend, qu'il faudroit donc être aſſuré, par des raiſons convaincantes, qu'un infidele ne ſauroit faire aucune action délibérée qui ne ſoit péché. Or voici comme il a prétendu prouver qu'on n'en eſt pas aſſuré.

Ce n'eſt pas, dit-il, une hypotheſe impoſſible, qu'un infidele ait eu cinquante mille idées de Dieu comme Dieu, qui auront produit en lui cinquante mille complaiſances libres pour ces idées. Or ces complaiſances libres auront été exemptes de péché. Il n'eſt donc pas impoſſible, que quelques actions libres d'un infidele ne ſoient pas péché.

Hypotheſe rare, s'il y en eut jamais, qu'un infidele, qui ne croit pas en Dieu (car c'eſt ce qu'on entend par un infidele) ait eu cinquante mille penſées de Dieu, pour leſquelles il aura eu cinquante mille complaiſances libres. Mais quand on mettroit en jeu les penſées imperceptibles, à qui perſuadera-t-on, qu'une telle hypotheſe ne doive pas être regardée comme impoſſible; c'eſt-à-dire, comme éloignée de toute ſorte de vraiſemblance? Car cela ſuffit dans la morale, pour regarder comme impoſſible, la ſuppoſition d'un événement, dont on ne ſauroit apporter aucun exemple. Les Epicuriens ne vouloient pas qu'on ſe mît en peine de prouver qu'il y a des Dieux, ils prétendoient, qu'on en étoit

(a) Le Décret d'Alexandre VIII contre trente-une Propoſitions.

VII Cl. affuré par la notion naturelle qu'on en avoit. C'étoit donc uniquement
N. XIV. fur cela qu'étoit fondée la connoiffance, qu'ils difoient avoir de la divinité. Cependant à quoi aboutiffoit cette notion? A croire des Dieux en forme humaine, dont la béatitude feroit troublée, s'ils prenoient foin de quoi que ce foit de ce qui fe paffe dans le monde. Or, s'en eft-il jamais trouvé aucun, qui ait avoué qu'il avoit eu fouvent la penfée d'un Dieu unique, tout-puiffant, créateur du monde, & qui étoit un pur efprit? Il eft fans doute, que Dieu auroit pu leur donner vingt-mille fois cette penfée, s'il avoit voulu, & la leur faire recevoir avec complaifance; mais s'enfuit-il de-là, qu'en raifonnant contre les regles de la puiffance à l'acte, on ait pu conclure de cette fuppofition chimérique, que c'eft une témérité de trouver mauvais qu'on ait condamné cette
Profper. doctrine des Saints Peres: *Tota infidelium vita, peccatum eft, & falfa*
Sent. 106. *virtus, etiam in optimis moribus?* Non, affurément: c'eft une méchante conféquence. Mais voici ce qui pourra ouvrir les yeux à ceux qui la voudroient foutenir.

C'eft un cas qui fut propofé à la Chine, dans une grande Affemblée de Miffionnaires, dont Navarrette étoit. Il le rapporte dans fon fecond Tome, Traité IV. §. 2. Il dit, qu'un Gouverneur de la ville de Canton, infidele & fort méchant homme, à qui on faifoit le procès pour fes concuffions, s'étant pendu dans le temps que tous les Miffionnaires étoient enfermés dans cette ville, on mit en queftion, SI ON POUVOIT ASSURER, SANS TÉMÉRITÉ, QU'IL ÉTOIT DAMNÉ. Il nomme plufieurs Jéfuites qui foutinrent, qu'on ne le pouvoit *affurer fans témérité*, parce que Dieu, difoient-ils, l'avoit pu éclairer dans le dernier moment de fa vie, & lui donner des graces, par l'aide defquelles, s'étant converti à Dieu, il auroit fait un acte de contrition. Mais il dit, que lui & d'autres Jéfuites maintinrent, qu'on pouvoit affurer, fans témérité, qu'il étoit damné.

Etant depuis retourné en Europe, & étant à Rome, il y propofa ce cas au S. Office: & voici ce qui lui fut répondu.

Que les Miffionnaires ne doivent point fe fonder fur ces prétendues poffibilités; mais qu'ils font obligés d'enfeigner, que les infideles, mourant fans avoir reçu le Baptême, ou fans avoir eu un vrai defir de le recevoir, font damnés, & à plus forte raifon, quand ils fe font tués eux-mêmes.

On dira peut-être, qu'il s'agiffoit du falut d'un infidele, dans cette hypothefe des graces que Dieu lui avoit pu donner au dernier moment de fa vie; au lieu que, dans celle des cinquante mille penfées de Dieu, comme Dieu, & d'autant de complaifances libres à cette penfée, que Dieu auroit formées, par fa grace, dans l'ame d'un infidele, il s'agit feu-

lement de trouver dans un infidele, quelques mouvements libres de fa
volonté, qui feroient exempts de péché. Mais cette réponfe ne feroit pas
pertinente : car quelque différent que foit ce qu'on infere de l'autre, il
fuffit que ce que l'on fuppofe dans l'un & dans l'autre, foit, d'une
part, abfolument poffible à Dieu, & de l'autre, fort éloigné de fa conduite ordinaire dans la diftribution de fes graces. Car c'eft fur cela qu'il
a été très-judicieufement réfolu à Rome, *qu'on ne devoit point fe fonder
sur ces sortes de possibilités*, mais fur d'autres principes, pour
s'affurer de ce que l'Eglife veut qu'on enfeigne.

§. VI.

Que les penfées imperceptibles peuvent encore moins être reçues dans la difpute de la vue des chofes en Dieu.

Il y a long-temps que je n'ai parlé de notre Ami. Mais ce que je viens de dire, dans les paragraphes précédents, des penfées imperceptibles, le regarde plus que perfonne. Car il en a pris la défenfe avec tant de chaleur, qu'il traite de *turlupinade* ce qu'on a dit dans le Wendrock de ces penfées, auxquelles on ne penfe point: *Refellitur cogitationum de quibus non cogitatur inane commentum*.

Cependant on ne voit pas quel ufage il en peut faire, pour foutenir qu'on ne peut voir que dans la vérité incréée, qui eft Dieu, les vérités néceffaires & immuables. Car on a fait voir dans le §. III. du fecond Article, que ce feroit changer l'état de la queftion, que de ne pas entendre par-là, que ces vérités néceffaires fe voient en Dieu, qui eft la vérité incréée, *tamquam in objecto cognito*; & que par conféquent, je ne pourrois voir, dans la vérité incréée, les vérités de Géométrie, que je n'euffe en les voyant, une connoiffance auffi claire de la vérité incréée que de ces vérités géométriques, comme on en peut juger par le véritable fens de ces paroles, *on voit les conclufions dans les principes*, que tout le monde avoue n'être vraies, que quand on connoît autant & plus les principes que les conclufions, fuivant cet axiome: *Propter quod unumquodque eft tale, & illud magis*.

Puis donc que je connois très-clairement les principes de la Géométrie, lorfque je les lis dans un livre, ou que je les enfeigne à d'autres, s'il étoit vrai que je ne les puffe voir qu'en Dieu, qui eft la vérité incréée, il faudroit que je viffe cette vérité incréée, autant & plus clairement que je ne connois, par exemple, que les trois angles d'un triangle font égaux à deux droits. Or ce ne feroit ne la voir que très-obfcu-

VII. Cl. rément, ou plutôt ne la point voir, que de n'en avoir qu'une préten-
N. XIV. due pensée imperceptible.

C'est à quoi notre Ami ne répond rien. Il se contente d'opposer, à ce qu'on a dit sur cela dans la Dissertation, cinq ou six Instances, qu'il appelle *Rétorcutions*. Mais c'est ce que je crois devoir remettre à un nouvel Article, parce que j'ai quelques regles à donner sur cette matiere des Instances, afin qu'on puisse mieux juger quand elles sont bonnes ou mauvaises.

ARTICLE VI.

Instances.

Sixieme Regle.

IL arrive assez souvent dans les disputes de science, qu'avant que de répondre directement à l'argument de notre adversaire, on lui propose des difficultés qu'on peut appeler Instances, qui seroient un grand préjugé que l'argument ne vaut rien, si on ne pouvoit y satisfaire. Mais pour juger si ces Instances sont bonnes ou non, il faut considérer si elles sont à propos, si elles ne changent point l'état de la question; & pour le reconnoitre, il faut prendre garde, si on en peut inférer la contradictoire de l'une des Propositions de l'argument auquel on avoit à répondre.

Application.

J'avois à prouver, qu'il n'est pas vrai qu'on ne puisse voir les vérités nécessaires & immuables que dans la vérité incréée, & je l'ai prouvé par cet argument.

J'ai vu cent fois que la vérité de grand nombre de Propositions de Géométrie & d'Arithmétique étoit nécessaire & immuable en leur maniere, sans avoir eu aucune pensée de la vérité incréée. Et j'ai lieu de croire qu'il en est de même de tous ceux qui étudient ces sciences.

Or on ne pourroit pas voir la vérité de ces Propositions dans la vérité incréée, sans avoir quelque pensée de la vérité incréée.

Il n'est donc pas vrai qu'on ne les puisse voir que dans la vérité incréée.

Voilà à quoi notre Ami avoit à répondre. Il n'a pas osé révoquer en doute la premiere Proposition. Et il n'a opposé à la seconde, comme j'ai dit, que cinq ou six Instances, qu'il appelle des *Rétorcutions*. C'est VII. Cl. donc ce que nous avons à examiner, si elles sont conformes à la regle N. XIV. que nous venons de poser; c'est-à-dire, si elles montrent, que l'on peut voir la vérité B dans la vérité A, comme dans un objet connu, sans avoir aucune pensée de la vérité A.

Premiere Instance.

En vérité, il est surprenant qu'un Auteur, d'ordinaire si fertile en Rétorcution, ne se soit pas apperçu, que, si cette raison étoit de quelque solidité, on pourroit la lui rétorquer en bien des manieres fort embarrassantes. Car qui empêche qu'on ne lui dise: Si la Grace étoit nécessaire à chaque bonne action, ne devrois-je pas m'en être apperçu par ces sentiments intérieurs, par lesquels je connois intimement tout ce qui se passe en moi. Cependant, dans toutes les bonnes œuvres que j'ai pu faire, je ne me suis jamais apperçu, ni de la nécessité, ni même de la présence de cette Grace. Donc &c.

Réponse.

La grace actuelle (qui est celle que l'on doit entendre dans cette Instance) est définie par S. Thomas: *Misericordia Dei quæ interiùs motum mentis operatur.* Ainsi elle comprend deux choses. 1°. La miséricorde de Dieu, qui opere en moi. 2°. Ce que cette miséricorde de Dieu opere en moi, qui est une bonne pensée dans l'entendement, & un bon amour dans la volonté. Or la connoissance de ce dernier, par un sentiment intérieur, ne dépend point de la connoissance du premier. Car il n'y a que la pensée & l'amour que je puisse voir par un sentiment intérieur; au lieu que je ne puis connoître que par la foi, & par conjecture, que c'est la miséricorde de Dieu qui opere en moi cette pensée & cet amour. Il n'est donc pas étonnant, que m'étant souvent apperçu que je pensois à donner l'aumône, & que je la voulois donner, je ne me sois pas apperçu, par le même sentiment intérieur, que c'étoit Dieu qui me donnoit cette pensée & cette volonté: car ce dernier n'est pas de nature à être connu par un sentiment intérieur. On ne le connoit, comme j'ai dit, que par la foi en général, & par conjecture en particulier. Mais il n'en est pas de même, quand on dit que la vérité B ne se peut voir que dans la vérité A. Car alors on ne peut connoître B qu'on ne connoisse A, ni penser à B qu'on ne pense à A. Et par conséquent c'est bien raisonner: Je puis connoître très-clairement B, sans avoir aucune pensée d'A. Il n'est donc pas vrai que je ne puisse voir B que dans A.

VII. Cl.
N. XIV.

SECONDE INSTANCE.

Ne lui pourroit-on pas dire encore : Si la grace étoit efficace par elle-même, on s'appercevroit, par ce sentiment intérieur, qui nous révele tout ce qui se passe en nous, que c'est la grace qui nous détermine ? Et cependant, loin de sentir cela, on sent, au contraire, clamante conscientiâ, *que* C'EST NOUS-MÊMES QUI NOUS DÉTERMINONS : *Donc &c.*

RÉPONSE.

L'efficace de la Grace est un effet de la toute-puissance de Dieu, qui, étant maître de nos cœurs, nous détermine au bien, en faisant que nous nous y déterminons nous-mêmes. C'est ce dernier, *que nous nous déterminons nous-mêmes*, que nous pouvons sentir intérieurement : car cela est du ressort du sentiment intérieur. Mais la toute-puissance de Dieu n'en est pas. Il ne peut donc nous apprendre que c'est Dieu qui nous détermine. C'est la foi qui nous a fait connoître ce que nous en savons en général ; & si Dieu en donne quelque pensée en particulier aux ames pieuses, plus recueillies en lui, & plus attentives à ses divines inspirations, elles peuvent avoir un sentiment intérieur de cette pensée. Cette seconde Instance ne vaut donc pas mieux que la premiere.

TROISIEME INSTANCE.

Ne nous feroit-il pas aisé d'ajouter : Si les couleurs, comme le verd & le bleu, étoient des modifications de notre ame, je devrois m'appercevoir, en voyant ces couleurs, que mon ame est verte & bleue ; & cependant, loin de m'en appercevoir, c'est aux objets matériels que j'attribue ces couleurs, & on a vu même des gens qui passoient pour de bons Cartésiens, qui nioient fortement que leur ame fût verte ou bleue. Donc &c.

RÉPONSE.

Je suis de ceux qui tiennent ce que M. Descartes a dit des couleurs, que ce sont des modalités de notre ame. Mais je tiens en même temps, que si je disois de mon ame qu'elle est tantôt verte, tantôt bleue, tantôt rouge, tantôt blanche, tantôt noire, & qu'elle est en même temps verte, bleue, rouge, blanche & noire, ce seroit un langage impertinent & contraire à l'institution de la nature. Car Dieu a voulu que notre ame eût les sentiments de différentes couleurs, selon les divers changements

qui

qui se font dans les organes du sens de la vue, afin qu'il lui fût plus VII. Cl.
facile de distinguer les corps, que si elle ne les pouvoit distinguer N. XIV.
que par les différentes configurations intérieures & extérieures de leur
étendue. Ce n'est donc point pour elle-même qu'elle a les sentimens du
verd & du bleu; mais pour distinguer le corps qu'elle pourroit appeller
verd, parce qu'il lui auroit donné occasion d'avoir un certain sentiment,
d'un autre corps, qu'elle pourroit appeller bleu, parce qu'il lui auroit
donné occasion d'avoir un autre sentiment. Ce sont donc ces corps
qu'elle a dû appeller verds & bleus, & elle auroit très-mal fait de s'appeller verte & bleue, comme on le peut faire voir par ces deux raisons.

1°. Nous parlons pour faire entendre ce que nous concevons. Or je
ne puis appeller une chose verte ou bleue que je ne fasse concevoir
qu'elle est étendue : car il est impossible de concevoir autrement ce que
nous appellons verd ou bleu. Il n'y a donc que les corps que je doive
appeller verds ou bleus. Et je ferois très-mal de dire que mon ame est
verte ou bleue, parce que ce seroit faire concevoir que mon ame est étendue.

2°. Si je devois dire que mon ame est verte & bleue, je devrois dire
aussi qu'elle est dans le même temps blanche, noire, verte, jaune, rouge.
Car je puis voir en même temps de la neige, du charbon, une feuille
verte, une feuille bleue, & une autre rouge. Or ce seroit ruiner la fin
naturelle des couleurs, puisqu'au lieu de me servir à distinguer les divers
corps que je regarde, elles ne feroient que les confondre, en faisant prendre pour la même chose, ce que j'appelle blanc, & ce que j'appelle
noir. On peut donc être fort bon Cartésien, & nier fortement que notre
ame soit verte ou bleue.

Cette Instance ne vaut donc rien pour affoiblir ma premiere preuve
contre ce paradoxe : Qu'on ne peut voir les vérités géométriques que
dans la vérité incréée. C'est, ai-je dit, que je me serois apperçu de la
pensée que j'aurois eue de la vérité éternelle, en pensant aux vérités géométriques, si je n'avois ces dernieres qu'en pensant à l'autre. Mais bien
loin qu'on puisse former une Instance contre cette preuve de ce sentiment de M. Descartes, que les couleurs sont des modalités de notre
ame, on en peut tirer un grand préjugé pour la solidité de cette preuve.
Car comment M. Descartes est-il entré dans son sentiment touchant les
couleurs ? Ç'a été en s'arrêtant à ce qui nous paroît très-clair & très-
certain par un sentiment intérieur, qui ne nous trompe point, & en re-
jettant ce que nous y avons ajouté de plus sans aucune preuve raisonnable.
C'est ce qu'on peut voir dans le premier Livre des Principes, N°. LXVIII.
" Nous connoissons, dit-il, clairement la couleur, si nous la considérons

VII. Cl.
N. XIV.
„ comme une pensée & un sentiment qu'a notre ame. Mais quand nous
„ voulons juger que la couleur est du nombre des choses qui subsistent
„ hors de notre pensée, nous ne concevons en aucune façon quelle
„ chose c'est que cette couleur. Et lorsque quelqu'un nous dit qu'il voit
„ de la couleur dans un corps, c'est comme s'il disoit, qu'il voit quel-
„ que chose, mais qu'il ignore entiérement quelle est la nature de cette
„ chose; & il ne s'imagine en avoir quelque connoissance que parce qu'il
„ suppose, sans avoir aucune raison de le supposer, que la couleur qu'il
„ croit voir dans une fleur, a quelque ressemblance avec le sentiment qu'il
„ en a éprouvé". Voilà ce qui a fait juger à ce Philosophe, que la couleur étoit une modification de notre ame.

C'est à peu près ce que j'ai fait dans ma preuve. J'ai considéré que quand j'ai voulu m'assurer que quelques propositions de Géométrie que j'avois trouvées, étoient tout-à-fait certaines, je m'en suis trouvé fort assuré, quand j'ai vu clairement, dans mon esprit, qu'elles avoient une liaison nécessaire avec d'autres propositions démontrées. Mais sachant que de grands hommes avoient pensé qu'on ne pouvoit voir les vérités néces-saires que dans la vérité incréée, j'ai recherché comment cela pourroit être vrai, & je ne l'ai pu trouver. Car j'ai pensé, qu'afin que j'eusse trouvé dans la vérité incréée, la vérité de ces nouvelles propositions, il faudroit qu'en les examinant, j'eusse pensé à la vérité incréée. Or si j'y avois pensé, ai-je dit, je m'en serois apperçu par le sentiment inté-rieur que nous avons de ce qui se passe en notre esprit. D'où j'ai con-clu, aussi-bien que M. Descartes sur le sujet des couleurs, que je devois m'arrêter à ce que je savois certainement, & laisser là ce qui ne me paroissoit appuyé d'aucune preuve.

Confirmation des trois Instances.

Les arguments qu'on vient de rétorquer à l'Auteur, sont d'autant plus pressants qu'il ne s'y agit que de choses, qui constamment sont des pen-sées, & que ce n'est que des pensées dont parle le principe cartésien que l'Auteur met en œuvre; savoir, qu'elles ne peuvent être en nous, sans que nous nous en appercevions. Au lieu que dans l'argument qu'il forme con-tre le sentiment de S. Augustin, il s'agit non pas de nos pensées, mais du sujet ou de l'objet dans lequel nous voyons les vérités nécessaires & immua-bles. Or il se peut très-bien faire que ce sujet nous soit inconnu, ou du moins qu'il ne nous soit pas connu selon tout ce qu'il est, quoique ce soit en lui que nous voyions les vérités nécessaires.

RÉPONSE.

Tout est faux dans la comparaison que fait notre Ami de ses arguments avec le mien. Ce qu'il dit n'est point vrai, qu'il ne s'agit dans ses arguments que de choses, qui constamment sont des pensées. On a pu voir le contraire dans les réponses que j'y ai faites. Car si en faisant une bonne œuvre, je ne me suis pas apperçu de la nécessité & de l'efficace de la Grace, est-ce avoir manqué à m'appercevoir d'une pensée que j'aurois eue? Or c'est de quoi il s'agit dans ces deux premiers arguments. Et pour le troisieme, il y a encore moins d'apparence de dire, que manquer à m'appercevoir que mon ame est verte ou bleue, ce soit manquer à m'appercevoir d'une pensée, que j'aurois dû connoître par un sentiment intérieur. Il n'a donc qu'à rétracter ce qu'il dit d'abord, *qu'il ne s'agit dans ses arguments que de choses, qui constamment sont des pensées. Et que ce n'est que des pensées dont parle le principe cartésien que j'ai mis en œuvre; savoir, qu'elles ne peuvent être en nous sans que nous nous en appercevions.* Je ne sais si en parlant de ce principe cartésien, il prétend avoir fait voir par ses Instances qu'il n'est pas vrai. Si cela est, il s'est fort trompé.

Ce qu'il ajoute n'est pas moins faux. *Au lieu*, dit-il, *que dans l'argument de la Dissertation contre le sentiment de S. Augustin, il s'agit non de nos pensées, mais du sujet ou de l'objet dans lequel nous voyons les vérités nécessaires & immuables.*

J'avoue qu'il s'agit dans mon argument de cet objet: mais s'ensuit-il de-là qu'il ne s'agisse pas de mes pensées? C'est tout le contraire. Car cet objet, dans lequel on prétend que je dois voir les vérités géométriques, ne me serviroit de rien pour les voir, si je ne le voyois lui-même, & par conséquent si je n'y pensois. Il s'agit donc, & de nos pensées, & de l'objet dans lequel on prétend que nous voyons les vérités nécessaires & immuables.

Pour l'en convaincre, je n'ai qu'à répéter mon argument Si les vérités géométriques ne se pouvoient voir que dans la vérité incréée, je ne pourrois m'assurer que ce sont des vérités nécessaires & immuables, qu'en voyant la vérité incréée. Or voir une vérité, c'est y penser. Je ne pourrois donc avoir vu la vérité des propositions de Géométrie, & sur-tout de celles que je pense avoir trouvées, & dont par conséquent je dois avoir été plus occupé, que je n'eusse pensé autant de fois à la vérité incréée. Or si j'y avois pensé, sur-tout tant de fois, je m'en serois apperçu par un sentiment intérieur, qui nous fait appercevoir ce qui se passe dans notre esprit. Puisque donc je ne me suis jamais apperçu d'a-

VII. C1. voir pensé à la vérité éternelle, lorsque j'étois le plus occupé à m'assurer
N. XIV. de la vérité de ces nouvelles propositions géométriques que j'avois trouvées, c'est, ce me semble, un très-fort argument, que, pour s'assurer de ces vérités, il n'est point nécessaire de penser à la vérité incréée, ni par conséquent de la voir ; puisqu'on ne la pourroit voir sans y penser. Notre Ami dira-t-il encore, que dans mon argument, il ne s'agit point de nos pensées, & que je n'ai pu m'y prévaloir de ce principe cartésien, *que nos pensées ne peuvent être en nous, sans que nous nous en appercevions ?*

QUATRIEME INSTANCE.

Combien de fois, en entrant dans ces chambres toutes de glaces, avons-nous vu un grand nombre d'objets, que nous ne voyons que par leur entremise, sans songer, ni même soupçonner qu'il y eût là des glaces ou des miroirs. Il en faut dire autant de ces lunettes dont les verres sont convexes.

RÉPONSE.

Rien ne prouve moins que ces deux exemples. On a déja fait voir que ce seroit parler très-improprement, que de dire, que l'on voie dans ces lunettes, ce que l'on voit par ces lunettes : que l'on voit, par exemple, les satellites de Jupiter dans le Télescope ; au lieu de dire, qu'on les voit par le Télescope. Et cela suffit pour rejetter ces exemples, comme ne pouvant être employés dans cette dispute sans changer l'état de la question. On n'a qu'à lire ce que j'en ai dit dans l'Art. II. §. III. Il seroit inutile de le répéter ici.

C'est la même chose des miroirs. Car on n'y voit point ce qu'on y voit, *tamquam in objecto cognito* (qui est ce que devroit être la vérité incréée, si c'étoit dans elle que l'on dût voir les vérités nécessaires & immuables) mais ils sont la cause efficiente, en ce qu'ils sont cause que nous voyons par des rayons réfléchis, ce que nous voyons ordinairement par des rayons directs, & ce que même nous ne pourrions pas voir par des rayons directs, comme quand nous voyons notre visage. Il est vrai cependant qu'on ne dit pas, comme on le dit des lunettes, que l'on voit les objets par le miroir, mais qu'on les voit dans le miroir. Mais cela ne vient que de cette erreur populaire, que nous ne nous voyons pas nous-mêmes dans le miroir, mais seulement notre image ; au lieu que personne n'a jamais dit, que ce n'étoient que les images des satellites de Jupiter que l'on voit dans le Télescope. Je ne recherche point la cause de cette erreur, mais assurément c'en est une. Car si je me VII. Cl. mets à côté du miroir, & qu'une autre personne soit vis-à-vis de moi à N. XIV. l'autre côté, pourquoi ne seroit-ce pas la même personne que je verrois par des rayons droits en tournant mes yeux vers lui : & que je verrois par des rayons réfléchis en les tournant vers le miroir.

Je ne dis rien de cette hyperbole, que l'on voit un grand nombre d'objets dans une chambre de glaces, sans songer, ni même soupçonner qu'il y a des glaces. On n'en pourroit rien conclure contre moi quand cela seroit vrai. Mais je ne crois pas qu'il soit jamais arrivé à personne d'avoir vu ces objets sans voir ces glaces. Comment donc auroit-on pu ne pas songer, ni même soupçonner qu'il y eût des glaces?

Cinquieme Instance.

Il est certain que l'étendue est le sujet immédiat, dans lequel nous voyons toutes les manieres d'être de la matiere. Or combien de fois avons-nous pensé aux manieres d'être de la matiere, sans avoir la moindre pensée de son étendue.

Réponse.

Je ne puis répondre à cette Instance que je ne sache deux choses. L'une, si notre Ami distingue la matiere de son étendue. L'autre, ce qu'il veut dire par cette phrase entortillée : *L'étendue est le sujet immédiat*, dans lequel nous voyons *toutes les manieres d'être de la matiere*, & si c'est autre chose que s'il avoit dit simplement : *L'étendue est le sujet immédiat de toutes les manieres d'être de la matiere*; ou s'il prétend, que quoique l'étendue ne soit pas le sujet immédiat de toutes les manieres d'être de la matiere, c'est néanmoins le sujet immédiat dans lequel nous les voyons, quoique nous puissions les voir sans penser à l'étendue.

Sixieme Instance.

Une des plus belles notions de Dieu est celle de l'être. L'être universel, l'être indéterminé, l'être absolument dit; en un mot, l'être tout court, est Dieu même. Ce n'est point ici une notion arbitraire, ou une fiction de l'esprit humain. C'est de Dieu même que nous la tenons : Ego sum qui sum. *Qui pense donc à l'être universel, à l'être indéterminé, pense à Dieu, & à Dieu présent à son esprit : cependant combien y a-t-il de gens qui pensent ainsi à l'être, sans croire, ni sans s'appercevoir de Dieu; sans même qu'ils y fassent la moindre réflexion, & sans qu'ils croient avoir la moindre*

VII. Ct. *penſée de Dieu. Tout le monde eſt plein de ces gens, & l'on auroit ſou-*
N. XIV. *vent ſujet de leur dire à peu près ce que S. Paul diſoit autrefois aux Athé-*
niens: QUOD ERGO ignorantes colitis; hoc ego annuntio vobis.

RÉPONSE.

Cet argument a plus de trois termes ; parce qu'il roule tout ſur deux ou trois équivoques.

La premiere équivoque eſt dans le terme de *l'être*, qui eſt la même choſe que *l'être tout court*. Car il ſe peut prendre pour *l'être univerſel*, *l'être indéterminé*, *l'être parfait*. Et c'eſt comme il ſe prend dans cette parole de Dieu à Moyſe : *Ego ſum, qui ſum* ; & dans cet autre de Moyſe aux Iſraélites : *Qui eſt miſit me ad vos*. Mais il ſe peut prendre auſſi pour autre choſe que pour *l'être univerſel & l'être parfait*. Quand je fais par exemple cette réflexion : Je penſe : Donc je ſuis : *Cogito, ergo ſum*, le *ſum* de ce conſéquent enferme la notion *d'être* ; que j'apperçois évidemment qui me convient. Or cette notion de l'être, enfermée dans ces termes, *ergo ſum*, n'eſt pas la notion de l'être univerſel, de l'être indéterminé, de l'être parfait, qui eſt marquée par ces paroles de l'Ecriture : *Ego ſum, qui ſum*. Car je ne ferois pas ſage ſi de ce premier conſéquent : Donc je ſuis, j'inférois cet autre : *Je ſuis donc l'être univerſel, l'être indéterminé, l'être parfait*.

Suppoſant donc comme très-certain, que le terme d'ÊTRE, *ſine addito*, eſt équivoque ; c'eſt-à-dire, qu'il a deux notions fort différentes, ne convenant à Dieu que ſelon l'une, & n'y convenant point ſelon l'autre, afin qu'il n'y eût point de ſophiſme dans cet argument, il faudroit qu'il ſe prît dans la même notion d'être *univerſel*, & d'être *parfait*, dans la premiere propoſition de cette Inſtance : *Une des belles notions de Dieu &c.*, & dans le premier conſéquent: *Qui penſe donc à l'être indéterminé, à l'être tout court, penſe à Dieu*. Et dans la réflexion qu'on fait enſuite : *Que le monde eſt plein de gens qui penſent ainſi à l'être, ſans croire avoir la moindre penſée de Dieu*, il faudroit auſſi qu'il ſe prît dans la même notion. Et c'eſt ce que je nie, que le monde ſoit plein de gens qui penſent à *l'être ſans croire penſer à Dieu*, ſi on prend le mot d'être dans la notion de l'être univerſel, de l'être indéterminé, de l'être parfait. Car, au contraire, il eſt très-rare qu'on le prenne dans cette notion, que quand on veut expliquer ce que c'eſt que Dieu. Or on ne peut pas alors penſer à l'être ſans croire penſer à Dieu. Cette Inſtance n'a donc quelque apparence qui éblouit, qu'en ce qu'on change inſenſiblement la notion de l'être, en le prenant d'abord pour l'être indéterminé, l'être univerſel, l'être parfait : au lieu qu'on le prend dans cette derniere réflexion, dans une notion abſtraite, ſelon laquelle nous l'attribuons à tout ce qui ſubſiſte dans le monde ; comme quand nous diſtinguons les êtres, des manieres d'être ; & les êtres corporels, des êtres intelligents. Car il eſt vrai que le monde eſt plein de gens qui penſent à l'*être* ſelon cette notion. Mais rien n'eſt plus mal fondé, que de prétendre que ces gens là penſent à Dieu en penſant à l'être ; & ce ſeroit une chétive prédication que de leur dire : *Quod ignorantes cogitatis, hoc ego annuntio vobis.*

VII. Cl.
N. XIV.

C'eſt tout ce qui ſe pourroit dire à des Philoſophes extravagants, qui s'imagineroient que l'être univerſel, l'être parfait ne ſeroit pas Dieu ; ou a des perſonnes, qui ayant entendu parler à des Métaphyſiciens de l'être univerſel & illimité, n'auroient pas ſu que c'eſt Dieu qu'ils entendoient par-là. Mais il y auroit encore une équivoque à éviter. C'eſt qu'on penſe à une choſe explicitement ou implicitement. Je penſe explicitement à ce que je m'apperçois être enfermé dans l'idée de ma penſée. Et je penſe implicitement à une autre choſe, qui eſt enfermée dans cette idée, quoique je ne m'en apperçoive pas. En voici un exemple. Ce qui fait que nous ſommes déterminés par une néceſſité naturelle à vouloir être heureux, c'eſt que l'idée du bonheur enferme la jouiſſance d'un bien parfait, qui peut remplir toute la capacité de notre volonté. Or ce bien parfait ne peut être que Dieu : mais comme cela ne nous paroît pas pendant cette vie, ce n'eſt qu'implicitement que nous penſons à Dieu, & que nous l'aimons en deſirant d'être heureux. Et cet amour néceſſaire & implicite de Dieu ne nous eſt d'aucun mérite, & eſt bien différent de cet amour que Dieu exige de nous, par le premier & le plus indiſpenſable de tous ſes commandements.

Lors donc que notre Ami dit, qu'il y a des gens qui penſent à l'être univerſel ſans croire penſer à Dieu, je lui demande, ſi l'idée qu'ont ces gens-là de l'être univerſel, eſt différente de celle qu'ils ont de Dieu, ou ſi elle n'en eſt pas différente ; ne concevant autre choſe que Dieu par l'être univerſel ? Si elle n'en eſt pas différente, je dis que l'hypotheſe eſt fauſſe ; c'eſt-à-dire, qu'ils ne peuvent pas ne point croire penſer à Dieu en penſant à l'être univerſel. Que ſi l'idée qu'ils ont de l'être univerſel eſt différente de celles qu'ils ont de Dieu, comme ce ne ſera alors qu'implicitement qu'ils penſeront à Dieu, il ne ſera pas étrange qu'ils ne croient pas penſer à Dieu.

Cette explication de l'Inſtance, priſe de la notion de Dieu, ſeroit la plus favorable. Mais ce que je dis en dernier lieu, & que je ſupplie de bien remarquer, eſt, qu'on ne s'en pourroit ſervir qu'en changeant l'état

VII. Cl. de la dispute. Car pour me l'objecter, il faudroit que je fusse demeuré
N. XIV. d'accord, que pour voir les vérités nécessaires, nous avons besoin de les
voir dans une vérité unique, qui luiroit au dessus de nos ames, & que
j'aurois seulement douté, si cette vérité étoit Dieu. Ce seroit alors qu'on
me pourroit dire : vous avez tort de douter si cette vérité est Dieu. Car
étant dans cette pensée, ce n'est pas une preuve que vous ne voyez pas
en Dieu les vérités nécessaires, de ce que vous ne croyez pas les y voir.
Mais ce n'est point du tout de cela qu'il s'agit. Le sentiment que je n'ai
pu embrasser, est, que pour être pleinement persuadé des vérités géométriques, j'aie eu besoin de les voir dans une vérité commune, supérieure
à tous les esprits, & qu'ils devoient tous consulter. Il est bien vrai que j'ai
bien sû, que les défenseurs de ce sentiment vouloient que cette vérité unique,
dans laquelle on auroit dû voir ces autres vérités, fût Dieu. Mais ce
n'est point à quoi je me suis arrêté dans cette premiere preuve de la
Dissertation. C'a été uniquement sur ce principe de l'intelligence humaine, que, pour voir une vérité dans une autre vérité, il faut que cette
autre vérité nous soit pour le moins aussi connue que la premiere. Or
je n'ai pas eu la moindre pensée de cette vérité commune, quand j'ai vu
clairement, & avec plus d'attention, beaucoup de vérités géométriques. Ce
n'est donc point dans cette vérité commune que je les ai vues. Notre
Ami n'a pu contester mon expérience, ni prétendre que les autres en
avoient de contraires. Il a dressé toutes ses machines contre la premiere
proposition, & ce que j'ai appelé un principe de l'intelligence humaine :
il a cherché diverses Instances pour le faire révoquer en doute. C'est à
vous, Monsieur, de juger si je n'y ai pas satisfait, & si je n'ai pas rendu
inutile tout ce qu'il dit ensuite de ces Instances, où ce qu'il dit de Dieu,
comme d'un miroir arbitraire, ne peut du tout être appliqué à ma premiere raison. Passons donc à la seconde.

ARTICLE VII.

Des Idées.

SEPTIEME REGLE.

UNe autre marque qui nous doit faire juger qu'un sentiment est insoutenable, est quand on se trouve engagé pour répondre aux arguments
qui le détruisent, de prendre pour des paradoxes outrés les vérités les
plus claires ; telle qu'est cette vérité : que les idées, que nous ne pouvons

REGLES DU BON SENS.

vons douter qui ne soient en nous, d'un tout, d'une partie, d'un nombre, d'un cercle, d'un cube, appartiennent à notre nature, & font des manieres d'être de notre ame.

VII. Cl.
N. XIV.

Application.

C'est ce que nous allons voir qui est arrivé à notre Ami, en voulant répondre à ma seconde raison.

Je voudrois bien qu'on la lût dans la Dissertation latine; car il me semble qu'elle y est mise dans un si grand jour, qu'il se trouvera peu de personnes qui n'en soient persuadées. Mais je me contenterai de la mettre ici, comme il la rapporte en abrégé, en remettant seulement en un endroit un mot qu'il a omis, qui en ôte l'équivoque qu'il a cru y avoir trouvée.

Seconde Raison.

Voici donc cette seconde raison. Il est inutile, dit-il, *de recourir à la vérité éternelle, pour juger de la vérité des propositions nécessaires & les plus exactement démontrées, si, sans sortir de chez nous, nous trouvons dans notre esprit tout ce qu'il faut pour former & affermir ces jugements. Or nous l'y trouvons effectivement; car pour cela il ne faut que trois ou quatre choses ;* 1°. *des idées:* 2°. *la vertu de lier ces idées:* 3°. *le consentement à cette liaison:* 4°. *la vertu d'inférer une proposition, d'une ou de plusieurs autres. Or constamment notre ame a tout cela.*

1°. *Elle sent bien qu'elle a les perceptions ou idées de plusieurs choses, de quelque part qu'elles lui viennent :* undecumque illas habuerit.

2°. *Elle s'apperçoit bien qu'elle fait la liaison de ces idées :* connexio illarum à mente mea fit.

3°. *Elle ne voit pas moins clairement le consentement qu'elle donne à cette liaison :* ut & assensus quo illi connexioni adhæret.

4°. *Enfin elle trouve chez elle une vertu illative, par laquelle elle infere une chose d'une autre : Donc, &c.*

Voilà à quoi notre Ami avoit à répondre : & voici comme il le fait.

Réponse.

Pour répondre à cet argument, on convient qu'il seroit fort inutile de recourir à la vérité éternelle, si on trouvoit chez soi des vérités nécessaires

Philosophie. Tome XL.

202   REGLES DU BON SENS.

VII. Cl.　& *immuables, ou du moins tout ce qu'il faut pour juger de la vérité des*
N. XIV.　*propositions nécessaires & démontrées. Mais par malheur, c'est ce qu'on ne*
trouve point chez soi, quand on se connoît un peu.

Replique.

Jamais aveu ne fut plus sincere, ni plus propre à faire trouver, sans beaucoup de peine, qui a tort ou qui a raison. Il demeure d'accord qu'il feroit fort inutile de recourir à la vérité éternelle, si on peut trouver chez soi tout ce qu'il faut pour juger de la vérité des propositions nécessaires & démontrées. Il est donc réduit à montrer qu'il n'est pas vrai, que toutes les choses qui sont nécessaires, & qui suffisent pour s'assurer de la vérité des propositions démontrées, se trouvent en nous. Il ne dit pas qu'il faille autre chose; mais il prétend que l'une de ces choses, savoir les *idées*, ne se trouve point chez nous, à l'égard des vérités nécessaires; c'est-à-dire, que ces idées ne sont point des manieres d'être de notre esprit, mais quelque chose qui en est réellement distinct. C'est à quoi se termine sa Réponse, comme il paroît par ses termes que nous allons rapporter.

Suite de la Réponse.

L'unique partie de son analyse qu'on souhaiteroit qu'il prouvât bien, ce seroit, que sans sortir de chez nous, nous trouvons dans notre esprit les idées des vérités nécessaires & immuables. Cela seul suffiroit. Voyons donc comme il s'y prend. Il dit pour toute preuve, que l'ame les apperçoit dans elle-même; in seipsa animadvertit. *Mais que signifie cette expression? Rien n'est plus équivoque.*

Replique.

C'est ce qu'il n'auroit pas dit, s'il avoit rapporté mon passage entier. Le voici.

Frustra recurrimus ad veritatem æternam, quæ suprà mentes nostras est, si in ipsâ mente nostrâ reperimus quidquid necessarium est, ut vera esse judicemus quæ in scientiis apodicticè demonstrantur. C'est ce qu'il avoue.

At rem ita se habere facilè percipietur, si mens nostra in se conversa quid in se agatur, dum scientias acquirimus, sedulò investigare voluerit. C'est ce qu'il combat.

Primò enim in se animadvertit multarum rerum PERCEPTIONES SIVE *ideas, undecumque illas habuerit, ut corporis, cogitationis, numerorum, totius, partis, æqualitatis, inæqualitatis, quæ est prima mentis operatio.* VII. Cl. N. XIV.

S'il n'avoit pas oublié le mot de *perceptiones* dans l'abrégé qu'il a fait de cette proposition, il n'auroit pu dire qu'il n'y a rien de plus équivoque que ces termes : *Mens in seipsâ animadvertit multarum rerum ideas.* Et qu'il est incertain, si on a voulu dire qu'elles se trouvent en elle comme une chose qui lui seroit intimément unie, quoique réellement distincte d'elle ; ou, que ces idées appartiennent à sa nature, comme ses propriétés ou ses manieres d'être : car le mot de *perceptions*, joint à celui d'*idées* (*perceptiones sive ideas*) détermine manifestement celui d'idées à la derniere signification, puisqu'on ne peut pas s'imaginer que nos *perceptions* soient autre chose que des manieres d'être de notre esprit. Il faut donc se contenter de rapporter ce qu'il dit contre ce dernier sens.

Suite de la Réponse.

Si c'est en ce second sens, que l'Auteur dit que l'ame voit en elle-même (les perceptions) & les idées de plusieurs choses (c'est-à-dire, qu'elle les voit comme ses propriétés & ses manieres d'être) on lui niera nettement que l'ame voie ces idées en elle-même; & on regarde comme le plus outré de tous les paradoxes, que ces idées puissent être des manieres d'être de notre ame. Et le sentiment intérieur n'en décidera jamais ; puisque, quoique ces idées soient ses manieres d'être ou non, on les doit toujours sentir comme dans soi, & que même dans le sentiment de S. Augustin, elles sont intimément présentes à l'ame.

Replique.

Je ne sais ce que les autres penseront de ce que notre Ami décide avec tant de confiance, jusqu'à appeller *le plus outré de tous les paradoxes*, une vérité aussi certaine, qu'est celle qu'il traite de cette sorte. Je me contenterai de marquer en peu de mots ce qu'il auroit dû, ce me semble, avoir plus considéré.

1°. Il se contredit. Car comment accorder ce qu'il dit ici, que le sentiment intérieur ne décidera jamais, si les idées de plusieurs choses sont ou non des manieres d'être de mon ame, avec ce qu'il avoit dit d'abord, qu'il abandonneroit la nécessité de recourir à la vérité éternelle, *si on trouvoit chez soi tout ce qu'il faut pour juger de la vérité des propositions nécessaires ; mais que par malheur, c'est ce qu'on ne trouve point chez soi*, quand on se connoit un peu. C'est par le sentiment intérieur

VII. Cl. que l'on fe connoît foi-même. Comment donc a-t-il pu dire, que pour
N. XIV. peu qu'on fe connoiſſe, on ne trouvoit point en foi la feule chofe qu'il
a pu mettre en doute qui s'y trouvât, favoir les idées, puifqu'il dit ici,
que le fentiment intérieur ne décidera jamais fi elles s'y trouvent ou
non, en la maniere que j'ai fait entendre qu'elles s'y trouvoient ; favoir
comme appartenant à notre nature, & comme étant fes propriétés ou fes
modifications.

2°. Il oublie ce qu'il avoit à prouver. Car il n'eſt point du tout
queſtion d'examiner s'il peut y avoir de prétendues idées réellement diſ-
tinctes de notre efprit, & qui n'en feroient ni les propriétés ni les manieres d'être ; telles qu'étoient celles que l'Auteur de la Recherche de la
Vérité avoit pris tant de peine d'établir. Mais il s'agit uniquement de
favoir, fi on peut trouver chez foi les trois chofes, que j'ai dit être néceſſaires & fuffifantes pour s'aſſurer de la vérité de ce qui s'enfeigne dans
les fciences démonſtratives. Il avoit déclaré, que de ces trois chofes, il
n'y avoit que la premiere, où il eſt parlé des idées, qu'il n'avoueroit
jamais que l'on pût trouver chez foi. Je nie fortement, dit-il, que ces
idées fe trouvent chez nous comme étant des modifications de notre ame.
Mais il ne la nie, que parce qu'il n'a pas pris garde que j'avois expreſſément remarqué, que je prenois *les perceptions & les idées* pour des
termes fynonimes. Car qui a jamais pu nier que les *perceptions* que j'ai
d'un cercle, d'un quarré, d'un nombre, ne foient des manieres d'être
de mon efprit ? Je puis donc certainement trouver chez moi la feule des
trois chofes qu'il a prétendu que je n'y pourrois pas trouver. Or il eſt
demeuré d'accord, que fi je les y pouvois trouver, il feroit inutile d'avoir
recours à la vérité éternelle. Il faut donc qu'il avoue, que j'ai très-bien
prouvé, par cette feconde raifon, que c'eſt une fuppofition fans fondement, que les vérités néceſſaires & immuables, telles que font celles de
la Géométrie, ne fe puiſſent voir que dans la vérité éternelle.

ARTICLE VIII.

Confiance excessive.

HUITIEME REGLE.

ON doit être sur ses gardes en lisant un Auteur, qui parle de la bonté de sa cause avec une Confiance excessive. Car on doit appréhender, ou qu'il n'ait voulu imposer au public par cet air de confiance, ou que si c'est un trop honnête homme pour qu'on ait de lui ce soupçon, qu'il s'est trompé lui-même par de mauvaises raisons qui l'ont ébloui.

APPLICATION.

J'avois apporté une troisieme raison, contre la vue des vérités nécessaires & immuables dans la vérité éternelle, que je n'avois touchée qu'en passant. C'est que les vérités contingentes ne sont pas moins dans la vérité éternelle que les nécessaires; pourquoi donc n'y verroit-on que ces dernieres vérités?

Cette preuve a paru pitoyable à notre Ami. Il commence la réponse qu'il y fait par ces paroles: *Presque tout est faux dans cet argument.* Et il la finit par celles-ci: *Il faut qu'un sentiment soit bien insoutenable, quand il ne peut être défendu que par de pareils raisonnemens.*

Mais n'est-il pas à craindre qu'on n'en dise autant de sa réponse? C'est ce que nous allons examiner.

RÉPONSE.

Presque tout est faux dans cet argument. 1°. *Il est faux que les vérités contingentes ne soient pas moins dans la vérité éternelle, que les vérités nécessaires. La vérité éternelle dans laquelle on prétend que l'on voit les vérités nécessaires, est l'essence divine. Car c'est dans les divers rapports des perfections qu'elle enferme que consistent ces vérités. Or, & l'essence divine, & les rapports de ces perfections, n'ont rien que de nécessaire & d'immuable, & par conséquent on n'y peut rien trouver de contingent. Les vérités contingentes enferment toujours l'existence, ou la production, l'action, ou le mouvement de quelque créature. Or ce n'est que dans ses décrets, & nullement dans son essence, que Dieu voit tout cela; & par conséquent ceux qui ne voient que son essence, n'y peuvent voir ces vérités.*

VII. Cl.
N. XIV.

Replique.

Avant que de remarquer les paralogifmes de cette Réponfe, j'ai cru en devoir faire confidérer les paradoxes.

Paradoxes.

1°. Les hommes voient en cette vie l'effence divine.

2°. Ce n'eft pas feulement quelques-uns & quelquefois, & par une grace particuliere; c'eft prefque tous & une infinité de fois.

3°. Ce n'eft point un privilege des perfonnes pieufes; les athées, les idolâtres, les plus débauchés voient l'effence divine, auffi-bien que les plus pieux.

4°. Ceux qui étudient les propriétés des nombres & des figures matérielles, d'un cercle, d'un triangle, &c. voient l'effence de Dieu ; mais ceux qui s'appliquent à connoître les ouvrages de Dieu, comme les Phyficiens & les Aftronomes ne la voient point.

5°. Il en eft de même de ceux qui méditent les myfteres de Notre Seigneur Jefus Chrift; fa naiffance, fa mort, fa réfurrection, &c.

6°. On ne voit en Dieu, & dans la vérité incréée, que ce qui fe peut voir, à ce qu'on fuppofe, dans fon effence; mais on ne voit point en Dieu ce qui ne fe peut voir que dans fes décrets.

7°. Les vérités d'Algebre, de Géométrie, d'Arithmétique confiftent dans les divers rapports des perfections que l'effence divine enferme.

Je me contente de faire confidérer ces paradoxes. Les paralogifmes en pourront faire remarquer d'autres.

Paralogifmes de la Réponfe.

1°. Après avoir dit en général, que prefque tout eft faux dans mon argument, il dit en particulier, que l'antécédent en eft faux. Et au lieu de le prouver, ce qu'il dit ne regarde que le conféquent. Car l'antécédent eft, *que les vérités contingentes ne font pas moins dans la vérité éternelle, que les néceffaires;* ce qui eft indubitable, puifque la vérité éternelle comprend tout ce que Dieu connoît. Or que fait contre cela cet étrange paradoxe : *Que la vérité éternelle, dans laquelle on prétend que l'on voit les vérités immuables, eft l'effence divine ?* Pourroit-on conclure de-là, que les Bienheureux ne voient pas dans la vérité éternelle, ce qui doit arriver à l'Eglife vers la fin des temps, fi Dieu le leur faifoit connoître dans fa fcience de vifion ?

2°. Comment prouvera-t-il que l'on ne peut voir que dans l'essence VII. Cl. divine cette vérité nécessaire & immuable, que 3 & 4 font 7 ? C'est par N. XIV. cet autre paralogisme : "Car c'est, dit-il, dans les divers rapports des „ perfections qu'enferme l'essence divine, que consistent ces vérités né- „ cessaires. Or l'essence divine & les rapports de ses perfections, n'ont „ rien que de nécessaire & d'immuable ; & par conséquent on n'y peut „ rien trouver de contingent". Quelle conséquence ! Est-ce qu'il se trouveroit quelque chose de contingent dans l'essence divine, si on y voyoit les rapports de ce que Jesus Christ a fait pour nous (qui sont des vérités contingentes) avec la bonté de Dieu, qui est une des principales perfections de son essence divine.

3°. C'est donc un troisieme paralogisme, de supposer sans preuve une chose aussi incroyable, comme est de dire, que les vérités les plus basses de l'Arithmétique sont des rapports des perfections de l'essence divine, pour en conclure, qu'on ne les peut voir que dans cette essence, & de vouloir en même temps, que les vérités contingentes des principaux mysteres de notre Religion, ne soient pas des rapports des perfections de l'essence divine, parce que s'il l'avouoit, il auroit très-mal prouvé qu'elles ne se peuvent pas voir en Dieu.

4°. C'en est un quatrieme, ce qu'il dit : *Que les vérités contingentes ne se voient point en Dieu, parce qu'elles enferment toujours ou la production, ou l'action, ou le mouvement de quelque créature. Or ce n'est*, dit-il, *que dans ses décrets, & nullement dans son essence que Dieu voit tout cela. Et par conséquent ceux qui ne voient que son essence n'y voient point ces vérités*. Est-ce là répondre à un argument où j'avois demandé, pourquoi on ne voit pas en Dieu les vérités contingentes, si on y voit les nécessaires ? Quand il seroit vrai (ce qui est, comme j'ai dit, un étrange paradoxe) que ce n'est qu'en voyant l'essence divine qu'on voit en Dieu les vérités nécessaires, & qu'on ne pourroit voir les contingentes que dans ses décrets, pourquoi seroit-il plus difficile à Dieu de faire voir ses décrets que son essence ?

5°. C'est sans raison qu'on prétend que les vérités de Géométrie se voient dans l'essence de Dieu, s'il est vrai qu'on n'y peut voir ce qui suppose ses décrets. Car si Dieu n'avoit créé que des Anges, & qu'il n'eût point voulu créer de matiere, il n'y auroit point de vérités géométriques, qui ont la matiere pour leur objet. Et ce seroit en vain qu'on diroit qu'elles auroient pour objet la matiere possible. Car tout est acte en Dieu, & rien n'est à son égard *in potentia*. Où seroit donc cette matiere possible, si Dieu n'en avoit point voulu créer ? Elle seroit dans la toute-puissance de Dieu ; parce que ce que nous appellons *matiere*

VII. Cl. *possible*, n'auroit été certainement autre chose que la toute-puissance
N. XIV. de Dieu.

6°. Mais voici une difficulté à laquelle on supplie notre Ami de répondre pertinemment. Il suppose qu'on ne voit dans l'essence divine que ce qui y est. C'est ce qui lui fait dire, que les vérités contingentes ne s'y voient point, parce qu'il n'y a rien de contingent dans cette essence. Or les choses n'y peuvent être qu'en deux manieres, formellement & éminemment. Il n'y a que les perfections, que nous pouvons concevoir sans aucun mélange d'imperfection; comme la toute-puissance, la souveraine sagesse, la souveraine bonté & autres semblables, que nous puissions regarder comme y étant formellement; mais toutes celles qui sont mêlées d'imperfection n'y sauroient être qu'éminemment. Telles sont certainement toutes les figures corporelles. On ne peut donc s'imaginer qu'il y ait dans l'essence divine des cercles, des triangles, des quarrés, des cylindres, des cubes, ni toutes les propriétés que l'on démontre de ces figures, si ce n'est éminemment. Or de bonne foi, peut-on croire que ce soit un grand avantage pour bien comprendre la Géométrie, de voir un *miroir arbitraire* (comme notre Ami appelle l'essence divine) qui ne contiendroit toutes ces choses qu'éminemment? L'avantage seroit grand, si ce miroir divin, non comme un objet connu, mais comme cause efficiente, nous en formoit toutes les idées dans notre esprit, & nous en faisoit tirer toutes les conclusions. Mais ce ne seroit pas alors voir ces vérités dans la vérité incréée, de quoi seul il s'agit; ce seroit les voir par la vérité incréée : & c'est ce qu'on n'a jamais nié qu'elle ne pût faire, & qu'elle ne fît souvent & dans l'ordre de la nature, & dans celui de la Grace, comme lorsque le Saint Esprit nous fait croire les vérités de la foi, que notre Ami ne dit pas que nous ne puissions voir qu'en Dieu.

Nous avons encore à dire un mot d'une seconde Réponse, qu'il fait à mon argument.

Seconde Réponse.

Mais quand ces vérités contingentes seroient contenues dans l'essence divine, il seroit encore faux qu'il n'y eût nulle raison, pourquoi nous y verrions plutôt les nécessaires que les contingentes? On trouve bien la raison, pourquoi entre les nécessaires, nous en voyons plutôt les unes que les autres, & pourquoi, entre différents hommes, les uns en voient un plus grand nombre, & les autres un moindre, & pourquoi le même homme en divers temps, en est plus ou moins éclairé.

Replique.

RÉPLIQUE.

Si par la raison que l'on peut rendre à ces trois *pourquoi*, on entend seulement, que c'est qu'entre les vérités nécessaires, il y en a à quoi l'on s'applique davantage qu'à d'autres, & qu'entre les hommes, les uns s'y appliquent plus que les autres, & que le même homme, en divers temps, s'y applique plus ou moins, ce n'est pas un grand mystere, & il n'y a personne à qui cette raison n'ait pu aisément venir dans l'esprit.

Mais voici d'autres *pourquoi*, auxquels notre Ami pourra être plus empêché de répondre.

I. POURQUOI. Euclide, Archimede, & d'autres Payens ont trouvé beaucoup de vérités géométriques : & si on en croit notre Ami, ils ne les ont pu voir que dans la vérité éternelle, qui comme un miroir, est exposé à la vue spirituelle de tous les hommes, & qui comme un oracle, répond à tous ceux qui la consultent. Mais comment l'ont-ils consultée, ne la connoissant pas ? Ce n'a pu être que par l'application & le desir de connoître ces vérités. Car, selon l'un des plus zélés partisans de ces *vues des* Malebr. *choses en Dieu, le desir de connoître la vérité est une priere naturelle, qui est toujours exaucée*. Pourquoi donc Joseph Scaliger, qui avoit assurément beaucoup d'esprit, s'étant appliqué avec grand soin à l'étude de ces mêmes vérités, dans la passion qu'il avoit de trouver la quadrature du cercle, ne les a-t-il point vues dans ce miroir exposé à la vue de tous les hommes ; & que sur les mêmes questions qu'Archimede avoit résolues, il a cru voir des erreurs dans les livres de cet excellent Géometre, & qu'il ne nous a donné, au contraire, que des erreurs pour des vérités dans un livre parfaitement bien imprimé, qui m'est tombé par hasard entre les mains. Si c'est consulter la vérité éternelle, que de s'appliquer à ces sortes d'études, l'un & l'autre l'a consultée. Pourquoi donc en ont-ils reçu des réponses si opposées ?

II. POURQUOI. M. Pascal ayant trouvé la solution d'un problème de Géométrie fort difficile à résoudre, il consigna cinquante pistoles chez un Notaire, pour celui qui le résoudroit. Les Savants en furent avertis par un imprimé qui fut envoyé par-tout. Plusieurs s'y appliquerent, & on peut bien croire qu'ils ne manquerent pas de desir de trouver ce qu'ils cherchoient. Nul néanmoins ne le trouva, quoique quelques-uns en eussent envoyé des solutions qu'ils croyoient bonnes, & que M. Pascal fit voir être fausses. Il fit donc imprimer la sienne, qui fut reconnue pour bonne de tout le monde. Si c'étoit dans le miroir exposé à la vue de tous les hommes qu'il avoit vu cette vérité nécessaire & immuable, pourquoi les autres ne l'y auroient-ils pas vue aussi-bien que lui ?

VII. Cl.　III. Pourquoi. Il y a long-temps que les Philosophes sont partagés
N. XIV.　sur la divisibilité de la matiere à l'infini. Les Epicuriens ont tenu la négative : d'autres l'affirmative ; & S. Augustin s'est déclaré pour ceux-ci en ces termes (de Genesi ad litt. c. 4.) *Philosophi subtilissimâ ratione persuadent nullum esse quamlibet exiguum corpusculum, in quo divisio finiatur, sed infinitè omnia dividi; quia omnis pars corporis, corpus est, & omne corpus habeat necesse est dimidium quantitatis suæ.* M. Descartes est du même avis. Mais il y a des Cartésiens qui soutiennent avec beaucoup de chaleur le sentiment contraire. Cependant il faut nécessairement que l'une ou l'autre de ces deux opinions soit une vérité nécessaire & immuable, qui ne se pourroit voir que dans la vérité commune. Pourquoi consultant les uns & les autres cette vérité commune, les uns y ont-ils vu le *oui*, & les autres le *non* ?

ARTICLE IX.

Bonnes Réponses mal réfutées.

Neuvieme Regle.

Lorsque Caïus a répondu aux arguments de Sempronius, & que Sempronius, ou quelqu'un de son parti a prétendu avoir réfuté les réponses de Caïus, pour juger si cette réfutation est bonne, il faut considérer si Sempronius prend bien les réponses de Caïus ; s'il ne s'amuse point à réfuter ce qui n'y est pas, ou qui n'y est qu'incidemment, en laissant cependant ces réponses de Caïus dans toute leur force.

Application.

J'ai répondu dans le cinquieme article de la Dissertation, aux raisons qu'on a tirées de quelques passages de S. Augustin, pour montrer qu'on ne peut voir qu'en Dieu les vérités nécessaires & immuables.

Notre Ami a entrepris de réfuter ces Réponses, dans les nombres XV, XVI, XVII, XVIII, XIX de son Ecrit. Il commence par dire, qu'elles ne sont pas plus solides que mes raisons, qu'il croit avoir renversées. C'est ce qu'il faut examiner, & pour le faire plus clairement, je mettrai d'abord l'argument de la these *de veritate*, que j'appelle objection. 2°. La Réponse que j'y ai faite. 3°. Ce que dit notre Ami pour réfuter cette Réponse. 4°. L'examen de cette Réfutation.

PREMIERE OBJECTION.

Si nous voyons tous deux que ce que vous dites est vrai, & que ce que je dis est vrai aussi, où est-ce que nous le voyons ? Je ne le vois pas en vous, ni vous en moi ; mais nous le voyons tous deux dans la vérité immuable, qui est au dessus de nos esprits. Or ce qui est au dessus de nos esprits est Dieu. Donc cette vérité immuable est Dieu.

RÉPONSE.

Nous ne le voyons ni vous en moi, ni moi en vous. Je l'avoue. Mais je nie qu'il s'ensuive de-là que nous le voyons dans la vérité immuable supérieure à nos esprits. Car chacun de nous le voit dans son esprit. Moi dans le mien, & vous dans le vôtre. Comme si un Maître exhorte ses disciples à dire chacun en soi-même : *Je pense, donc je suis*, & de considérer sérieusement si cela peut être faux : tous d'une voix répondront que cela est très-vrai. Mais où chacun voit-il cette vérité ? Sinon dans son esprit, qui se tournant vers soi-même, voit très-clairement, & qu'il pense, & qu'il ne se peut faire qu'il ne soit pas quand il pense. Qu'il leur demande aussi, si le tout est plus grand que sa partie ? Tous d'une voix répondront qu'il est plus grand. Et chacun le voit non dans une vérité immuable supérieure à son esprit, mais dans son esprit même, qui trouve en soi les idées d'un tout & de sa partie, dans lesquelles il voit sans peine que le tout est plus grand que sa partie.

Ce qu'on a fait pour réfuter cette Réponse.

Notre Ami ajoute d'abord à l'objection ce qui n'y est point, qui est ; *que l'immuable ne peut être vu dans une nature muable.*

Et tout ce qu'il dit à la Réponse est, *que c'est un beau dénouement, que malheureusement S. Augustin n'avoit point prévu.* Certainement, dit-il, *ce Saint a eu grand tort d'aller chercher si loin ce qu'il avoit si près, & de ne pas voir que les vérités immuables, dont il étoit si en peine, n'étoient que des manieres d'être de notre ame.*

Examen de cette Réfutation.

Il ne s'agit point dans l'objection de ce qu'a dit ou n'a pas dit S. Augustin sur ce sujet, mais de la chose en soi, qui se doit décider par la raison. Et c'est sur quoi notre Ami s'est trouvé si court, que ne pouvant

VII. Cl désavouer que ce qu'on a dit est très-clair, il semble se plaindre qu'il
N. XIV. l'est trop, & que S. Augustin ne l'a pu ignorer. Mais il peut n'y avoir pas fait d'attention, comme il n'en a pas fait sur beaucoup de choses, qui lui auroient pu faire croire que les bêtes ne pensent point, & que les couleurs ne sont point telles dans les objets colorés, qu'elles sont dans notre pensée. Quoi qu'il en soit, c'est mal réfuter une bonne réponse dans une matiere philosophique, que de se jetter sur l'autorité, lorsqu'il s'agit de raison.

Il dira peut-être que je dissimule (ce qui peut être pris pour une raison) qu'il a rejeté comme une absurdité manifeste, ce que je suppose, que ces vérités immuables puissent être des manieres d'être de nos ames.

Mais je ne lui ai point donné sujet de dire un mot de cela dans sa Réfutation, qu'en ce que j'ai dit dans ma Réponse, que chacun de nous trouvoit en son esprit les idées d'un tout & de sa partie. Or pour prétendre qu'on ne puisse croire sans absurdité, que ces idées sont des manieres d'être de notre esprit; ou comme il dit en un autre endroit, que c'est *le plus outré de tous les paradoxes* d'avoir cette pensée, il faut qu'il prétende aussi, que les Méditations de Métaphysique de M. Descartes sont le plus méchant livre qui fut jamais, puisqu'il roule tout sur ce *plus outré de tous les paradoxes*, que les idées que nous avons du corps, de l'esprit, de Dieu, & de toutes les autres choses généralement, sont des manieres d'être de notre ame, & que c'est sur cela qu'il fonde ses démonstrations de l'existence de Dieu, & de la distinction réelle de l'esprit & du corps.

Seconde Objection.

Il n'y a que Dieu qui soit plus grand que notre esprit. Or la vérité est quelque chose de plus grand que notre esprit. Si cela n'étoit, il se rendroit juge de la vérité. Or il ne se rend pas juge de la vérité; mais il juge selon la vérité. Il faut donc que la vérité selon laquelle il juge, soit Dieu.

Réponse.

Cette Réponse a deux parties. La premiere consiste en quelques exemples, qui font voir que cet argument ne prouve rien, parce qu'il prouveroit trop. Et on répond dans la seconde à chaque partie de l'objection.

Premiere Partie de la Réponse.

Voici en quoi on a fait confifter la force de ces Inftances.

Il y a de certaines chofes dont notre efprit ne fe doit pas rendre juge, mais felon lefquelles il doit juger, que l'on ne peut dire néanmoins qui foient Dieu, ni qu'elles foient même, abfolument parlant, quelque chofe de plus grand que notre efprit. Il ne s'enfuit donc pas que la vérité foit Dieu, ni même quelque chofe plus grand que notre efprit, abfolument parlant, de ce que notre efprit ne fe doit pas rendre juge de la vérité; mais qu'il doit juger felon la vérité.

C'eft ce qu'on prouve par trois exemples. Le premier, des loix humaines, non contraires à la loi naturelle : car quand elles ont été une fois unanimement établies, notre efprit ne s'en peut plus rendre juge, mais il doit juger felon ces loix.

Le fecond, la vérité de certains faits, tellement atteftés qu'on ne les peut révoquer en doute; comme eft, par exemple, que le gouvernement où je fuis né n'eft point un Etat populaire, mais une Monarchie. Et elle eft telle auffi, que je ne m'en dois pas rendre juge; mais juger de ma conduite felon cette vérité.

Le troifieme eft, les regles du langage, qu'il eft aifé de s'imaginer. Mais il faut prendre garde, comme on a déja dit, qu'on n'apporte ces exemples, que pour faire voir, que c'eft mal prouver qu'une certaine vérité eft Dieu, & quelque chofe de plus grand que notre efprit; parce qu'on ne juge pas d'elle, mais que l'on juge felon elle. Voyons donc fi notre Ami fait voir le contraire par fa Réfutation.

Réfutation de ces Inftances.

Notre Ami ne tente pas feulement de faire voir ce que je viens de dire. Tout ce qu'il dit ne va qu'à montrer, que les loix humaines font bien différentes des loix naturelles & des vérités néceffaires; & il s'étend fort fur l'immutabilité de ces dernieres.

Examen de cette Réfutation.

Il fera bien court: car je n'ai qu'à dire, que ce n'eft point du tout de cela qu'il s'agit dans l'objection, n'y étant pas dit un feul mot de cette immutabilité.

Qu'on prenne donc garde à ce que j'ai dit dans la regle qui eft au commencement de cet Article. Et on jugera, que c'eft une de ce Réfutations, qui laiffent ce qu'on réfute dans toute fa force.

VII. Cl.
N. XIV.
Seconde Partie de la Réponse.

J'y réponds précifément à chaque partie de l'argument. On le peut voir dans la Differtation. J'en rapporterai feulement ce que je réponds à la majeure & à la mineure. D'où on jugera aifément du refte.

Ad majorem: Nihil eft majus mente humaná, nifi Deus. Concedi non debet nifi intelligatur de re fubfiftenti, & de eo quod fit majus mente humaná, non fecundùm quid tantùm, fed abfolutè.

Ad minorem: At veritas eft quid majus mente humaná. Diftinguo, fecundùm quid, Efto. Abfolutè, & tamquam quid fubfiftens, Nego.

Et c'eft ce qu'on n'a qu'à appliquer à la preuve de la mineure.

Réfutation de cette feconde Partie.

L'Auteur répond, que ces vérités nécessaires ne font fupérieures à nos efprits, qu'en ce qu'elles les perfectionnent, comme font les fciences. Car du refte il prétend qu'elles ne font que des manieres d'être de nos efprits; prétention auffi jufte que le feroit celle de vouloir que l'infini fût une maniere d'être du fini; que la juftice foit une modification de l'injuftice; que l'incorruptible & l'immuable naiffe du fond du corruptible & du changeant.

Examen de cette Réfutation.

Tout ce que j'ai à dire, eft, que je ne comprends rien à ces belles antithefes, ou que c'eft une pure pétition de principe. Car elles ne veulent rien dire, à moins que l'on ne fuppofe, qu'il n'y a que Dieu immuable, incorruptible, & la juftice même, qui puiffe être la vérité dans laquelle nous voyons les vérités nécessaires. Et il eft vrai que fi cela étoit bien prouvé, il ne feroit pas poffible qu'elles fuffent vues dans les idées que je trouve en moi, qu'on ne peut nier qui ne foient des manieres d'être de mon efprit, qu'en fe déclarant pour ce qu'a dit fur cela de déraifonnable & d'abfurde, l'Auteur de la Recherche de la Vérité. Mais comme c'eft le fujet de la difpute, on ne peut le fuppofer, en réfutant la Réponfe que je fais à l'argument, par lequel on le prétendoit prouver, que ce ne foit fuppofer ce qui eft en queftion, au lieu de montrer, que mes diftinctions n'empêchent point, que l'argument, que je prétends avoir renverfé, ne foit demeuré dans toute fa force. Mais c'eft ce qu'on eft bien affuré que perfonne n'entreprendra de faire.

Troisieme Objection.

Ce qui est par-tout & toujours, est Dieu. Car c'est le propre de Dieu d'être immense & éternel. Or la vérité, dans laquelle je vois que deux & trois font cinq, & que le tout est plus grand que sa partie, est toujours & en tous lieux.

Réponse.

Je réponds avec S. Thomas, qu'on peut entendre en deux manieres qu'une chose soit toujours & par-tout. La premiere est, quand elle a en soi d'être positivement présente à tous les lieux & à tous les temps; & il n'y a que Dieu à qui cela convienne. L'autre est, quand une chose n'est point attachée à quelque lieu & à quelque temps; & tout universel est en cette maniere, *ubique & semper, in quantum universalia abstrahunt ab hic & nunc.* Or on ne sauroit prouver, que la vérité, par laquelle je juge que deux & trois font cinq, soit *ubique & semper* qu'en cette maniere. On ne peut donc prouver par-là qu'elle soit Dieu.

Réfutation de cette Réponse.

Notre Ami ne la réfute qu'en n'y répondant rien, mais y substituant un autre argument tout-à-fait différent de celui-là. Car après avoir rapporté ce que j'ai dit après S. Thomas de ces deux manieres, dont on pourroit dire qu'une chose est toujours & par-tout; voici comme il fait entendre qu'il n'y peut répondre.

Ne dire que cela, c'est ne rien dire. Car la question est de savoir, comment tant d'hommes différents, séparés les uns des autres par de si prodigieux espaces de temps & de lieux, conviennent avec tant d'uniformité de ces vérités; eux qui dans tout le reste de leurs sentiments & de leurs goûts sont si différents les uns des autres. C'est à quoi il faudroit une bonne réponse; & c'est sur quoi on ne dit pas un mot.

Examen de cette Réfutation.

Je n'avois garde de répondre à une objection que je ne m'étois pas proposée; parce qu'elle n'étoit pas dans la These que je combattois. Mais puisqu'on me presse de le faire, cela me sera bien facile, & de la rétorquer même contre celui qui me la propose.

Tous les hommes ont reçu de Dieu la lumiere naturelle de la raison,

VII. Cl. qui eſt une participation de la lumiere incréée. Et tant que cette lumiere
N. XIV. n'eſt point éteinte en eux, il faut bien qu'ils en puiſſent faire quelque
uſage, au moins à l'égard de quelques propoſitions ſi ſimples & ſi claires, qu'il eſt moralement impoſſible, ou qu'ils ne la trouvent point d'eux-mêmes, ou qu'au moins ils n'y acquieſcent auſſi-tôt qu'on les leur propoſe. Telles ſont les deux dont j'ai parlé dans ma Réponſe: deux & trois ſont cinq: le tout eſt plus grand que ſa partie. S'étonner donc que tous les hommes conviennent dans l'acquieſcement à ces propoſitions, quelque ſéparés qu'ils ſoient les uns des autres par de ſi prodigieux eſpaces de temps & de lieux, c'eſt comme ſi on s'étonnoit de ce qu'étant ſi fort ſéparés de temps & de lieux, ils ne laiſſent pas d'avoir tous la lumiere de la raiſon. Il y auroit bien plus de ſujet de s'étonner, de ce qu'en quelque lieu & en quelque temps que l'on ait trouvé des hommes, on n'en a point trouvé qui ne ſe ſerviſſent des ſons pour faire entendre leurs penſées les uns aux autres: car cela demande infiniment plus d'eſprit & plus de raiſon, que de ſavoir que *deux & trois ſont cinq*, & que *le tout eſt plus grand que ſa partie*. Cependant on ne s'aviſe point de dire, que c'eſt dans la lumiere éternelle qu'ils ont appris à ſe parler les uns aux autres.

Mais comment notre Ami n'a-t-il pas vu qu'on pourroit aiſément retourner cet argument contre lui? Car ſi de ce que les hommes conviennent avec tant d'uniformité de certaines vérités, quelque ſéparés qu'ils ſoient de lieux & de temps, je dois juger que c'eſt qu'ils les voient dans une vérité commune, expoſée à la vue de tous les eſprits, je dois donc juger que celles-là ne ſe voient point dans cette vérité commune, à l'égard deſquelles, loin de trouver cette uniformité de ſentiments entre les hommes de divers temps & de divers lieux, on n'y trouve au contraire qu'une très-grande diverſité d'opinions. Or, pour une vérité néceſſaire & immuable, dont tous les hommes conviennent, il y en a cent autres qui ne ſont pas moins néceſſaires, dont ils ne conviennent pas, ou parce qu'ils les ignorent entiérement (ce qui ne devroit pas être, au moins à l'égard de tant de gens, ſi cette vérité commune, où elles peuvent toutes être vues, étoit toujours expoſée aux yeux ſpirituels de tous les eſprits) ou parce que les uns doutent de ce que les autres aſſurent, ou le nient même abſolument.

Mais c'eſt ce qu'il ſemble que notre Ami ne veut pas avouer, au moins à l'égard des vérités de morale: car voici comme il en parle au Nº. XVII: *Notre eſprit voit*, dit-il, *qu'on a vu ces vérités de morale de la même maniere dans tous les temps, & qu'on les verra toujours de même. En un mot, l'eſprit humain voit & ſent l'impoſſibilité où il ſe trouve de les*

les *changer, de les désapprouver, de les condamner; & quoique par le dé-* VII. Cl.
réglement de sa volonté, il puisse s'en écarter, il sent bien qu'il ne le peut N. XIV.
*faire légitimement & sans se rendre coupable, & que son esprit, maitrisé
par ces regles, condamne les déréglements de son cœur.*

Notre Ami met tout cela entre les choses que notre esprit voit dans la vérité incréée. Il faut donc qu'il avoue que le vrai & le faux s'y voient également: car pour peu qu'il y fasse d'attention, il reconnoîtra que rien n'est plus faux que ce qu'il assure avec tant de confiance.

Mais cet endroit me paroît si important pour bien des raisons, que l'ayant laissé passer sans en rien dire dans la justification de ma Réponse à la seconde objection, parce qu'il n'étoit pas nécessaire que j'en parlasse pour la justifier, je crois le devoir examiner dans un Article particulier; & c'est par-là que je finirai ce que j'ai à dire sur la premiere Partie de ma Dissertation.

ARTICLE X.

Ignorance du droit naturel.

DIXIEME REGLE.

UNe des choses les plus capables de faire tomber dans l'erreur, sans que l'on s'en apperçoive, est, d'étendre de certaines vérités au-delà de leurs justes bornes, en prenant pour universellement vrai ce qui l'est quelquefois & même souvent. C'est ce qui a fait croire dans la Physique, que l'eau monteroit à quelque hauteur que ce fût dans une pompe aspirante, parce qu'autrement il y auroit du vuide dans la nature. L'expérience a fait voir depuis que cela n'étoit pas vrai, & qu'elle n'y pouvoit monter qu'à trente-trois ou trente-quatre pieds. Et dans la morale, ce qui a fait persécuter les Chrétiens par des Empereurs, assez gens de bien d'ailleurs selon le monde, est cette maxime trop étendue, qu'il ne faut point souffrir dans un Etat des Introducteurs de nouveautés, lorsqu'ils forment un parti considérable de gens qui en condamnent les coutumes & les loix reçues.

APPLICATION.

Rien n'est plus ordinaire à ceux qui veulent détourner les gens de suivre leurs passions, que de leur représenter, que s'ils vouloient sérieu-

VII. Cl. fement rentrer en eux-mêmes, ils reconnoîtroient qu'ils agiffent contre
N. XIV. les fecrets mouvements de leur confcience, & que leur efprit condamne
le déréglement de leur cœur.

Il fuffit, pour l'utilité de ces exhortations, que cela foit vrai fouvent, & à l'égard d'un grand nombre de perfonnes, du nombre defquels on peut fuppofer que font ceux à qui l'on parle. Mais pour montrer combien c'eft une grande erreur d'en faire un dogme généralement vrai, nous n'avons qu'à confidérer ce qu'en dit notre Ami.

C'eft en répondant à l'Inftance que j'avois fait contre cet argument: Il n'y a que Dieu qui foit plus grand que notre efprit. Or la vérité eft quelque chofe de plus grand que notre efprit; parce que notre efprit ne juge pas la vérité, mais juge felon la vérité. J'avois dit que cela prouvoit trop; parce qu'on pourroit dire des loix humaines non contraires au droit naturel, qu'elles font quelque chofe de plus grand que notre efprit; parce qu'ayant été une fois reçues dans un Etat d'un commun confentement, on ne devoit plus juger de ces loix, mais juger felon ces loix. Au lieu de répondre directement à cela, il s'étend à montrer les avantages qu'ont les loix naturelles, ou, ce qui eft la même chofe, les regles immuables de nos mœurs, au deffus des loix humaines.

C'eft de quoi feulement je parlerai dans cet Article, en rapportant fes propres paroles, fans confidérer fi elles fatisfont à mon Inftance: car j'ai déja fait voir que non, dans l'Article précédent.

Réponfe à la Differtation.

Eft-il poffible qu'un fi grand homme n'ait pas vu l'extrême différence qu'il y a entre les regles immuables des mœurs & les loix humaines? Ne faute-t-il pas aux yeux, que ces loix humaines, dont il parle, ont pu être établies autrement qu'elles ne font; qu'effectivement elles varient en divers pays, & qu'après même leur établiffement, on a encore, & on fe donne tous les jours la liberté de juger fi elles font bien ou mal établies; & que, fi on eft obligé de s'y affujettir, cela n'empêche nullement de les défapprouver & de les condamner dans fon cœur.

E X A M E N.

Je me mets peu en peine de ce qu'il dit des loix humaines. Car ce n'eft qu'au regard des autres que je prétends faire voir qu'il a avancé des chofes tout-à-fait infoutenables. Je remarque feulement ici, 1°. Que ce qu'il dit que ces loix humaines varient en divers pays, fait voir qu'il prétend que c'est le contraire des loix naturelles.

2°. Qu'il n'est pas vrai, de toutes les loix humaines, qu'on se donne tous les jours la liberté de juger si elles sont bien ou mal établies. Ce n'est que par une loi humaine, que les hommes peuvent disposer de leur bien après leur mort. Mais c'est ce qu'on juge si utile à la société humaine, que depuis que cela a été une fois établi, on n'a jamais songé à la révoquer.

3°. Il n'est pas vrai non plus que des particuliers, agissant raisonnablement, puissent condamner dans leur cœur les loix qui ne contiennent rien de contraire au droit naturel. Or il y a une infinité de loix humaines qu'on ne peut pas s'imaginer qui y soient contraires.

Réponse à la Dissertation.

Mais il s'en faut bien que l'esprit humain n'ait la même liberté à l'égard des vérités nécessaires & des loix immuables. Il voit clairement que leur établissement n'a nullement été arbitraire. Je ne dis pas simplement aux hommes, mais à Dieu même.

EXAMEN.

Mais où l'esprit humain voit-il cela? Il faut qu'il dise que c'est dans la vérité incréée. Car il ne dira pas que cette vérité; *l'établissement des loix naturelles n'est pas arbitraire*, est une vérité contingente. Il la doit donc regarder comme une vérité nécessaire & immuable, & qu'on ne peut par conséquent voir qu'en Dieu. D'où vient donc que les Epicuriens, dont la secte étoit si répandue parmi les Payens, qui voyoient en Dieu, selon lui, tant de vérités géométriques, n'y ont pas vu celle-là? Car il est certain qu'ils ont cru tout le contraire, & que ç'a été un de leurs plus pernicieux dogmes, qu'il n'y a rien de juste ou d'injuste par soi-même, mais seulement par l'institution des hommes.

Réponse à la Dissertation.

L'esprit humain voit nettement qu'il n'a jamais pu le faire, & qu'on n'a jamais pu établir qu'il fût juste de condamner un innocent.

VII. Cl.
N. XIV.

Examen.

N'eſt-ce pas condamner des innocents à la mort, que d'immoler des innocents à une idole ? C'eſt ce que les Phéniciens ont cru juſte, & après eux les Carthaginois, & après les Carthaginois les Mexicains.

Réponſe à la Diſſertation.

Quelque peine qu'il ait dans la pratique à préférer les choſes temporelles aux éternelles, il voit clairement que celles-ci ſont préférables à celles-là.

Examen.

Des Chrétiens peuvent entendre ce que veut dire, *préférer les choſes temporelles aux éternelles*, parce qu'ils attendent une éternité de bonheur ou de malheur après cette vie. Mais c'eſt à quoi n'auroient rien compris une infinité de Payens, qui ſe mettoient fort peu en peine de ce qui leur arriveroit après leur mort. Rien n'eſt donc moins propre à être allégué comme une de ces maximes, dont tous les hommes ſeroient toujours convenus, parce qu'on les voit dans la vérité incréée.

Réponſe à la Diſſertation.

Il voit que tous les eſprits raiſonnables le peuvent voir comme lui; qu'on a vu ces vérités de la même maniere dans tous les temps, & qu'on les verra de même. En un mot, l'eſprit humain voit & ſent l'impoſſibilité où il ſe trouve de les changer, de les déſapprouver & de les condamner. Et quoique, par le déréglement de ſa volonté, il puiſſe s'en écarter, il ſent bien qu'on ne le peut pas faire légitimement, & ſans ſe rendre coupable, & que ſon eſprit, maitriſé par ces regles, condamne les déréglements de ſon cœur.

Examen.

Eſt-il poſſible qu'un ſi bon eſprit ait été réduit à nous propoſer comme des vérités néceſſaires, qui ſe voient clairement dans la vérité incréée, des fauſſetés ſi manifeſtes, par le beſoin qu'il en a eu pour ſoutenir un ſentiment qu'on lui faiſoit voir être inſoûtenable.

Les premieres & les plus immuables de toutes les loix naturelles ne ſont-ce pas la connoiſſance d'un ſeul Dieu, & l'obligation qu'on a de l'adorer, de l'aimer & de l'invoquer ? Il faudroit donc que l'eſprit humain eût toujours vu & fenti l'impoffibilité où il fe trouvoit, de les changer, de les défaprouver, de les condamner. Or y a-t-il rien de plus évidemment faux? En quel état Jefus Chrift a-t-il trouvé le genre humain, lorfqu'il eft venu au monde? Tous les peuples de la terre, hors les Juifs, n'avoient-ils pas changé ces loix immuables, en fubfti- tuant à l'unité de Dieu, Créateur du ciel & de la terre, la pluralité des Dieux; & à l'adoration du vrai Dieu, l'adoration des idoles ou des aftres? Rome payenne n'a-t-elle pas perfécuté trois cents ans durant les Chré- tiens, dont tout le crime étoit, qu'ils n'adoroient pas les Dieux de l'Em- pire? Voilà donc le culte du vrai Dieu condamné & perfécuté par une infinité de perfonnes dans toute la terre; au lieu que, felon notre Ami, il n'y auroit dû avoir perfonne qui n'eût vu & fenti l'impoffibilité où il fe trouvoit de le condamner?

VII. Cl.
N. XIV.

Des peuples entiers, comme les Phéniciens, les Carthaginois, les Mexicains fe font cru fort religieux, en facrifiant des hommes à leurs idoles, & ils leur ont même fouvent immolé leurs propres enfants. Cela n'eft-il point contraire à la loi naturelle?

Les Grecs & les Romains fe croyoient tellement maîtres de la vie de leurs enfants, que quand il leur en naiffoit un, on le mettoit par ter- re, & on attendoit que le Pere déclarât s'il vouloit qu'on l'élevât ou qu'on l'étouffât: d'où eft venu cette façon de parler: *Tollere liberos*, parce qu'on les élevoit de terre, quand il avoit fait entendre qu'il vou- loit bien qu'on les élevât. C'eft pourquoi nous voyons dans Térence une mere, qui s'excufe envers fon mari, comme d'une faute qu'elle avoit faite, de n'avoir pas obéi à l'ordre qu'il lui avoit donné de tuer l'enfant dont elle étoit groffe fi c'étoit une fille; ayant mieux aimé l'expofer: & le mari la gronde férieufement, comme une femme accoutumée à ne lui pas rendre l'obéiffance qu'elle lui devoit. Rien n'eft plus commun auffi parmi les Chinois que de tuer leurs filles auffi-tôt qu'elles font nées. Ne font-ce point là des chofes contraires à ces regles immuables, que tout le monde peut voir, felon notre Ami, dans la vérité incréée?

La fornication n'y eft-elle point contraire auffi? Cependant les Payens ne la croyoient pas feulement permife, mais ils louoient ceux qui en ufoient modérément, jufques-là qu'Horace allégue fur cela une parole de Caton, qu'il appelle une fentence divine, *fententia dia Catonis*. Cicé- ron dit la même chofe dans fon Oraifon pour Cœlius. Et ce fut pour cette raifon que les Apôtres mirent la fornication au nombre des cho- fes dont les Payens convertis au chriftianifme devoient s'abftenir. Il y a quelque chofe de pis fur cette matiere qu'on n'oferoit dire, tant il eft horrible.

VII. Cl.   Ceux qui ont passé pour les plus vertueux parmi les Romains, se
N. XIV.   sont tués eux-mêmes de sang froid, persuadés qu'ils faisoient une action
louable; & en effet ils en ont été loués. Est-ce là ne pouvoir rien faire
contre les regles immuables du droit naturel, qu'on ne sente bien
qu'on ne le peut faire légitimement & sans se rendre coupable?

Combien y avoit-il de Gentilshommes en France, avant que le Roi
eût réprimé la fureur des duels, & combien y en a-t-il encore en Allemagne & aux Pays-Bas, qui sont persuadés que ce seroit une chose indigne d'un homme d'honneur, de ne pas se battre contre un Gentilhomme qui les auroit appellés, ou de ne pas appeller celui qui les auroit offensés. Et cela va si loin en Allemagne, que les soldats ont l'impudence de ne vouloir pas obéir à leurs Officiers, lorsqu'ils savent qu'ayant reçu un affront, ils ne se sont pas battus contre celui qui le leur a fait. Dira-t-on que cela n'est pas contraire aux regles immuables des mœurs?

Enfin, le monde a toujours été plein de gens qui commettent beaucoup de crimes sans aucun remords; tels que sont ceux dont S. Augustin dit,
Ce Cont. *Qu'ils ne mettent pas les mauvais desirs de la concupiscence charnelle au*
cap. 3.   *nombre des ennemis qu'ils ont à combattre; mais que s'en étant rendus esclaves par un misérable aveuglement, ils mettent leur souverain bonheur à les assouvir, & non pas à les dompter*, & dont S. Bernard représente le misérable état dans son Livre des degrés de l'humilité, Chap. XX, où
[Voyez   il décrit le douzieme degré de l'orgueil. On en peut voir un passage
Tome 31. dans la seconde Dénonciation du péché philosophique, Art. XIV. Je ne
pag. 118.] le mets pas ici pour abréger: j'aime mieux en faire voir le portrait que le Sage nous en donne en ces termes. *Les méchants ont dit dans l'éga-*
Sap. c. 2. *rement de leur pensée: Le temps de notre vie est court & fâcheux, & l'homme n'a plus rien à attendre après sa mort: venez donc, jouissons des biens présents. Hâtons-nous de jouir des créatures pendant que nous sommes jeunes. Envyrons-nous des vins les plus excellents, parfumons-nous d'huile de senteur, & ne laissons point passer la fleur de la saison. Couronnons-nous de roses avant qu'elles se sechent; qu'il n'y ait point de pré où notre galanterie ne se signale. Que nul ne se dispense de prendre part à notre débauche: laissons par-tout des marques de réjouissance, parce que c'est là notre sort & notre partage.*

Mais voici la même peinture faite après ce divin modele, dans ces beaux vers d'un Poëte vraiment Chrétien.

Chantons, rions, dit cette troupe impie,
De fleur en fleur, de plaisirs en plaisirs,
Promenons nos desirs.

Sur l'avenir insensé qui se fie.
De nos ans passagers le nombre est incertain.
Hâtons-nous aujourd'hui de jouir de la vie.
Qui sait si nous serons demain ?

Il faut donc que notre Ami reconnoisse, qu'il n'y a rien de plus faux que ce qu'il a dit des loix naturelles en les opposant aux loix humaines : que *notre esprit voit & sent l'impossibilité où il se trouve de les changer, de les désavouer, de les condamner*; puisque tant de peuples en ont changé les plus importantes en d'exécrables superstitions, & qu'une secte entiere de Philosophes les a toutes désavouées & condamnées, en soutenant que rien n'est juste ou injuste par sa nature, mais seulement par l'institution des hommes.

Il faut aussi qu'il avoue qu'il ne se trompe pas moins, quand il assure, que, *quoique l'homme se puisse écarter de ces regles par sa volonté, il sent bien qu'il ne le peut faire légitimement, & sans se rendre coupable, & que son esprit, maîtrisé par ces regles, condamne les déréglements de son cœur.*

Toute l'Ecriture est pleine d'exemples qui l'auroient dû empêcher de soutenir de tels paradoxes, s'il y avoit fait attention. Mais si la chaleur de défendre son opinion l'a ébloui de telle sorte, qu'il n'a pas vu ce qui saute aux yeux, c'est cela même qui le doit convaincre du peu de raison qu'il a eu de défendre, avec tant de zele, ce qu'il n'a pu défendre, qu'en soutenant comme des vérités incontestables des faussetés si manifestes.

SECONDE PARTIE.

Avant que d'entrer dans cette seconde partie, il est bon de faire comprendre de quoi il s'agit précisément, & en quoi elle differe de la premiere.

On avoit soutenu, dans la These que j'examinois, qu'on ne pouvoit aimer sincérement une vertu, comme est la chasteté, qu'on n'eût quelqu'amour pour Dieu. Ce qu'on prouvoit par cet argument.

Celui qui aime véritablement la chasteté, aime la forme & la raison éternelle de la chasteté. Or cette raison éternelle de la chasteté ne peut être une chose créée. Il faut donc que ce soit Dieu que l'on aime, en aimant véritablement la chasteté.

J'avoue que cela me parut encore moins soutenable, que ce qu'on

VII. Cl. avoit dit de la vérité, à cause principalement de la conséquence qu'on
N. XIV. en tiroit, que les Payens avoient pu avoir quelque amour de Dieu, en
ce qu'aimant une vertu, ils en aimoient la forme éternelle, qui est Dieu.
C'est donc ce que je me résolus d'examiner à part. Et j'en fis la seconde
partie de ma Dissertation.

Elle a beaucoup d'affinité avec la premiere. Et voici en quoi elle
en est différente. C'est qu'il s'agit, dans la premiere, de savoir, si on ne
peut voir les vérités nécessaires & immuables, telles que sont les vérités géométriques, que dans la vérité incréée, qui est Dieu. Remarquez
qu'on ne dit pas que ces vérités géométriques soient Dieu, mais seulement qu'on ne les peut voir qu'en Dieu. Mais ce n'est pas ce qu'on dit
ici de chaque vertu. Car l'Auteur de la Thèse que j'examinois, dit,
qu'on doit considérer deux choses dans chaque vertu. La vertu en elle-
même, qui est une qualité louable de notre ame, & c'est ce qu'on peut
entendre par le mot de chasteté, quand on loue une personne d'avoir
été chaste. L'autre est, disoit-il, la forme & la raison éternelle de cette
vertu, qui correspond en Dieu à celle qui est en nous; ce qu'il prétendoit ne regarder pas tant la connoissance que l'amour de la chasteté.
Car ce qu'il avoit en vue, étoit, de prouver qu'on ne pouvoit aimer la
chasteté pour elle-même, qu'on n'en aimât la forme éternelle : *Rationem æternam*, qu'il ne concevoit pas pouvoir être autre chose que Dieu.

Je remarque dans la Réponse de notre Ami, qu'il a évité de parler de
la chasteté, & qu'il y a toujours substitué le mot de justice : ce qui
n'est pas juste; car je ferai voir que la justice étant en Dieu d'une autre
façon que la chasteté, ce que l'on peut dire de l'une à l'égard de Dieu,
ne se doit pas dire de l'autre. Ainsi je traiterai séparément ce qui regarde
ces deux vertus.

ARTICLE XI.

Equivoques.

Onzieme Regle.

Les équivoques sont une grande source de paralogismes, & en voici
quelques-unes à quoi il faut prendre garde.

Quand on passe du sens figuré au sens propre:

Ou de ce qui est proprement & absolument tel, à ce qui ne l'est qu'improprement, & seulement à quelque égard, *secundum quid* :

Ou

Ou de ce qu'une chose est formellement en elle-même, à ce qu'elle est idéalement & éminemment en Dieu :

Ou de ce qu'on connoît directement par une idée claire, ce qui s'appelle voir, à ce qu'on ne connoît que par conjecture, quelque certaine qu'elle soit : ce qui ne s'appelle pas voir ; comme il paroît par ce que dit S. Augustin, *que chacun de nous voit sa propre conscience ; mais qu'il ne voit pas celle d'un autre.*

Application.

Toutes ces équivoques se rencontrent dans l'Argument par lequel on prétend prouver qu'on ne peut aimer véritablement quelque vertu, comme est la chasteté, qu'on n'ait quelque amour pour Dieu. Mais avant que de le montrer, il est bon de proposer quelques vérités, que je ne crois pas qui puissent être raisonnablement contestées.

Premiere Vérité.

Laissant à part ce qu'on entend par ces mots, *ratio æterna castitatis*, il est certain que ce que les hommes entendent ordinairement par le mot de *chasteté*, est une qualité louable de la personne qu'ils appellent chaste.

Et c'est ce qu'on ne peut nier qui ne soit dans la personne qui a cette vertu, & que ce ne soit une modification de son ame ; puisqu'elle est dans son ame, & que ce n'en est pas l'essence. On peut prétendre, si l'on veut, qu'outre cela il y a quelque chose de plus sublime dans cette vertu, aussi-bien que dans toutes les autres, & que c'est ce qu'on entend par ces mots mystérieux, *ratio æterna castitatis.* C'est ce que nous examinerons dans la suite. Mais cela ne peut empêcher que ce que je viens de dire ne soit certainement vrai. Et c'est aussi de quoi on demeuroit d'accord dans la Thèse que j'examinois. Car voici ce qu'on y disoit en propres termes : *Circa quamlibet virtutem duo considerari possunt ; virtus ipsa quæ est mentis nostræ affectio ; modus, sive sic se habentis, & ratio aliqua æterna ipsi correspondens.*

Seconde Vérité.

On peut considérer deux choses dans chaque vertu : ce que chaque vertu est selon son espece, ce qui s'appelle autrement *le devoir de chaque vertu* ; & la véritable fin, ou la fin derniere à laquelle la vertu doit

VII. Cl. être rapportée. Or comme c'eſt le premier principe de la morale chré-
N. XIV. tienne, que Dieu ſeul eſt notre derniere fin, on ne peut douter qu'il
ne ſoit la derniere fin de toutes les vertus.

Mais quand on demande, ſi on ne peut aimer véritablement la chaſteté, qu'on n'ait quelqu'amour pour Dieu, ce ſeroit une queſtion badine
d'enfermer dans la ſignification du mot de chaſteté, la fin derniere à laquelle la chaſteté doit être rapportée. Car ce ſeroit demander, ſi on
pourroit aimer d'être chaſte pour Dieu, ſans avoir quelque amour pour
Dieu. Ce n'eſt donc pas ce qu'on entend; mais outre cette conſidération de la vraie fin, qui eſt commune à toutes les vertus, il y a dans
chaque vertu une certaine forme ou raiſon éternelle, qui répond en
Dieu à cette vertu.

Troisieme Vérité.

Comme Dieu eſt l'être même, l'être univerſel, & la plénitude de
l'être, rien ne peut avoir quelque degré d'être qu'il ne le tienne de
Dieu, & qui par conſéquent ne ſoit en Dieu éminemment & idéalement.
Mais il y a de certaines perfections que nous concevons comme étant
en Dieu formellement, & ce ſont celles que nous pouvons concevoir
ſans aucun mélange d'imperfection; telles ſont l'intelligence, la volonté,
la ſageſſe, la bonté, la juſtice. Il y a d'autres vertus humaines, qui
enferment dans leur eſſence quelque choſe d'indigne de Dieu; & celles-
là ne peuvent être en lui qu'éminemment ou idéalement, & non pas
formellement; telles ſont la foi, l'eſpérance, l'obéiſſance, l'humilité;
& on ne peut douter que la chaſteté ne ſoit auſſi de ce nombre. Car
il n'y a perſonne qui ne voie, que les natures intelligentes ne ſauroient
être chaſtes, ſi elles ne ſont revêtues d'un corps, quand on prend le
mot de *chaſte* dans ſa propre ſignification, & non pas dans un ſens
figuré. On ne peut donc dire de Dieu, à l'égard des vertus qui ne
ſont en lui qu'éminemment, comme eſt la chaſteté, l'obéiſſance, l'humilité, ce qu'on en dit à l'égard de la juſtice qui eſt en lui formellement. Car c'eſt bien parler de dire, qu'il eſt la juſtice même, la ſouveraine
juſtice; au lieu que ce ſeroit un étrange langage de dire, qu'il eſt la
chaſteté même, l'obéiſſance même, l'humilité même. Et c'eſt la raiſon
que j'ai eue de traiter ſéparément ces deux propoſitions: l'une; *On aime
Dieu en aimant la chaſteté*: l'autre; *On aime Dieu en aimant la juſtice*.
Car cette derniere peut être vraie en un ſens dans lequel la premiere
ne l'eſt pas.

Quatrieme Vérité.

On n'aime, on ne loue, on ne recommande point une chose dont on n'a aucune idée, ni aucune pensée. Or il y a une infinité de personnes qui ont aimé, loué, recommandé la chasteté, ne concevant par-là qu'une qualité louable des hommes & des femmes, qui consiste dans la modération, ou dans l'entiere privation des voluptés charnelles, sans avoir aucune idée, ni aucune pensée de ce qu'on appelle la forme ou la raison éternelle de la chasteté, qu'on dit être Dieu. C'est donc un étrange paradoxe, de dire, qu'on ne puisse aimer la chasteté, sans aimer ce qu'on appelle la forme, ou raison éternelle de chasteté, qu'on dit être Dieu.

Je sais bien que cela ne prouveroit rien, contre ceux à qui la philosophie des pensées imperceptibles donne moyen de faire penser aux hommes tout ce qui leur plaît, sans qu'ils s'apperçoivent qu'ils y pensent: mais il me suffit qu'on soit convaincu de ce que je viens de dire, quand on ne peut manquer de l'être, à moins qu'on n'ait recours à la chimérique prétention des pensées imperceptibles, dont le plus grand usage seroit de donner aux Pyrrhoniens le moyen de l'être plus déraisonnablement qu'ils ne l'ont jamais été.

Equivoque de l'argument de la Thèse.

Premiere Proposition. *On ne peut aimer la chasteté, qu'on n'aime la raison ou forme éternelle de la chasteté.*

Il y a deux équivoques dans cette proposition. La premiere est dans ces mots, *ratio castitatis*, la forme ou raison de la chasteté. Car sa vraie signification devroit être *l'essence de la chasteté, ce qui est essentiel à la chasteté; ce que la définition de la chasteté nous fait concevoir de cette vertu;* c'est ce qu'on entend par ces mots, *ratio numeri quadrati, vel cubici, ratio circuli, ratio trianguli*, comme il paroît par ce passage de S. Augustin, lib. 83. qu. q. 48. *Quædam sunt quæ mox, ut creduntur, intelliguntur: sicut sunt omnes rationes humanæ vel de numeris, vel de quibuslibet disciplinis.* Or en ce sens de *ratio castitatis*, cette proposition n'étoit que trop vraie étant presque identique. Car c'est presque, comme si on disoit: *On ne peut aimer la chasteté, sans aimer ce qui est essentiel à la chasteté.*

L'autre signification est de prendre ces mots pour quelqu'autre chose que ce que je viens de dire. Et quoi que ce soit, je nie cette proposition, à moins qu'on n'entende par-là la fin pour laquelle on doit aimer la chasteté. Mais outre que par ces mots, on n'a point accoutumé de

VII. Cl. marquer la fin à laquelle on doit rapporter la chafteté, j'ai fait voir dans
N. XIV. la feconde vérité, que cela ne pourroit fervir de rien pour prouver ce
que l'on prétend prouver.

L'autre équivoque eft dans le mot d'*æterna* : RATIO *æterna caftitatis*.
Car il y a deux fortes d'éternité. L'une qui convient à un être fubfiftant,
qui a en foi-même d'être toujours fans commencement ni fin ; & il n'y
a que Dieu qui foit éternel en cette maniere. L'autre eft une éternité
improprement dite ; ce qu'on entend par ces mots latins, *fecundùm quid*.
Or on appelle *éternelles*, en cette maniere, beaucoup de chofes qui ne
font que dans notre efprit, & qui ne font point des êtres fubfiftants, à caufe
feulement qu'elles ne font attachées à aucun temps. Ce que fignifient les
termes généraux, l'homme en général, le cercle en général, un nombre
quarré en général, font des chofes éternelles en cette maniere impropre ;
& par conféquent tout ce qui eft appelé par S. Auguftin, *rationes humanæ de quibuslibet difciplinis*.

Seconde propofition. *Or la raifon éternelle de la chafteté n'eft point
quelque chofe de créé, mais eft Dieu même.*

Les deux équivoques de la premiere propofition fe peuvent appliquer
à celle-ci, & principalement celle du mot d'*éternel*, fur laquelle on fe
fonde principalement pour prouver que cette raifon ou forme de la
chafteté doit être Dieu même. Mais on en peut encore remarquer ici
une autre, dont nous avons parlé dans la troifieme vérité. C'eft, que
quand on prendroit cette forme ou raifon de la chafteté, pour quelque
chofe qui en Dieu répond à cette vertu, cela ne pourroit être en Dieu
qu'éminemment. Or nous n'avons point l'idée diftincte de ce qui n'eft
en Dieu qu'éminemment ; mais une idée tellement confufe qu'il nous eft
impoffible de diftinguer, ce qui répond en Dieu à la vertu de chafteté,
de ce qui y répond à la vertu d'obéiffance & de l'humilité. Comment
donc voudroit-on, que les hommes ne puffent aimer la chafteté, qu'en
aimant ce qui en Dieu répond à cette vertu ; puifque de cent mille perfonnes, il n'y en a pas quatre qui aient la moindre penfée, qui réponde
en quelque chofe à la vertu de chafteté, & que ceux qui le croient, ne
le favent point par une vue directe, mais par des raifonnements mé-
taphyfiques, qui ne laiffent en eux aucune idée de ce que peut être en
particulier, à l'égard de la chafteté, ce qui en Dieu répond à cette vertu ?

C'eft ce que je crois avoir fort bien fait voir dans les Articles fix &
fept de la Differtation. J'y renvoie donc pour abréger. Je rapporterai feulement un endroit de l'article feptieme.

Après avoir montré, que tant que nous fommes en cette vie, on a
plus de raifon de dire, que nous voyons les raifons incréées dans les

créées, que les créées dans les incréées : c'eſt ce qui ſe peut, ai-je dit, VII. Cl. éclaircir par cet exemple. Quand je vois un beau tableau, il me peut N. XIV. venir dans l'eſprit, que tout ce qu'il y a de bien penſé dans cette peinture, a été dans l'eſprit du Peintre. S'enſuit-il de-là, que quelqu'un me pût dire : vous verrez donc mieux dans l'eſprit du Peintre, ce que vous admirez dans ce tableau, que dans le tableau même ? Vous auriez quelque raiſon, lui dirois-je, ſi l'eſprit du Peintre m'étoit auſſi connu que le tableau. Mais ne ſachant que par conjecture que la beauté idéale, pour parler ainſi, de cette peinture, a été premièrement dans l'eſprit du Peintre, & ne pouvant ſavoir quelle a été l'excellence de cette beauté idéale que par le tableau même, je ne ſerois pas ſage, ſi je voulois juger par la beauté idéale, que je ne vois point, de celle du tableau que je vois, pouvant juger de l'excellence du tableau ſans penſer à l'idée du peintre ; au lieu que je ne puis juger que le Peintre a eu en le peignant de telles idées, que par la vue du tableau.

C'eſt ce que j'applique enſuite aux idées qui ſont en Dieu, du ſoleil & de la terre, comme on le peut voir dans cet article VII, n°. 2.

ARTICLE XII.

Mauvaiſes réponſes : vaines déclamations.

DOUZIEME REGLE.

Prendre garde de ne ſe pas laiſſer ſurprendre par de mauvaiſes réponſes à des Inſtances ſolides, & par de vaines déclamations qui ont quelque choſe d'éblouiſſant. Mais pour en découvrir la fauſſeté, on n'a qu'à conſidérer, ſi ce qu'on a donné pour être généralement vrai, ne ſe trouve point être faux en pluſieurs rencontres.

APPLICATION.

A l'entrée de la ſeconde partie de la Diſſertation, j'ai fait une objection générale contre ce que j'y combattois. Notre Ami la propoſe en ces termes : *S'il étoit vrai*, dit *l'Auteur de la Diſſertation, que celui qui aime une vertu aimât la forme & la raiſon éternelle de cette vertu, qui eſt en Dieu, il s'enſuivroit, que celui qui aimeroit le ſoleil, la ſanté, la beauté des corps, aimeroit auſſi les raiſons éternelles de toutes ces choſes, qui ſont en Dieu, & par conſéquent qu'il aimeroit Dieu : ce qui eſt abſurde.* Je recon-

VII. Cl. nois, que c'eſt mon objection fidellement rapportée, quoiqu'en abrégé.
N. XIV. Voyons donc ſi notre Ami a raiſon de la trouver ſi méchante, ou ſi au contraire, ce qu'il y répond, n'eſt point une mauvaiſe réponſe à une Inſtance ſolide.

RÉPONSE.

C'eſt une maniere de raiſonner qui eſt familiere à l'Auteur, que de tirer ainſi des conſéquences outrées des ſentiments qu'il veut décréditer. Mais pour peu qu'on examine la choſe de près, il eſt aiſé de démêler ce qu'elles ont d'outré, d'avec ce qu'elles peuvent avoir de juſte.

REPLIQUE.

Ces paroles ſont un peu dures; mais je ne m'en offenſe point: car je ſuis bien aſſuré que l'intention de notre Ami n'a pas été de m'offenſer. Il a cru avoir raiſon, & c'eſt à cela ſeul qu'il faut s'arrêter. Voyons donc ce qu'il répond, & paſſons ce qu'il dit en général pour ſoutenir ſon ſentiment, afin de nous arrêter à ce qu'il dit contre mon Inſtance.

RÉPONSE.

1. Lorſqu'on dit, que nous voyons en Dieu les vérités néceſſaires, les loix immuables, & les raiſons éternelles des vertus, on ne prétend pas que nous y voyons de même les raiſons de chaque créature en particulier. Les premieres nous ſont néceſſaires pour notre conduite & le réglement de nos mœurs; au lieu que les autres ne le ſont pas. Ainſi qui raiſonneroit en cette forme: J'aime le ſoleil, la lumiere, l'or & l'argent: donc j'aime les raiſons de ces créatures, qui ſont en Dieu, extravagueroit au lieu de raiſonner; étant bien certain qu'il n'a nulle connoiſſance des raiſons éternelles qui répondent en Dieu à ces créatures.

REPLIQUE.

Afin donc que ce ne fût pas extravaguer, au lieu de raiſonner, de dire de la chaſteté, ce qu'on ne peut pas dire du ſoleil, il faudroit qu'au lieu qu'il eſt certain, comme notre Ami l'avoue, que nous ne voyons point la raiſon éternelle du ſoleil, qui eſt en Dieu, il fût certain au contraire, que nous y voyons la raiſon éternelle de la chaſteté, de l'obéiſſance, de l'humilité. Or comment ce dernier pourroit-il être certain, ſi le premier étoit certainement faux? Pourroit-on trouver perſonne qui oſât ſe vanter de ces deux expériences ? Je n'ai jamais pu voir la raiſon éternelle du ſoleil, qui eſt en Dieu; mais j'ai ſouvent vu la raiſon éternelle de la chaſteté, qui eſt auſſi en Dieu. On ſait par raiſonnement que l'un & l'autre eſt en Dieu, mais on ne voit ni l'un ni l'autre en Dieu, tant qu'on eſt en cette vie. Et rien n'eſt plus mal fondé que ce que l'on dit pour faire croire, que l'on voit l'une, & que l'on ne peut voir l'autre.

C'eſt, dit notre Ami, *qu'il eſt néceſſaire, pour notre conduite & pour le réglement de nos mœurs, que nous voyions en Dieu les vérités néceſſaires, & les raiſons éternelles des vertus; au lieu qu'il n'eſt point néceſſaire pour cela, que nous voyions en Dieu la raiſon éternelle du ſoleil.*

Mais tout cela n'eſt qu'une pure illuſion. Car, 1°. quelle néceſſité peut-il y avoir pour le réglement des mœurs des Chrétiens touchant la chaſteté, qu'ils voient en Dieu la raiſon éternelle de cette vertu ? Une regle ne ſert de rien, ſi elle n'eſt connue. Tout ce qui eſt dit de cette vertu dans la parole de Dieu, auroit-il pu ſervir de regle à ceux qui n'auroient eu aucune connoiſſance de cette parole divine ? Or comme j'ai remarqué dans ma Diſſertation, il y a eu une infinité de femmes très-chaſtes, qui n'ont jamais eu la moindre penſée de cette forme éternelle de la chaſteté, qui eſt en Dieu, & qui n'ont eu pour regle à l'égard de cette vertu, que la bonne éducation, & les inſtructions de la parole de Dieu.

2°. Si nous n'avons pas dû voir la raiſon éternelle du ſoleil, qui eſt en Dieu, parce que cela ne nous étoit pas néceſſaire pour notre conduite & pour le réglement de nos mœurs, pourquoi notre Ami met-il en cet endroit même les vérités néceſſaires & immuables; telles que ſont les ſpéculations de l'Algebre, de la Geométrie, de l'Arithmétique entre les choſes que nous voyons en Dieu ? Eſt-ce qu'il eſt néceſſaire, pour notre conduite & le réglement de nos mœurs, que nous ſachions les propriétés des nombres, des triangles, des cercles, &c ?

3°. On peut dire même, qu'il eût été beaucoup plus utile pour le réglement des mœurs du genre humain, que les hommes euſſent vu les raiſons éternelles qui ſont en Dieu, du ſoleil & des autres aſtres, que les vérités de ces ſciences abſtraites. Car on croit que la premiere idolâtrie a été l'adoration du ſoleil & des autres aſtres. Or ſi les hommes avoient vu les raiſons éternelles de ces créatures, qui ſont en Dieu, ce leur eût été un grand avantage pour les détourner de les adorer comme des Dieux: car ils auroient vu dans ces raiſons éternelles, que les aſtres ne ſont que de grands amas de matiere, ſans ſentiment, ſans connoiſſance, & par conſéquent incapables de faire du bien à ceux qui les

VII. Cl.
N. XIV.
invoquent, plutôt qu'à ceux qui ne les invoquent pas. Aussi nous voyons que les Stoïciens, qui croioient que les astres étoient des Dieux, se les figuroient doués d'intelligence ; ce qu'ils n'auroient pas fait, s'ils avoient vu leurs raisons éternelles, qui sont en Dieu. Il n'est donc pas vrai, que la vue de ces raisons éternelles des choses célestes, n'auroit point été utile pour le réglement des mœurs des hommes.

RÉPONSE.

2. *Il y a cette grande différence entre l'amour des vertus & celui des créatures sensibles, que celui-ci pourroit absolument subsister sans qu'on aimât les vérités éternelles qui leur répondent ; au lieu que l'amour des vertus ne peut subsister sans l'amour de ces vérités éternelles.*

REPLIQUE.

Quel paradoxe ! que l'amour des vertus ne puisse subsister sans l'amour d'une certaine chose, si peu connue des personnes vertueuses, que de cent mille, il n'y en aura pas deux qui aient jamais eu la moindre pensée de cette raison éternelle de la chasteté, qui répond en Dieu à ce qu'ils ont accoutumé de concevoir par ce mot de chasteté. D'où vient donc qu'il n'est rien dit dans aucun Catéchisme, ni aucune instruction, de cet amour mystérieux des raisons éternelles sans lequel l'amour des vertus ne peut subsister ? Mais la raison dont il appuie ce paradoxe suffit pour lui ôter toute créance.

RÉPONSE.

La raison de cette différence est, que les créatures sensibles, comme le soleil, n'ayant rien en elles qui n'engage notre amour, elles n'ont pas besoin de devenir aimables par l'amour de quelque autre chose..... au lieu que la vertu n'ayant rien par elle-même de sensible, & ne paroissant d'ordinaire qu'au travers de l'extérieur le plus disgracié..... il est nécessaire qu'on la voie quelque part dans un plus beau jour, & avec des charmes auxquels on ne puisse refuser son estime & son approbation.

REPLIQUE.

Ainsi la vertu n'est aimable, selon notre Ami, que quand elle paroît dans un certain beau jour, dans lequel personne vivant sur la terre ne l'a

l'a jamais vue, & avec des charmes auxquels on dit qu'on ne peut re- VII. Cl.
fuser son eſtime; quoique ces prétendus charmes ſoient inintelligibles & N. XIV.
inviſibles à tout autre qu'aux Bienheureux.

Pour moi je les lui abandonne pour tels qu'ils ſont. Mais voici d'autres charmes, qui me paroiſſent bien plus capables de faire aimer la vertu au milieu des feux & des plus cruels tourments. C'eſt un ardent amour de Dieu, répandu dans nos cœurs par le Saint Eſprit, qui nous porte à prendre Jeſus Chriſt pour notre modele; à le ſuivre par-tout, à écouter & pratiquer ſes paroles, & à mettre notre bonheur à lui obéir, quoi qu'il nous commande. Voilà ce qui rend la vertu aimable à tous ceux qui l'aiment véritablement. Et c'eſt ce qui fait dire ſi ſouvent à S. Auguſtin, que les commandements de Dieu ſont peſants à ceux qui les obſervent par la crainte du châtiment, mais qu'ils ſont doux & légers à ceux à qui l'amour de Dieu les fait obſerver. C'eſt ce qui eſt ſi commun, que je ne m'amuſe pas à le prouver. Pourquoi donc chercher ailleurs que dans la charité, ce qui nous rend les autres vertus aimables?

Mais il eſt vrai, que notre Ami fait ici une étrange brouillerie. Car au lieu qu'il avoit à prouver, que c'eſt l'amour des raiſons éternelles, qui rend la vertu aimable à ceux qui ſont véritablement vertueux, il les laiſſe-là pour avancer ce nouveau paradoxe, que c'eſt cet amour des raiſons éternelles, qui rend la vertu aimable aux libertins & aux pécheurs, c'eſt-à-dire, aux méchants: car c'eſt ce qu'il doit entendre par le mot de *pécheurs* joint à celui de *libertins*. C'eſt ce qu'on auroit vu dans ſon paſſage, ſi je ne l'avois point retranché, pour ne pas mêler deux queſtions différentes. Mais je vais le remettre ici, pour y répondre en particulier.

RÉPONSE.

La vertu ne paroiſſant d'ordinaire qu'à travers de l'extérieur le plus rebutant, & le plus ſouvent au milieu des devoirs les plus génants, les plus auſteres, & les plus inſupportables à l'humeur DES LIBERTINS ET DES PÉCHEURS, *on a raiſon de juger, lorſqu'on leur voit de l'amour pour la vertu, & pour une vertu ſi diſgraciée, ſi enveloppée, ſi embarraſſée, & ſi auſtere, qu'ils la voient quelque part dans un plus beau jour qu'elle ne leur paroit ſous ces enveloppes, & enfin avec des charmes auxquels ils ne peuvent refuſer ni leur eſtime, ni leur approbation, quoiqu'ils leur refuſent leur parfaite ſoumiſſion; c'eſt-à-dire, qu'ils la voient dans cette forme immuable & adorable qu'elle a dans l'eſſence de Dieu. Et ainſi l'on voit ſuffiſamment par-là la fauſſeté des conſéquences de l'Auteur.*

VII. Cl.
N. XIV.

REPLIQUE.

Belle déclamation en apparence, mais dans laquelle il n'y a pas un mot de vrai.

C'est en vain qu'on cherche ce qui rend la vertu aimable aux libertins & aux méchants. Tant qu'ils demeurent tels, & que Dieu ne commence point de les convertir, ils n'aiment point la vertu comme vertu. Pour l'aimer en cette forte il faudroit qu'ils les aimassent toutes; & s'ils les aimoient toutes, ils ne feroient pas méchants & libertins. Ceux qui le font, n'aiment qu'eux-mêmes. C'est leur amour dominant: *Amor sui usque ad contemptum Dei*: c'est leur caractere. S'ils semblent aimer les devoirs de quelque vertu & s'abstenir du vice contraire, c'est pour quelque avantage ou d'honneur, ou d'intérêt, ou d'un autre plaisir dont ils sont plus occupés: *Regnat carnalis cupiditas, ubi non est Dei charitas*, comme dit S. Augustin. Il n'en excepte pas même les vertus des Payens, qui sembloient aimer les vertus pour elles-mêmes: *Nam licèt*, dit-il, *à quibusdam tunc veræ & honestæ putantur esse virtutes, cùm ad seipsas referuntur, nec propter aliud expetuntur, etiam tunc superbæ & inflatæ sunt, & ideò non virtutes, sed vitia judicandæ sunt*.

Enchir.
c. 117.

De civit.
Dei l. 19.
c. 25.

Mais rien n'est plus étrange, que de supposer comme indubitable ce qui n'a pas la moindre apparence de vérité, qui est, que ces libertins voient dans *l'essence de Dieu*, les raisons éternelles des vertus, & que c'est ce qui les leur fait voir avec des charmes, auxquels ils ne peuvent refuser leur approbation. Et que deviendra donc ce que dit expressément S. Augustin, dans le passage rapporté dans la Dissertation, lib. 83. quæst. q. 46. *Qu'il n'y a que l'ame raisonnable qui puisse voir les raisons éternelles, qui font en Dieu; mais qu'il n'y a que celle qui est sainte & pure qui soit capable de cette vue*: NON OMNIS ET QUÆLIBET, *sed quæ sancta & pura fuerit, huic visioni est idonea*. Ce qu'il répete encore à la fin du passage, où il dit, qu'il faut que cette ame *soit unie à Dieu par la charité, & qu'alors elle devient très-heureuse*. Ce qui fait croire à S. Thomas, que cela se devoit entendre des ames qui voient Dieu face à face dans le ciel.

Quoi qu'il en soit, il faut s'aveugler soi-même, pour s'imaginer que les libertins & les pécheurs, possédés de l'amour du monde, & dont l'Ecriture dit qu'ils ne connoissent point Dieu, voient dans l'essence divine, *la forme primitive & éternelle des vertus*. Si cela étoit, ils n'en auroient pas les fausses idées qu'ils en ont, & qu'ils conservent toute leur vie, à moins que Dieu ne change leur cœur. Je n'en dirai rien de moi-même; mais je me contenterai de rapporter ce que dit un Pape, des divers juge-

ments, que les personnes de piété, & les gens du monde, font des vertus VII. Cl.
& des vices. C'est S. Grégoire, dans le Livre dixieme de ses Morales, Cha- N. XIV.
pitre XVI (ou XXIX, selon la nouvelle édition.)

La sagesse mondaine apprend à ses sectateurs à rechercher les premiers honneurs, à jouir avec joie du faste & de la gloire temporelle, à rendre aux autres avec usure, le mal qu'ils en ont reçu, & à dissimuler, par une douceur apparente, tout ce que leur malice impuissante ne peut exécuter. La prudence des justes au contraire, consiste à aimer la vérité, à fuir le mensonge, à faire du bien gratuitement, à souffrir le mal plutôt que d'en faire, à ne point chercher la vengeance des injures qu'on reçoit, & à considérer comme un grand avantage les opprobres & les confusions que l'on souffre pour l'amour de la vérité. Mais on se moque de cette simplicité des justes, parce que les sages du siecle appellent sottise, la candeur & l'innocence : ils estiment folie tout ce que l'on fait avec sincérité, & aux yeux de cette sagesse éternelle, tout ce que la vérité approuve & demande, passe pour ridicule & extravagant.

Comment cela se peut-il accorder avec ce que dit notre Ami de la vertu, que *les libertins même la voient dans cette forme immuable & adorable qu'elle a dans l'essence de Dieu ; & que c'est ce qui fait qu'elle leur paroit dans un si beau jour, & avec des charmes auxquels ils ne peuvent refuser, ni leur estime, ni leur approbation, quoiqu'ils leur refusent leur parfaite soumission ?* Est-ce estimer & approuver la vertu, quoiqu'on ne lui rende pas la soumission qu'on lui doit, que de la regarder comme *une sottise & une folie ?*

Mais j'ai encore à rapporter ce qu'il dit de ces libertins, qu'il suppose aimer la vertu, quoiqu'ils ne soient pas vertueux.

RÉPONSE.

Mais, dira l'Auteur, à quoi bon toutes ces formes immuables ? La vertu n'est qu'une maniere d'être de l'ame : & ainsi, lorsque les pécheurs aiment quelque vertu, ils aiment une maniere d'être de quelqu'ame.

RÉPLIQUE.

Je ne sais pas ce que notre Ami peut trouver à redire à cette replique, qu'il a supposé qu'on lui pourroit faire. Est-ce que la chasteté n'est pas une qualité louable de l'ame des personnes qu'on appelle chastes ? C'est donc par conséquent une maniere d'être de leur ame, puisque ce n'en est pas la substance. Il est donc clair, que supposé qu'un pécheur

VII. Cl. aimât la chafteté de cette perfonne, il aimeroit la maniere d'être de l'ame
N. XIV. de cette perfonne. Voyons donc ce que notre Ami fe répond à lui-
même fur cela.

RÉPONSE.

Cela eft aifé à dire : mais 1. *lorfque ces pécheurs aiment cette vertu dans un homme particulier, voient-ils les manieres d'être de fon ame? Hélas! ils ne voient pas même les manieres d'être de leur ame propre.*

REPLIQUE.

Nous ne voyons donc point notre propre confcience, contre ce que dit fi fouvent S. Auguftin. Car notre confcience eft une maniere d'être de notre ame, & c'eft par le témoignage qu'elle nous rend, que nous remercions Dieu du bien qu'il a mis en nous par fa grace, & que nous lui demandons pardon des fautes que nous reconnoiffons avoir commifes. Cet *hélas* auroit donc dû être retranché.

REPONSE.

En aimant donc la vertu d'un autre, ils aiment ce qu'ils ne voient pas. Mais comment ce qu'on ne voit pas ni en foi, ni en fa forme primitive & éternelle, peut-il exciter un fi grand amour, & un amour fouvent fi contraire à toutes les inclinations naturelles?

REPLIQUE.

Aimer la vertu d'un autre homme, c'eft aimer un autre homme, parce qu'il eft vertueux. Or il n'eft point néceffaire pour cela que je voie fa vertu, comme je vois ma propre confcience : cela n'eft pas poffible. Il fuffit que d'une part j'aie une idée générale de la vertu (comme l'inftruction la fait avoir à ceux qui font bien élevés) & que, d'autre part, j'aie affez de connoiffance de la vie & de la conduite de cet homme pour le croire vertueux, felon l'idée que j'ai de la vertu. Comment donc notre Ami prouvera-t-il, que cela ne fuffit pas pour aimer la vertu de cette perfonne; mais que ne pouvant pas voir fa vertu en elle-même, comme je vois ma confcience; il faut que je la voie *dans fa forme primitive & éternelle* : ce qu'il avoue que je ne pourrai voir qu'en voyant l'effence divine, que tous les Théologiens reconnoiffent n'être vue que dans le ciel par les Bienheureux.

Quant à ce qu'il ajoute, que les pécheurs n'auroient point un si grand VII. Cl. amour pour la vertu d'un homme de bien, s'ils ne la voyoient dans sa N. XIV. forme primitive & éternelle, c'est une supposition chimérique. Car quand les gens possédés de l'esprit du monde, semblent aimer la vertu de leurs amis, qui ont la réputation d'être gens de bien, ce n'est pas proprement leur vertu qu'ils aiment, mais l'honneur qui leur revient d'avoir pour amis des personnes estimées pour leur vertu, ou quelques avantages, qu'on a plus sujet d'attendre des gens de bien, que de ceux qui ne le sont pas.

ARTICLE XIII.

Dieu conçu comme justice par les Iroquois.

TREIZIEME REGLE.

IL y a des paradoxes si peu croyables, pour peu qu'on les examinât sérieusement, qu'il est aisé de juger, qu'ils ne peuvent avoir été avancés par des gens d'esprit, que par la pente qu'on a de croire vrai, sans beaucoup de discernement, ce que nous jugeons nécessaire pour donner de la vraisemblance à nos préjugés. Et c'est à quoi principalement sont sujets les inventeurs de nouveaux Systêmes, dont l'Auteur de la Recherche de la Vérité, est un grand exemple.

APPLICATION.

J'ai maintenant à expliquer diverses choses, qui regardent Dieu conçu comme justice : ce qui nous donnera lieu d'examiner ce paradoxe ; que Dieu a pu être connu comme justice, par ceux-mêmes qu'on a toujours regardés, comme n'ayant eu aucune connoissance de Dieu. Mais il faut reprendre la chose de plus haut.

Le mot de *juste* signifie souvent, sur-tout dans l'Ecriture, un homme de bien. La justice est un amas de vertus qui sont nécessaires pour être homme de bien, & c'est la même chose que la probité. Aristote n'a pas ignoré cette signification du mot de justice : car c'est ce qu'il appelle, si je ne me trompe, la justice légale.

Mais les mots de juste & de justice, se prennent encore plus ordinairement pour une des quatre vertus cardinales, qui est définie par les Jurisconsultes : *Constans & perpetua voluntas, jus suum cuique tribuendi.*

On dit aussi de Dieu, qu'il est juste ; & c'est un de ses principaux attri-

VII. Cl. buts : au lieu qu'on ne dit point que Dieu foit fobre, qu'il foit chafte,
N. XIV. qu'il foit obéiffant. Car fi on le dit de Jefus Chrift, ce n'eft que felon fa
nature humaine, & non felon fa nature divine.

La raifon eft, ainfi que nous l'avons dit, que ces trois dernieres
vertus, chafteté, fobriété, obéiffance, enferment effentiellement quelque
imperfection qui ne peut convenir à Dieu ; mais la juftice peut être con-
çue fans aucun mélange d'imperfection. Car fans ruiner la notion générale
qu'on a de la juftice, on en peut féparer les imperfections qui fe trouvent dans la juftice humaine ; & c'eft ce que l'on fait en difant que Dieu
eft la juftice même, la fouveraine juftice ; au lieu qu'on ne peut dire qu'il
eft la fobriété même, la chafteté même.

Il s'enfuit de-là que Dieu peut être conçu comme juftice. Cela eft
très-vrai. Et c'eft ce que S. Auguftin fait fouvent, pour faire avoir aux
fimples fideles des idées fpirituelles de Dieu ; au lieu qu'il eft à craindre
qu'ils n'en aient fouvent que de fort groffieres, en fe le repréfentant
comme un vénérable vieillard avec un fceptre & une couronne, ou
comme une lumiere immenfe & d'une étendue infinie. On fait très-bien
d'imiter ce Saint, en difant au peuple, qu'on doit concevoir Dieu comme
étant la juftice même, la fainteté même, la bonté même, & non pas comme quelque chofe de corporel.

Mais comme il eft très-utile de parler de la forte, à ceux qui favent
qu'il y a un Dieu créateur du ciel & de la terre, on feroit très-mal, au
contraire, de vouloir faire concevoir Dieu comme juftice, à ceux qui n'auroient d'ailleurs aucune autre idée de Dieu. Car ne pouvant alors concevoir, par le mot de *juftice*, que ce qui fait dire qu'un traité eft jufte,
quand aucune des parties ne fe plaint d'avoir été trompée, & qu'il a été
injufte, quand l'une peut faire voir qu'on l'a trompée, cela ne leur pourroit donner qu'une très-fauffe idée de Dieu ; parce que cela leur don-
neroit fujet de croire, que cette juftice étant le plus fort lien de la fociété
humaine, on la devoit révérer comme une chofe d'une excellence fingu-
liere : ce qui a produit la plupart des Divinités du Paganifme.

Il n'y a donc rien de plus mal fondé, que ce que difent quelques Théologiens des Sauvages du Canada, qui, avant l'avénement des François,
étoient dans une telle ignorance de toute Divinité vraie ou fauffe, qu'il
n'y avoit point de mot dans aucune de leurs langues, qui fignifiât la
Divinité. Ils difent qu'à la vérité ces barbares ne connoiffoient pas Dieu
comme créateur du ciel & de la terre, mais qu'on ne peut affurer fans
témérité, qu'ils ne le connuffent pas comme vérité & comme juftice ;
puifqu'il n'eft pas à croire qu'ils ne connuffent quelques regles de la
juftice, qu'on ne peut connoître, fans connoître Dieu comme vérité &
comme juftice.

Si cela étoit, on ne pourroit assurer sans témérité ce qu'assure l'Ecri- VII. Cl. ture en tant de manieres, que hors le peuple Juif tous les autres peuples N. XIV. ne connoissoient point le vrai Dieu. Car c'est ce qu'elle nous fait assez entendre quand elle dit, d'une part : *Notus in Judæâ Deus*, & de l'autre : Ps. 75. *Effunde iram tuam in gentes quæ te non noverunt*. Et quand S. Paul dit Ps. 78. des Gentils avant leur conversion, qu'ils étoient *sans Dieu en ce monde*, Ep. 2 &h & que leur esprit étoit couvert à cet égard d'épaisses ténebres ; & quand 4. il les avertit de ne se pas conduire, à l'égard des péchés contraires à la 1 Thess. 4. chasteté, *sicut gentes quæ ignorant Deum*. Et quand il dit aux Athéniens, chez qui il avoit trouvé un Autel, où étoient ces mots : *Au Dieu inconnu* ; Act. 17. qu'il leur annonçoit ce Dieu qu'ils ne connoissoient pas, & que c'est le vrai Dieu, qui a fait le monde : *Deum qui fecit mundum* ; & que Dieu avoit laissé passer & comme dissimulé ces temps d'ignorance : *Et tempora* Act. 14. *quidem hujus ignorantiæ despiciens Deus*. Et quand il exhorte les Licao- niens de se convertir de leurs superstitions au Dieu vivant qui a fait le ciel & la terre, & qui, dans les siecles passés avoit laissé marcher toutes les nations dans leurs voies. Cela seroit-il vrai, s'il s'étoit fait connoître à toutes ces nations, comme vérité & comme justice ; ce qui est une ma- niere de connoître Dieu, à ce que disent ces Théologiens, plus sublime que de le connoître seulement comme créateur du monde ?

Mais pour en revenir aux Iroquois & autres Sauvages du Canada, pour juger si ce n'est pas la pensée du monde la plus chimérique, de vouloir qu'ils aient pu, sans l'instruction de personne, connoître Dieu comme vérité & comme justice, avant qu'aucun François eût passé en leur pays, il ne faut que considérer ce que nous en disent ceux qui ont les premiers travaillé à leur conversion (a). Ils ont, disent-ils, assez de bon sens pour leur négoce & leurs intérêts particuliers, mais si peu d'ou- verture pour les choses spirituelles, qu'on ne leur peut sur cela rien faire entrer dans l'esprit, parce qu'ils n'en ont point d'idée. De sorte que les plus sinceres de ceux qui ont été en ce pays-là conviennent, qu'à l'égard de la plupart de ces Sauvages, il faut travailler long-temps à les huma- niser (c'est le mot dont ils se servent) avant que de songer à en faire des Chrétiens. Cela étant, comment peut-on s'imaginer, que des esprits aussi bouchés que ceux-là, sans avoir jamais entendu parler de Dieu, aient pu d'eux-mêmes sans aucune instruction, concevoir Dieu comme vérité & comme justice, n'ayant jamais eu d'autre idée de la vérité & de la justice, sinon qu'on dit la vérité quand on ne ment point, & qu'on agit avec justice quand on ne trompe point dans un marché ? Car quand on

(a) Voyez le *premier établissement de la foi dans la Nouvelle France* du P. Chrétien le Clercq, Tome I. page 267, 281, 295.

VII. Cl. N. XIV.

n'a point d'autres notions de la vérité & de la justice que celles-là, comment pourroit-on de soi-même, sans l'aide de personne, lorsqu'on n'a jamais ouï parler de Dieu, former ces deux propositions : *Dieu est la vérité ; Dieu est la justice ?*

On ne les peut pas mettre entre les propositions qui sont connues d'elles-mêmes, & qu'on n'a pas besoin de prouver. Et quand cela seroit, il ne s'ensuivroit pas que l'on pût supposer avec quelque probabilité, que ces Sauvages les auroient trouvées d'eux-mêmes. Y a-t-il rien de plus évident que cette proposition : *Je pense ; donc je suis ?* On en demeure d'accord sans peine, quand on nous la propose. Mais presque personne ne s'avise de se la proposer. Cependant nul n'a dit jusqu'ici que ces propositions : *Dieu est vérité, Dieu est justice*, soient si claires d'elles-mêmes, qu'elles n'aient pas besoin d'être prouvées ; & ceux qui les soutiennent, prétendent avoir de bonnes preuves pour les persuader. Qu'ils les prouvent donc, à la bonne heure ; mais je les défie de le faire, sans supposer que Dieu est, & qu'on doit en avoir des idées bien différentes de celles qu'on a d'ordinaire de ce qu'on entend par les mots de *vérité* & de *justice*. Et par conséquent, c'est supposer que les Iroquois savoient que Dieu est, avant que de l'avoir conçu comme vérité & comme justice : ce qui est directement le contraire de ce que prétendent les Auteurs du nouveau Système. Car ne pouvant pas désavouer qu'on n'ait trouvé ces Canadiens dans une entière ignorance de Dieu, ils se retranchent à dire, que ne sachant pas qu'il y eût un Dieu, ils peuvent l'avoir conçu comme vérité & comme justice, quoiqu'ils ne s'en soient pas apperçus. On pourra par-là leur attribuer telle science que l'on voudra. Ils auront été Géométres, Arithméticiens, Astronomes, mais sans s'en appercevoir. Ils pourront, par exemple, n'avoir pas ignoré que le soleil est beaucoup plus grand que la terre. Car cela se peut facilement inférer de ce qui arrive dans les éclipses de lune ; & qui sait, pourront dire nos Imperceptibilistes, s'ils n'en ont point tiré cette conséquence, quoiqu'ils ne se soient pas apperçus qu'ils l'avoient tirée ?

Je reviens à la distinction que j'ai faite, que je soutiens être très-solide. Quand on parle à ceux qui connoissent Dieu d'ailleurs, & que c'est l'être parfait, l'être souverain, qui a fait toutes choses, on fait très-bien de leur dire, que ce Dieu qu'ils adorent, est la vérité même, la justice même, la sagesse même, afin de les détourner de le concevoir sous une forme humaine, ou quelqu'autre image corporelle. Mais ce seroit une très-mauvaise voie de faire connoître Dieu à ceux qui n'en auroient aucune connoissance, que de leur dire, que ce que l'on desire qu'ils adorent comme Dieu, est la vérité & la justice. D'où j'ai conclu qu'on n'a pu dire

avec

avec la moindre ombre de raison, que les Sauvages qui n'ont jamais ouï VII. Cl.
parler de Dieu, ne laissent pas de l'avoir connu d'eux-mêmes sans instruc- N. XIV.
tion de personne, comme vérité & comme justice.

ARTICLE XIV.

De l'amour de la justice.

QUATORZIÈME REGLE.

Quand un Auteur a pu prendre un mot en deux sens, on le doit entendre selon le sens qui revient le mieux à toute la suite de sa doctrine, & aux principes qu'il a le plus constamment établis.

APPLICATION.

S. Augustin dit souvent, qu'on doit faire le bien par l'amour de la justice, & non par la crainte de la peine. On demande ce qu'il entend par cet *amour de la justice*, sans lequel on ne fait point le bien, comme on le doit faire, *sicut oportet?*

Vasquez s'est imaginé, que cet amour de la justice, dont parle S. Augustin en tous ces endroits-là, n'est autre chose que la bonté morale de chaque action; la vertu aimée pour elle-même.

Jansénius fait fort bien voir, que rien n'est plus contraire à la doctrine Lib. 1 de
de S. Augustin, que cette imagination de Vasquez, & il le montre nat. pur.
principalement par les passages où ce Saint prend pour la même chose, c. 5 & 6.
l'amour de la justice, & la charité qui est répandue dans nos cœurs par le Saint Esprit. Et c'est ce qui lui fait conclure dans le Chapitre VIII, que cette justice que nous devons aimer pour faire le bien, *sicut oportet*, est Dieu même: *Justitia illa Deus est.*

Mais quand il veut expliquer comment cette justice est Dieu, il a recours à ces pensées platoniciennes dont S. Augustin ne s'est point servi, lorsqu'il a si excellemment expliqué la nature des véritables vertus, en défendant la doctrine de l'Eglise contre l'hérésie des Pélagiens.

C'est ce que j'ai fait voir dans l'Article septième de la Dissertation, & à quoi notre Ami n'a point répondu. J'y ai fait remarquer que S. Augustin traite à fond cette matiere dans le quatrieme Chapitre du livre troisieme contre Julien. Il dit que l'on doit considérer deux choses dans la vertu; *le devoir & la fin* : que le devoir est ce que l'on doit faire, & que

VII. Cl. N. XIV. la fin eſt le motif pourquoi on le doit faire : *Officium eſt quod faciendum eſt ; finis, propter quod faciendum eſt.* Or S. Auguſtin avoue à Julien, que les Payens ont pu faire de bonnes œuvres, *ſecundùm officium*, comme revêtir un pauvre, protéger un innocent que l'on voudroit opprimer, aſſiſter de ſon bien des perſonnes pour qui on auroit une amitié honnête, ne point rendre un faux témoignage, quoiqu'on l'exigeât par des tourments. *Mais je vous demande*, lui dit-il, *s'ils font bien ou mal ces bonnes œuvres ?* Car on ne peut nier que celui-là ne peche, qui fait mal ce qui en ſoi ne ſeroit pas mal. Et ce Saint prouve, que les Gentils font mal ces bonnes œuvres, parce qu'ils ne les rapportent pas à la fin à laquelle la vraie ſageſſe veut qu'on les rapporte, qui eſt Dieu. C'eſt pourquoi il finit ce diſcours par cette belle ſentence : *Amor Dei quo pervenitur ad Deum, non eſt niſi à Deo Patre per Jeſum Chriſtum cum Spiritu Sancto. Per hunc amorem Creatoris bene quiſque utitur creaturis ; ſine hoc amore Creatoris, nullus quiſquam bene utitur creaturis.* Donc la fin à laquelle on doit rapporter toutes les vertus, pour être de vraies vertus, eſt Dieu, qui eſt notre ſouverain bien & notre derniere fin. On peut voir le reſte dans la fin de ce ſeptieme Article de la Diſſertation.

Il nous ſera aiſé de découvrir par-là ce que c'eſt que cette *juſtice* que nous devons aimer pour faire le bien, *ſicut oportet*, comme parlent les Conciles. Car n'y ayant que deux choſes à conſidérer dans les actions de vertu, le devoir & la fin, *officium & finis*, il faut que cet amour de la juſtice regarde l'un ou l'autre. Et il eſt viſible que c'eſt la fin qu'il regarde. 1°. Parce que c'eſt ce que marque naturellement cette façon de parler, faire une choſe pour l'amour de quelqu'un.

2°. Par l'oppoſition que S. Auguſtin fait de deux perſonnes, dont l'un s'abſtient de pécher par l'amour de la juſtice, & l'autre s'en abſtient par la crainte d'être damné. Car c'eſt ſuppoſer qu'il n'y a point de différence entr'eux à l'égard du devoir de la vertu, & qu'il n'y en a qu'à l'égard du motif & de la fin ; le motif de l'un étant l'amour de la juſtice, & celui de l'autre étant la crainte de la peine.

Or le grand principe de la morale chrétienne, établi ſi fortement par S. Auguſtin eſt, que, comme il n'y a que Dieu qui ſoit notre ſouverain bien, c'eſt lui auſſi qui doit être la fin derniere de toutes nos actions, & que toutes celles qui ne lui ſont point rapportées, ne ſauroient être bonnes. Il faut donc néceſſairement que dans le langage de S. Auguſtin, l'amour de la juſtice ſoit la même choſe que l'amour de Dieu. Car ce Saint regardant comme bien fait tout ce qui ſe fait par l'amour de la juſtice, ſi cet amour de la juſtice étoit autre choſe que l'amour de Dieu, il faudroit qu'il eût reconnu quelque choſe de bien fait, qui ne ſeroit

pas fait par l'amour de Dieu: ce qu'il nie en une infinité d'endroits, VII. C1:
& bien expreffément dans le paffage que nous venons de rapporter: *Par* N. XIV.
*l'amour du Créateur, que Dieu le Pere nous donne par Jefus Chrift & le
Saint Efprit, chacun ufe bien des créatures, & fans cet amour du Créateur
perfonne n'ufe bien des créatures.*

Cela ne fait rien, dira quelqu'un, contre le fentiment de M. d'Ypres; car il avoue, que cette juftice eft Dieu, & que, par conféquent, on ne peut aimer cette juftice qu'on n'aime Dieu.

Il eft vrai qu'il dit tout cela, & que c'eft par-là qu'il fe diftingue de Vafquez. Mais voyons fi la maniere dont il s'explique, peut fatisfaire aux principes de S. Auguftin, que nous venons d'établir. C'eft dans le premier livre *de Statu naturæ puræ*, Chap. VIII.

Ce Prélat dit, que cette juftice, qu'on doit aimer pour faire le bien comme il faut, *eft la juftice & la rectitude éternelle, expofée aux yeux de tous les hommes, & que nous voyons obfcurément* EX OPERIBUS (je ne fais ce qu'il entend par-là) *non feulement par la foi, mais par une vue intuitive de notre efprit* (non folùm fide, fed mentis rationalis intuitu.) *Que c'eft cette juftice qui nous fait prononcer fi affurément, qu'une telle action eft bonne, jufte & droite; & qu'une autre eft au contraire mauvaife & déréglée. Car en difant cela, nous voyons cette juftice des yeux de l'efprit; & comme elle rayonne en nous, c'eft par fa lumiere que nous faifons ces jugements. Elle eft immuable & éternelle, & par conféquent au deffus de nos ames qui font muables, ce qui ne convient qu'à Dieu.*

On peut voir par ce que j'ai dit dans la premiere Partie, ce qu'on doit juger de ces fuppofitions, qu'il y a une juftice au deffus de nos ames expofée aux yeux de l'efprit de tous les hommes, qui rayonnant en eux, leur donne moyen de juger qu'une chofe eft jufte, & qu'une autre ne l'eft pas. Je prétends feulement faire voir ici, que cette juftice, ainfi expliquée, ne peut être celle que S. Auguftin dit qu'il faut aimer, pour faire bien ce que l'on fait. Et c'eft ce qui fera bien facile

1°. La juftice ainfi expliquée regarde plutôt le devoir des vertus que leur fin. Car S. Auguftin définit le devoir, *id quod faciendum eft*. Or n'eft-ce pas confidérer *id quod faciendum eft*, que de dire en foi-même étant éclairé de cette lumiere qui eft au deffus de nous: *Hoc debet fieri; hoc non debet: hoc rectum & juftum eft; illud perverfum atque diftortum.* Or nous venons de faire voir que la juftice dont parle S. Auguftin, quand il dit que nous devons agir *ex amore juftitiæ*, regarde la fin de nos actions. Ce n'eft donc pas celle que M. d'Ypres a expliquée au commencement de fon huitieme Chapitre du premier Livre *de Statu naturæ puræ.*

2°. Cela fe verra encore mieux en comparant, comme fait fouvent

VII. C1.
N. XIV.
S. Augustin, celui qui fait une bonne action *ex amore justitiæ*, avec celui qui la fait *ex timore gehennæ*. Suppofons, par exemple, qu'on follicite deux perfonnes à rendre un faux témoignage contre un innocent, & qu'on leur promette pour cela une grande récompenfe; & que l'un refufe de faire cette méchante action par ce que S. Auguftin appelle *l'amour de la juftice*; & que l'autre ne s'en abftienne, que par la crainte d'être damné. Or la juftice prife, comme fait M. d'Ypres, pour une lumiere immuable au deffus de nos ames, qui rayonnant en elles, nous apprend ce qui eft jufte & ce qui ne l'eft pas, ne peut entrer dans le premier membre de la comparaifon plutôt que dans le dernier; puifque nous fuppofons, que ces deux perfonnes font également perfuadées, que ce feroit une très-méchante action, de rendre un faux témoignage contre un innocent.

3°. On dira peut-être, que ce qui les diftingue, eft, que l'un aime affez cette juftice & cette droiture, qu'il voit dans cette forme immuable & éternelle, pour n'être point tenté par la récompenfe; & que l'autre ne l'aimant pas affez, a eu befoin de la crainte d'être damné pour réfifter à cette tentation. C'eft en effet tout ce que l'on peut dire; mais cela ne réfout pas la difficulté. Car je demande, au regard du premier, qui a aimé cette rectitude & cette juftice (par quoi que ce foit qu'elle lui ait été repréfentée) plus que le prix de ce crime, s'il l'a aimée en elle-même, fans aucun rapport à Dieu, parce qu'il n'a eu aucune penfée, que cette juftice & cette rectitude fût Dieu; & alors je foutiens, que jamais S. Auguftin n'auroit dit, qu'il eût agi *ficut oportet*, & qu'il eût fatisfait à l'obligation que nous avons, de rapporter à Dieu tout le bien que nous faifons. Car il déclare expreffément le contraire dans ce

Lib. 19.
c. 25.
paffage de la Cité de Dieu. *Licèt à quibufdam tunc veræ & honeftæ putentur effe virtutes*, CUM AD SEIPSAS REFERUNTUR, NEC PROPTER ALIUD EXPETUNTUR, *etiam tunc inflatæ & fuperbæ funt, & ideo non virtutes, fed vitia judicandæ*. Mais fi on fuppofe qu'il n'eft pas demeuré dans l'amour de cette juftice en elle-même, & qu'il a paffé de-là à l'amour de Dieu, parce qu'il a fu, par la foi, que c'eft Dieu qui a défendu un faux témoignage contre fon prochain, & qu'il eft la regle fouveraine de la juftice, qui approuve le bien & condamne le mal, d'où nous jugeons que ce feroit l'offenfer que de faire ce qui eft contraire à cette regle ; il eft vifible, que l'amour de la juftice enferme celui de Dieu; & que cela eft néceffaire, afin que l'on puiffe dire, que l'on fatisfait à l'obligation de rapporter fes actions à Dieu, quand on les fait par l'amour de la juftice.

On peut appliquer ces mêmes confidérations à celui qui a réfifté à cette tentation par la crainte d'être damné. Car ce motif n'est impur & contraire à celui de l'autre, qui y a résisté par l'amour de la justice, que quand ce dernier n'a été arrêté que par cette seule crainte. Mais si cette crainte de la damnation l'avoit porté à considérer combien le crime qu'on le sollicitoit de commettre étoit grand, puisque Dieu le doit punir par une peine éternelle, & que jugeant de-là combien Dieu seroit offensé, s'il le commettoit, cette considération lui en eût donné une nouvelle horreur, sa crainte alors de servile, seroit devenue filiale, & il auroit agi par un bon motif aussi-bien que le premier. VII. Cl. N. XIV.

4°. Il n'y a rien qu'on puisse dire être un effet de la vraie grace de Jesus Christ, dans cet amour de la justice expliqué comme fait M. d'Ypres. Car la vraie grace de Jesus Christ n'est pas commune à tous les hommes, & ce qui leur est commun à tous est nature, & non pas grace : *Communis est omnibus natura, non gratia.* Jamais, de plus, S. Augustin n'a reconnu de vraie grace dans les infideles & dans les impies. Or ce que prend M. d'Ypres pour *l'amour de la justice*, se peut trouver dans tous les hommes, sans en excepter les infideles & les impies ; puisque cette forme primitive & éternelle de la justice est exposée à la vue spirituelle de tous les hommes, & que notre Ami est si éloigné de croire que les méchants & les impies ne la puissent aimer, que supposant comme une chose certaine que les libertins & les méchants aiment la vertu, il prétend que c'est une preuve qu'ils la voient dans la forme primitive & éternelle, & qu'ainsi ils la voient dans un plus beau jour & avec de plus grands charmes qu'elle n'auroit en elle-même. *Car comment, dit-il, pourroit-elle exciter un si grand amour, & souvent si contraire à toutes les inclinations naturelles, si ce n'est qu'on la voit dans cette forme immuable & adorable qu'elle a dans l'essence de Dieu ?* Mais tout cela ne s'accorde point avec ce que dit S. Augustin, que l'on doit faire le bien par l'amour de la justice : car M. d'Ypres prouve par un Chapitre entier, qui est le cinquieme du premier Livre *de Statu naturæ puræ*, que cet amour de la justice ne se peut avoir que par une vraie & surnaturelle grace de Dieu, qui n'est point commune à tous les hommes, & qui certainement ne se trouve point dans les infideles & dans les impies. Rien n'est plus exprès sur cela que ce passage : *Jam verò ista dilectio justitiæ, cujus robore peccata fugiantur & præcepta fiant, nullo modo potest à creaturâ rationali obtineri, nisi per veram & propriè dictam & supernaturalem gratiam Dei. Docet hoc diversis locis Augustinus, apertissimèque tradit dilectionem illam, quâ voluntas diligit ipsam justitiam præcepti, & ex illâ dilectione justitiæ aliquod bonum opus facit, non esse aliud nisi charitatem illam, quam diffundit in cordibus nostris vera gratia Spiritûs Sancti qui datus est nobis.*

VII. Cl. N. XIV. Il renvoie en la marge de cet endroit, au troifieme Livre *de Statu naturæ lapfæ*, Chap. XVI. J'en rapporterai feulement deux endroits.

Jam verò quòd fervare præceptum AMORE JUSTITIÆ, *non fit Augustino aliud quàm illud fervare amore charitatis, fole meridiano clarius eft.* Et à la fin de ce Chapitre: *Ipfam autem juftitiam diligendo, bene facere, non eft aliud (ut fatiatiffimè explicuit Auguftinus) quàm Deum ipfum charitate Spiritus Sancti diligendo bene facere: quia Deus non eft inftar hominis, aut lucis, aut idoli cogitandus, fed eft juftitia & veritas.*

Il nous fait entendre par-là, pourquoi S. Auguftin prend pour la même chofe, l'amour de la juftice & l'amour de Dieu. C'eft qu'il avoit accoutumé de faire concevoir Dieu aux fideles fous les idées fpirituelles des attributs que nous concevons être formellement en Dieu; comme la juftice, la vérité, la fainteté, la bonté, la fageffe, afin qu'ils ne fe l'imaginaffent pas, ou comme un homme, ou comme une lumiere, ou comme une idole. Mais il n'eft point néceffaire pour cela que nous voyions des yeux de l'efprit la juftice, la vérité, la fainteté, la bonté, la fageffe qui font en Dieu. C'eft affez que le commun des fideles fache par la foi que Dieu eft tout cela, quand ils ne le fauroient que confufément, quoique quelques ames choifies en puiffent favoir davantage par des lumieres extraordinaires qu'elles peuvent recevoir. Mais c'eft de quoi nous allons parler à l'occafion de quelques difficultés qui me reftent à examiner dans ce paffage de M. d'Ypres du premier Livre de *Statu naturæ puræ*, Chap. VIII.

5°. Après avoir dit que cette juftice, par l'amour de laquelle S. Auguftin dit qu'on doit faire le bien, *eft omnibus ad intuendum expofita*, il dit que c'eft Dieu même, parce que Dieu n'eft autre chofe que la vérité, la juftice & la rectitude éternelle : ce qui eft vrai dans un très-bon fens; mais ce qu'il ajoute me fait de la peine.

Illa videlicet, quam in hac vita ex operibus obfcurè cernimus, non folùm fide, fed mentis rationalis intuitu.

Il s'agit 1°. du mot de *voir*, *omnibus ad* INTUENDUM *expofita*. 2°. De voir *ex operibus*. 3°. De voir obfcurément. 4°. De voir *mentis intuitu*, & non feulement par la foi.

S. Auguftin diftingue toujours, quand il veut parler exactement, le mot de *voir*, de celui de *croire*; & il n'appelle *voir* que ce qu'on voit directement par les fens du corps, ou par les yeux de l'efprit. Et il appelle, *croire*, tout ce que nous favons feulement par autorité ou par conjecture. C'eft ce qu'il explique en ces termes dans la Lettre à Pauline, Lett. 147. auparav. la 112. où il explique la différence entre *voir* & *croire*. *Les chofes que nous voyons, dit-il, font de deux fortes. Les unes font celles que nous appercevons par*

REGLES DU BON SENS.

le *sens de la vue*, *de l'ouie &c.* Les autres font celles à quoi peut atteindre cet œil de l'esprit, par lequel nous voyons notre vie, notre volonté, notre penfée, notre mémoire, notre intelligence, notre foi. Mais croire, dit-il, tombe fur les chofes qui ne font préfentes aux fens, ni de notre corps, ni de notre efprit. Et c'eft fur cela qu'il dit fouvent, que nous voyons notre propre confcience, mais que nous ne voyons point celle d'un autre.

VII. Cl.
N. XIV.

Il naît de-là une premiere difficulté fur ces mots, *Quam* (*juftitiam*) *ex operibus cernimus.* Car ce n'eft pas la voir, à proprement parler, felon S. Auguftin, que de la connoître par fes œuvres; autrement il ne feroit pas vrai que nous ne voyons pas la confcience des autres: car nous jugeons par les œuvres des gens de bien, que ce font des hommes de bonne confcience.

Une feconde difficulté eft ce que veut dire ce mot, *obfcurè*: *Quam* (*juftitiam*) *in hac vitâ* obscurè *cernimus.* Cela voudroit-il dire qu'on voit cette juftice fi obfcurément, qu'on ne s'apperçoit pas qu'on la voit? Mais à l'égard de la vue de l'efprit, comme la vue d'un objet, & la perception d'un objet font la même chofe, il y a contradiction de dire qu'on le voit, & que l'on ne s'en apperçoit pas.

Une troifieme difficulté feroit, fi on prétendoit feulement qu'il y a dans cette vue de la juftice une obfcurité femblable à celle de la foi: mais alors ce ne feroit plus *voir*, mais *croire*.

La quatrieme difficulté eft la plus confidérable. C'eft qu'on dit que l'on voit cette *juftice*, non feulement par la foi, mais par la vue de l'efprit: *Non folùm fide, fed mentis rationalis intuitu.* On la voit donc par la foi cette juftice; ou pour parler plus correctement, on connoit cette juftice par la foi. Or comment connoit-on cette juftice par la foi, fi ce n'eft qu'on eft inftruit par la parole de Dieu, qui nous eft propofée par l'Eglife, que telles & telles actions font bonnes & agréables à Dieu, & que d'autres font mauvaifes & déplaifent à Dieu? Or je demande fi cela ne fufit pas, en ce qui regarde la connoiffance, pour faire le bien, *ficut oportet?* S'il ne fufit pas, par exemple, pour avoir une horreur chrétienne de l'impureté, du parjure, du faux témoignage, de favoir que ce font de méchantes actions que Dieu nous a défendues par le Décalogue? Et s'il faut outre cela, afin qu'on puiffe dire que nous agiffons par l'amour de la juftice, que nous ayions vu, *rationalis mentis intuitu*, par une vue de notre efprit très-différente de la foi, puifqu'on prétend que cette vue eft commune aux fideles & aux infideles, que nous ayions, dis-je, vu une certaine forme primitive de la juftice, qui rayonnant au deffus de notre ame, nous fait connoître (ce que nous favons déja par

VII. Cl. la foi) que l'impureté, le parjure, le faux témoignage font de méchan-
N. XIV. tes actions? Je ne crois pas qu'il y ait perfonne qui ofe dire que cela foit
néceffaire, & qu'il ne fuffife pas de le favoir par la foi. Or, felon S. Auguftin, pour faire le bien comme il faut, il le faut faire par l'amour
de la juftice. Il n'eft donc point néceffaire que cet amour de la juftice
foit autre chofe que l'amour de Dieu, tel que nous le connoiffons par la
foi; & ce feroit fans fondement que l'on voudroit que ce fût l'amour
d'une forme primitive de la juftice, qui feroit au deffus de nos ames,
& qui fe devroit voir, *non folùm fide, fed rationalis mentis intuitu.*

Mais nous allons voir, dans l'Article fuivant, combien notre Ami
trouve étrange ce qu'on avoit dit fur ce fujet dans la Differtation.

ARTICLE XV.

Fauffes fuppofitions. Pernicieufes conféquences.

Quinzieme Regle.

Rien ne fait mieux voir la fauffeté d'un fentiment, que lorfque,
d'une part, il n'eft appuyé que fur de fauffes fuppofitions, & qu'il engage,
de l'autre, à tenir pour véritables de très-pernicieufes conféquences.

Application.

Entre les raifons que j'avois apportées dans la Differtation, pour montrer qu'il n'eft point néceffaire de voir en Dieu la raifon éternelle de
chaque vertu, pour juger du bien & du mal, celle-ci étoit la troifieme
du feptieme Article.

On apprend aux enfants, dès leur bas âge, que mentir c'eft affurer ce
que l'on fait bien être faux; que c'eft mal fait de mentir, & que Dieu
l'a défendu. Suppofons qu'une jeune fille, inftruite par une mere fort
pieufe, aime mieux s'expofer à être grondée & même châtiée, que de
s'excufer par un menfonge de quelque faute qu'elle auroit faite: à qui
pourroit-on perfuader, qu'il ne feroit pas poffible qu'elle eût tant de
haine du menfonge, fi elle n'avoit vu, dans les raifons éternelles, que c'eft
mal fait de mentir, ni avoir un fi grand amour de la fincérité, fi elle
n'avoit vu en Dieu la forme primitive & éternelle de cette vertu? Comment donc, me direz-vous, s'eft-elle fi fort perfuadée qu'il ne falloit
point mentir? C'eft qu'elle a cru ce que fon pere ou fa mere, ou d'autres

tres perfonnes de piété qui ont eu foin de fon éducation, lui ont dit fou- VII. Cl. vent, que c'eft une chofe honteufe que de mentir, & que Dieu l'a dé- N. XIV. fendu. Or tout le monde demeure d'accord de ce que nous avons vu dans l'Article précédent qu'enfeigne S. Auguftin, que *croire* & *voir* font deux chofes très-différentes.

Il eft donc certain que tous les fimples fideles, qui marchent avec fûreté dans la voie du falut, en s'y conduifant par la lumiere de la foi, font le bien & fuient le mal; non parce qu'ils ont vu dans les raifons éternelles, dont ils n'ont jamais entendu parler, qu'il faut fuir le vice, & embraffer la vertu; mais parce qu'ils ont cru très-fermement par le fecours de la grace, que Dieu nous a révélé dans fa parole ce qu'il veut que nous faffions pour lui plaire, & que nous ne faffions pas pour ne le point offenfer.

Je ne fais pourquoi ce difcours a fi fort choqué notre Ami. Car il en parle avec beaucoup de chagrin dans les N°. XXIV, XXV & XXVI. Ce n'eft pas fans doute qu'il n'approuve la maniere dont je dis que les perfonnes de piété doivent élever leurs enfants, en leur apprenant, dès leur bas âge, que Dieu nous a commandé de certaines chofes, & qu'il en a défendu d'autres. Je fuis fûr qu'il ne trouve rien à dire à cela.

Mais il faut qu'il prétende qu'outre cette connoiffance de nos devoirs que la foi nous donne, il faut encore que nous les voyions dans une nature immuable, toujours préfente à l'efprit de tous les hommes, de quelque âge & de quelque pays qu'ils foient. C'eft dans cette vue qu'il fait deux objections contre mon difcours.

La premiere, qu'il ne touche qu'en paffant, eft, que je donne une ouverture pour juftifier, que les actions que l'on commet contre la loi, ne font mauvaifes que parce qu'elles font défendues.

Mais cette objection eft très-mal fondée. Car je fuppofe qu'une perfonne de piété qui inftruit un enfant, lui dit deux chofes du menfonge: l'une, que c'eft une mauvaife chofe que de mentir: *turpe eft mentiri*; l'autre, que Dieu l'a défendu, *& à Deo vetitum*. Je ne donne donc pas lieu de croire, que cela n'eft mauvais que parce qu'il a été défendu, mais plutôt qu'il a été défendu parce qu'il eft mauvais. Cependant ce n'eft pas un inconvénient qu'un enfant s'abftienne de faire une chofe, parce qu'on lui a dit que Dieu l'a défendue, quoiqu'il ne fache pas fi Dieu l'a défendue, parce qu'elle étoit mauvaife, ou fi elle n'eft mauvaife, que parce que Dieu l'a défendue. Dieu même n'a pas cru devoir faire cette diftinction, en donnant tant de commandements aux Ifraélites, dont les uns étoient de Droit naturel, & les autres feulement de Droit pofitif. Il y en a de ce fecond genre dans le Décalogue même;

VII. Cl.　comme eſt celui de ne point faire d'images taillées, ſelon les plus ſavants
N. XIV.　Docteurs Juifs, & ſelon tout le monde, la rigoureuſe obſervation du
ſeptieme jour de la ſemaine, ſur-tout pour ce qui regarde l'abſtinence
des œuvres ſerviles.

Mais s'il étoit néceſſaire de ſavoir ce qui eſt de Droit naturel, & ce
qui eſt de Droit poſitif, je voudrois bien qu'on me dît, comment on le
pourroit apprendre *dans cette nature ou forme immuable, toujours préſente à l'eſprit de tous les hommes, de quelque âge & de quelque pays qu'ils
ſoient*, & s'il s'eſt jamais trouvé perſonne qui ait prétendu que c'eſt de-
là qu'il l'avoit appris.

L'autre objection ſeroit plus conſidérable, ſi elle avoit quelque vraiſemblance. Mais elle n'en a point du tout. Il la faut rapporter dans ſes
propres termes.

Objection.

*Une des plus belles preuves que nous ayions, qu'il ne peut y avoir d'igno-
rance invincible des principaux préceptes de la Loi, & que ces préceptes
ſont immuables & inaltérables, eſt que nous les voyons dans une nature
immuable, toujours préſente à l'eſprit de tous les hommes, de quelque âge,
& de quelque pays qu'ils ſoient. Et cependant l'Auteur s'efforce de ruiner
cette preuve, en diſant que les enfants ſe font une honte de mentir, &
qu'ils croient faire un mal en mentant, parce que leurs meres leur ont
appris que cela eſt honteux, & que Dieu l'a défendu.*

*Il rapporte enſuite ces ſix ou ſept lignes de la Diſſertation: Quare
certiſſimum eſt ſaltem eos, quos, ut ait Auguſtinus, credendi ſimplicitas
tutiſſimos facit, vitia fugere & virtutes amplecti, non quia viderunt in
rationibus æternis, de quibus nihil unquam inaudierunt, vitia eſſe fugienda,
& virtutes amplectendas; ſed quia, divinâ eos adjuvante gratiâ, firmiter
crediderunt utrumque à Deo eſſe revelatum.*

Et voici comme il prétend l'avoir bien réfuté.

*Mais ſi nos proches n'avoient donc point eu ſoin de nous inſtruire de
cette révélation de Dieu, nous ſerions dans une ignorance invincible de la
Loi, & nous pourrions la violer innocemment. Bon Dieu, qu'il y auroit
d'innocents au monde qui paſſent pour coupables !*

Replique.

Cette objection eſt tout-à-fait mal-à-propos. Ce qu'il a rapporté de
ma Diſſertation ne regarde ni de près, ni de loin l'ignorance de la loi

naturelle, vincible ou invincible. Car j'y ai feulement marqué la voie la plus ordinaire, par où les Chrétiens connoissent ce qu'ils doivent faire pour bien vivre; qui est qu'ils apprennent des personnes de piété qui ont soin de leur éducation, ce que Dieu nous en a révélé dans sa parole: à quoi on peut ajouter les exemples des Saints, & du Saint des Saints; & j'ai demandé ensuite, si cela ne leur suffisoit pas pour être instruits de leurs devoirs, & s'il falloit encore outre tout cela, qu'ils *les vissent dans une nature immuable, présente à l'esprit de tous les hommes, de quelque âge & de quelque pays qu'ils soient.* Voilà à quoi notre Ami avoit à répondre; & on défie qui que ce soit de le faire. Car qui pourroit souffrir que l'on dit, que la révélation de Dieu, confirmée par des miracles, ne suffisoit pas aux Payens, à qui S. Paul l'avoit annoncée, pour être assurés que la fornication, par exemple, étoit un grand péché; mais qu'il falloit outre cela, qu'ils le vissent dans une certaine *forme primitive de la justice, toujours présente à l'esprit de tous les hommes?* Rien ne seroit assurément plus scandaleux ni plus injurieux à l'autorité que la révélation de Dieu doit avoir sur nos esprits.

Au lieu donc de répondre à ce qui faisoit le fort de l'argument, on propose en ces termes une difficulté qui n'y revenoit point: *Mais si nos proches n'avoient donc pas eu soin de nous instruire de cette révélation de Dieu, nous serions dans une ignorance invincible de la Loi, & nous pourrions la violer innocemment.*

Afin que j'eusse donné lieu à me faire cette objection, il faudroit que j'eusse dit. 1°. Qu'on ne peut être instruit de la loi naturelle que par la révélation de Dieu. 2°. Que nous ne pouvons être instruits de la révélation de Dieu que par le soin de nos proches. Or je n'ai dit ni l'un ni l'autre; & l'un & l'autre est faux, y ayant beaucoup de devoirs de la loi naturelle, qui ont été connus d'une infinité de personnes, qui n'ont rien su ni des révélations de Dieu, ni de Dieu même.

Mais laissant là ce qu'il me reproche sans raison, voyons si ce n'est pas lui-même qui établit des principes, selon lesquels il y a bien des coupables qui devroient passer pour innocents.

Il suppose, pour indubitable, que l'ignorance invincible du droit naturel excuse du péché ceux qui le violent. Mais on a fait voir dans la neuvieme Partie des Difficultés proposées à M. Steyaert, Tome IX. depuis la page 372 jusqu'à la page 378, que rien n'étoit plus équivoque que ces mots de *vincible & invincible*, à l'égard de l'ignorance du droit naturel. Ce qui est bien certain est, que S. Augustin n'a reconnu aucune ignorance des devoirs naturels, qui excuse de péché. Il n'en reconnoît que de deux sortes: L'une de ceux qui n'ont pas eu soin

VII. Cl. N. XIV. de les apprendre, qui eſt l'ignorance que les Théologiens appellent *volontaire & vincible*. L'autre de ceux qui n'ont pu les connoître, qui doit être celle que ces mêmes Théologiens appellent *invincible & involontaire*. C'eſt ce qu'on peut voir par ce paſſage *de Natura & Gratia*, cap. 17. Après avoir rapporté ce que diſoit Pélage: *Hominem prævigilare debere ne ignoret, idèòque eſſe culpandam ignorantiam, quia id homo neſcit negligentiâ ſuâ, quod adhibitâ diligentiâ ſcire debuiſſet*, il fait cette réflexion: *Il ſe garde bien de faire à Dieu cette priere*: DA MIHI intellectum ut diſcam mandata tua. Par où il veut faire entendre, qu'outre cette ſorte d'ignorance que reconnoiſſoit Pélage, dont on ſe pourroit délivrer *adhibitâ diligentiâ*, par notre ſoin & notre travail, il y en avoit une autre, dont c'étoit à Dieu à nous délivrer par la Grace. C'eſt ce qu'il marque par ces paroles: *Aliud eſt enim* NON CURASSE SCIRE, *quæ* NEGLIGENTIÆ *peccata, etiam per ſacrificia quædam legis videbantur expiari: aliud* INTELLIGERE VELLE, NEC POSSE, *& facere contra legem,* NON INTELLIGENDO *quid fieri velit. Unde admonemur à Deo petere ſapientiam*. Or il marque en d'autres endroits, que ni l'une ni l'autre n'excuſe de péché, pas même la derniere, qu'on peut appeler *involontaire & invincible*, non plus que la premiere, qu'on peut appeler *volontaire & vincible*.

Lett. 194. auparav. 107. n.27. Rien n'eſt plus exprès que ce qu'il dit ſur cela en deux endroits de l'Epître à Sixte: *Inexcuſabilis eſt omnis peccator vel reatu originis, vel additamento etiam propriæ voluntatis, ſivè qui novit, ſivè qui ignorat, ſivè qui judicat, ſivè qui non judicat; quia ipſa ignorantia in eis qui intelligere noluerunt, ſine dubitatione peccatum eſt; in eis autem* QUI NON POTUERUNT, *pœna peccati. Ergo in utriſque non eſt juſta excuſatio, ſed juſta damnatio*.

Et un peu après: *Neque ab illo* (vitio) *quod originaliter contrahitur: neque ab his, quæ unuſquiſque in vita propria, vel non* INTELLIGENDO, *vel* NOLENDO *intelligere mala congregat, vel etiam inſtructus ex lege additamento prævaricationis exaggerat, quiſquam liberatur & juſtificatur, niſi gratiâ Dei per Jeſum Chriſtum Dominum Noſtrum*.

Voilà un des principaux points de la doctrine de S. Auguſtin; qu'il n'y a point d'ignorance de la loi naturelle qui excuſe de péché, pas même celle qui auroit été involontaire, & qu'on n'auroit pas pu ne point avoir.

Notre Ami ſuppoſe au contraire, que ceux qui ignoreroient invinciblement la loi naturelle, la violeroient ſans être coupables d'aucun péché: ce qu'il appelle la *violer innocemment*. Il eſt vrai qu'il a cru remédier aux inconvéniens que l'on pourroit tirer de-là, pour excuſer beaucoup de crimes, lorsqu'il ajoute: *qu'il ne peut y avoir d'ignorance invincible des* VII. Cl. *principaux préceptes de cette loi.* Mais ce remede a deux défauts: l'un, N. XIV. qu'il est fort imparfait, ne s'étendant pas à tous les préceptes de la loi naturelle, mais seulement aux principaux. L'autre, qui est plus de notre sujet, est, qu'il prétend, que la raison pourquoi on ne peut pas dire, que ceux que personne n'auroit instruits de ces devoirs, *les ignoreroient invinciblement, & les pourroient, par conséquent, violer innocemment,* est, *que nous les voyons dans une nature immuable, toujours présente à l'esprit de tous les hommes, de quelque âge & de quelque pays qu'ils soient.*

Car il s'ensuit de-là, qu'ils pourroient être ignorés invinciblement, & par conséquent violés, sans que leur transgression pût être imputée à péché, par ceux qui ne les auroient point vus dans cette nature immuable, toujours présente à l'esprit de tous les hommes.

Or il y a une infinité de Payens, qui n'ont point vu dans cette nature immuable, que l'union des deux sexes, hors le mariage, est toujours péché.

Qui n'y ont point vu, que c'étoit un crime énorme de faire les choses, que S. Paul condamne avec tant de force dans le premier Chapitre de l'Epitre aux Romains.

Qui n'y ont point vu, que ce fût un crime aux peres, pour quelque cause que ce soit, de tuer leurs enfants nouvellement nés.

Ils auroient donc pu ignorer invinciblement ces préceptes de la loi naturelle, &, par conséquent, les violer sans être coupables d'aucun péché.

On peut dire la même chose des principaux préceptes de la loi naturelle, tels que sont ceux qui regardent Dieu.

Tant de nations, qui n'ayant eu aucune connoissance du vrai Dieu, ont transféré à la créature l'honneur dû au Créateur, en adorant comme leurs Dieux, ou les astres, ou des hommes morts, ou toutes sortes d'idoles, avoient-ils vu, dans cette nature immuable, toujours présente à l'esprit de tous les hommes, qu'il n'y avoit qu'un seul Dieu, Créateur du ciel & de la terre, qu'il falloit adorer, aimer, invoquer? Or s'ils n'ont point vu, dans cette nature immuable, ces devoirs indispensables des natures intelligentes envers Dieu, ils n'ont donc commis aucun péché en faisant tout le contraire.

On peut voir par un livre des Récollets, du *premier établissement de la foi dans la Nouvelle France* (a), en quel état ils ont trouvé ces peuples lorsqu'ils y sont arrivés, & s'il y a de l'apparence qu'ils eussent vu

(a) [Cet ouvrage fut imprimé en 1691. M. Arnauld en a donné de longs extraits dans le VII. Volume de la Morale Pratique, III. Part. Chap. X & suiv.]

VII. Cl. tant de belles choses, que notre Ami dit que nous voyons dans cette
N. XIV. nature immuable, toujours présente à l'esprit de tous les hommes, de quelque âge & de quelque pays qu'ils soient.

 Je ne vois que deux choses que notre Ami pourroit répondre. La premiere seroit de dire, que je suppose de nouveau, ce que, dès le commencement, il a témoigné ne me pouvoir accorder, qui est, qu'on ne soit censé voir ces choses dans cette nature immuable, toujours présente à l'esprit de tous les hommes, que quand on s'apperçoit qu'on les y voit; au lieu qu'il m'a soutenu, que c'étoit assez qu'on vit tout cela par des pensées imperceptibles.

 Mais ce seroit en vain qu'il auroit recours à ces pensées imperceptibles, après ce que j'en ai dit dans les Articles V & VI. Et rien ne seroit plus absurde que de les employer en ce cas-ci. Car que diroit un Chinois, qui auroit fait mourir une fille qui lui seroit nouvellement née, si un Métaphysicien, du sentiment de notre Ami, lui disoit: Vous seriez excusable de n'avoir pas observé la loi naturelle, qui vous défendoit de faire mourir votre enfant, si vous n'aviez rien su de cette loi; mais vous n'êtes pas excusable, parce que, sans doute, vous l'aviez vue, cette loi, dans une nature immuable, toujours présente à l'esprit de tous les hommes. Il n'est point vrai, lui diroit le Chinois, que j'aie vu cette loi dans une nature immuable, que vous dites être toujours présente à l'esprit de tous les hommes: car je n'ai jamais eu la moindre pensée de ce que vous entendez par cette nature immuable, non plus que de la loi que vous me reprochez de n'avoir pas observée. Il n'importe, lui diroit le Métaphysicien, que vous n'ayiez eu aucune pensée, ni de cette nature immuable, ni de la loi qui vous défendoit cette méchante action. Vous ne laissez pas de l'avoir vue; mais ç'a été sans vous appercevoir que vous la voyiez. En quoi donc, lui repliqueroit le Chinois, serois-je plus inexcusable pour l'avoir vue, sans m'appercevoir que je la visse, que si je ne l'avois point vue? Mais j'ajoute à tout cela, qu'à l'égard de l'esprit, c'est une réverie de dire, qu'on voit une chose sans s'appercevoir qu'on la voit.

 La seconde chose que pourroit répondre notre Ami, est, que si ces Payens n'ont pas vu plusieurs de ces devoirs de la loi naturelle dans cette nature immuable, il n'a tenu qu'à eux de les y voir; parce qu'elle est *toujours présente à l'esprit de tous les hommes, de quelque âge & de quelque pays qu'ils soient*, & qu'ainsi leur ignorance n'a pas été invincible.

 Mais cette réponse ne peut tromper que par l'équivoque du mot de *présent*, qui se prend autrement dans la vue du corps que dans la vue
Chap. IV. de l'esprit, comme on l'a fait voir dans le livre *des vraies & des fausses*

Idées. Pour la vue du corps, on dit qu'un objet nous eſt préſent quand il eſt dans une diſtance proportionnée à notre vue, de forte que nous n'avons qu'à tourner les yeux vers cet objet pour le voir; ce qui peut être appellé une préſence locale. Mais une préſence locale ne contribue rien du tout à faire dire, qu'une choſe eſt préſente à mon eſprit. Comme ſa nature eſt de penſer, rien n'y eſt préſent que par la penſée. Ainſi la Loi de Dieu eſt préſente à mon eſprit, quand j'y penſe; & elle ceſſe d'y être préſente, quand je ceſſe d'y penſer; & elle n'y a jamais été préſente, ſi je n'y ai jamais penſé. Ni la diſtance, ni la proximité des lieux n'y fait rien. Le ſoleil eſt préſent à mon eſprit, quand je penſe au ſoleil, ou que je le regarde en y penſant: car ſi je le regardois des yeux du corps, ayant l'eſprit occupé à autre choſe, il ne ſeroit point préſent à mon eſprit. Mais il y eſt préſent quand j'y penſe, quoiqu'il ſoit éloigné du lieu où je ſuis de plus de trente millions de lieues, ſelon M. Caſſini. Quoique M. Deſcartes ait cru, que la glandule pinéale étoit le principal ſiege de notre ame, il n'a pas cru, ni dû croire, qu'elle ait été préſente à l'eſprit de ceux qui n'ont jamais ouï parler de cette glandule. Je voudrois donc bien ſavoir ce qu'on entend par ce langage myſtérieux: *Nous voyons les principaux préceptes de la loi naturelle dans une nature immuable, toujours préſente à l'eſprit de tous les hommes.* La préſence locale n'y fait rien. Qu'eſt-ce donc que cette préſence à l'égard de ceux qui n'ont aucune penſée de cette nature immuable, dans laquelle on dit que ſe voit la loi naturelle? Il eſt clair que l'on ne ſe l'eſt imaginé préſente à l'eſprit de tous les hommes, que parce qu'on a transféré mal-à-propos à la vue de l'eſprit ce qui ne convient qu'à la vue des yeux corporels.

VII. Cl. N. XIV.

On dira peut-être, que cela ſignifie ſeulement, que tous ces Payens & ces Iroquois, qui n'ont eu aucune penſée de la loi naturelle, l'ont pu voir dans cette nature immuable, & qu'il n'a tenu qu'à eux qu'ils ne l'y aient vue. Autre myſtere que j'entends auſſi peu: car on m'a ſouvent repréſenté cette *nature immuable*, ou cette forme primitive de la vertu, comme une lumiere, qui, ſans que nous nous en mélaſſions, frappe nos eſprits de ſes rayons. Et maintenant on nous dit, qu'il n'a tenu qu'aux Iroquois, qu'elle n'ait rayonné dans leur eſprit. Que falloit-il donc qu'ils fiſſent, afin qu'elle y rayonnât, ſur-tout avant qu'aucun Chrétien eût abordé en ce pays-là? Qu'on nous le diſe, afin que nous le ſachions, & que nous puiſſions juger par-là de la qualité de leur ignorance, & en quel ſens on pourroit dire qu'elle n'auroit pas été invincible.

Nous en pourrions apprendre quelque choſe de ce que dit notre

VII. Cl. Ami dans le N°. XXVIII, de la confcience & de la fyndérefe. Mais c'eft
N. XIV. dommage que ce qu'il y débite avec tant de confiance, fe trouve faux
par l'expérience d'une infinité de perfonnes.

RÉPONSE.

Quel eft le grand principe de la confcience & de la fyndérefe, & qu'eft-ce qui les rend fi vives & fi délicates dans ceux mêmes, ou qui n'ont jamais guere eu d'inftructions, ou qui ont fait ce qu'ils ont pu pour ne les regarder, que comme de vains préjugés dont on les a fauffement préoccupés? C'eft la préfence de cette loi éternelle & de cette juftice immuable, QUI LUIT SANS CESSE DANS L'ESPRIT MÊME DES IMPIES. *Les manieres d'être de l'ame peuvent fe changer avec le temps. Les traces des inftructions peuvent s'effacer & s'abolir abfolument, faute de rappeller les idées qu'on y a jointes. Mais la loi naturelle, du moins quant à fes principales regles, ne peut jamais s'oublier; parce que toujours préfente à l'efprit, elle ne manque guere à y faire impreffion dans les occafions qui fe préfentent de la violer.*

REPLIQUE.

Si le grand principe de la confcience étoit la préfence de cette loi éternelle, & de cette juftice immuable, *qui luit fans ceffe dans l'efprit même des impies*, il ne fe trouveroit pas tant d'impies qui commettent une infinité de péchés fans aucun remords de confcience. Or à la honte du genre humain, il s'eft trouvé, en tout temps, une infinité d'impies & de débauchés, qui ne fe tenant heureux qu'autant qu'ils peuvent affouvir leurs brutales paffions, bien loin de ne le faire qu'avec remords, quand ils en ont le moyen, le font avec une joie & une pleine fatisfaction. Il n'eft donc pas vrai, que cette loi éternelle & cette juftice immuable, luife fans ceffe dans l'efprit même des impies.

La raifon qu'il apporte pour confirmer cette penfée, eft une pétition de principe, qui n'a pas la moindre ombre de vraifemblance, & qu'on peut retourner contre lui-même.

Il compare, ce que nous favons par l'inftruction, avec ce qu'il prétend, que nous voyons des préceptes de la loi naturelle dans fa forme primitive, toujours préfente à l'efprit.

Il dit que le premier fe peut oublier: *Les traces,* dit-il, *des inftructions peuvent s'effacer & s'abolir abfolument, faute de rappeller les idées qu'on y a jointes.* C'eft de quoi perfonne ne doute, & ce qui fe peut vérifier par une infinité d'exemples.

Mais la loi naturelle, ajoute-t-il, *au moins quant à fes principales regles, ne peut jamais s'oublier.*

Rien

Rien n'eſt plus brouillé que cette oppoſition, & on ne ſait pas bien VII. Cl. quels en ſont les deux membres. Pour être exacte, il faudroit que ce N. XIV. fuſſent les mêmes vérités de Morale, que l'on ſuppoſât avoir été ſues dans le premier par l'inſtruction, & dans l'autre par la vue de la forme primitive de la vertu, toujours préſente à l'eſprit. Si c'eſt en cette maniere qu'il l'entend, je lui laiſſerai dire tant qu'il voudra, qu'on n'oublie jamais ce qu'on auroit ſu par cette ſeconde voie; parce que je ne connois perſonne qui ait jamais rien appris par-là. Et je ſuis bien aſſuré, que s'il s'en trouvoit qui vouluſſent s'y attendre, & ſe paſſer de l'inſtruction que l'ordre de Dieu veut que nous recevions les uns des autres, ou de vive voix, ou par la lecture, il leur ſeroit aiſé de ne point oublier ce qu'ils auroient appris, parce qu'ils n'auroient rien appris. Mais pour les mêmes vérités de Morale, qu'on auroit appriſes par l'inſtruction, on ne pourra guere les oublier qu'en négligeant entiérement ſon ſalut: car tant qu'on en aura ſoin, on aura ſoin auſſi de les pratiquer & de s'en remplir l'eſprit & le cœur, en entendant ou liſant la parole de Dieu.

Que ſi notre Ami n'a pas été exact dans ſa comparaiſon, & qu'il ait mis dans le premier membre toutes ſortes de vérités néceſſaires & immuables de la doctrine des mœurs, & qu'il n'en ait mis dans l'autre que les principales regles, il eſt bien aiſé de rendre raiſon pourquoi on oublie plus facilement les premieres que les dernieres. C'eſt ce qui arrive dans toutes les ſciences. Leurs principes ſont d'ordinaire des vérités ſi ſimples & ſi claires, qu'elles ſont connues par elles-mêmes, ſans avoir beſoin d'être prouvées: ce qui les rend très-faciles à retenir. Mais il n'en eſt pas de même des concluſions tirées de ces principes, lors ſur-tout qu'on ne les en tire que par d'aſſez longs raiſonnemens. On les oublie aiſément, quand on eſt long-temps ſans s'appliquer à ces ſciences. La Morale a auſſi ſes principes: & c'eſt ce que S. Thomas donne pour objet à la ſyndéreſe, dans la 1. p. q. 79. a. 12. *Principia operabilium nobis naturaliter indita pertinent ad habitum naturalem, quem dicimus ſynderesim.* Que ſi c'eſt-là ce que notre Ami appelle les principales regles de la loi naturelle, & à quoi il borne ce que nous ne pouvons jamais oublier, il n'eſt point néceſſaire de nous renvoyer pour cela ailleurs qu'à nous-mêmes, puiſqu'ils nous ſont *naturaliter indita*, comme les principes des ſciences ſpéculatives. Car il a fallu que les uns & les autres ſoient demeurés dans notre nature après le péché, parce que ſans cela l'homme n'auroit été capable d'aucune ſcience; & que la ſociété humaine n'auroit pu ſubſiſter.

Mais comment peut-on accorder cette reſtriction à l'égard de la loi

VII. Cl.
N. XIV.
naturelle (*du moins quant à ses principales regles*) avec la maxime géné-rale, que toutes les vérités nécessaires & immuables, tant de la Morale que des autres sciences, ne se peuvent voir que dans une nature immuable, toujours présente à l'esprit de tous les hommes? Comment peut-on dire, que le grand principe de la conscience est *la présence de cette justice immuable, qui luit sans cesse dans les esprits même des impies*, si on n'étend cela à toutes les vérités nécessaires de la doctrine des mœurs; puisque, selon lui, on n'en peut voir aucune que dans cette vérité immuable, présente à tous les esprits même des impies?

C'est donc aussi à toutes les vérités nécessaires de la doctrine des mœurs, qu'on doit étendre ce qu'il dit à la fin de cet Article: *Que ce qui fait qu'on ne peut oublier la loi naturelle est, que toujours présente à l'esprit, elle ne manque guere à y faire impression dans les occasions qui se présentent de la violer.* Or cela est si visiblement faux, qu'il n'en faut pas davantage pour renverser le principe que l'on soutient contre moi avec tant de confiance. Et c'est par-là que j'ai résolu de finir cette replique.

Si ce principe étoit véritable, on ne violeroit guere la loi éternelle, que cette loi, toujours présente à l'esprit de tous les hommes, ne fit quelque impression sur l'esprit de ceux qui seroient prêts de la violer.

Or c'est violer la loi naturelle, que de prendre le nom de Dieu en vain, que de le blasphémer, que de cajoler des femmes pour leur donner de l'amour, que de les voir avec un œil impudique.

Il faudroit donc qu'on ne commit guere de ces crimes, sans que la loi éternelle, toujours présente à l'esprit de tous les hommes, ne fit quelque impression sur l'esprit de ceux qui seroient prêts de les commettre pour les en détourner.

Mais pour peu qu'on ait de connoissance de ce qui se passe dans ce monde corrompu, dont S. Jean dit, *Totus mundus in maligno positus est*, on fait évidemment le contraire. On sait qu'il n'y a que trop de libertins qui commettent cent fois le jour de ces sortes de péchés, sans que la loi éternelle, toujours présente, à ce que l'on dit, à l'esprit de tous les hommes, fasse aucune impression sur le leur pour les en détourner. Rien n'est donc plus mal fondé que ce principe, qu'on débite avec tant de confiance.

Cela sera encore plus clair, si de ces méchants Chrétiens on passe aux Payens, avant que l'Evangile leur eût été annoncé. On peut apprendre de leurs Auteurs & de S. Paul, quel étoit parmi eux le débordement des vices, sur-tout d'impureté, & quel étoit sur cela leur aveuglement; ceux qui passoient parmi eux pour les plus vertueux, n'y trouvant point de mal, quand il n'y avoit point de violence & d'injustice, & qu'on évitoit l'excès. Ce seroit donc une étrange rêverie de prétendre, qu'étant persuadés comme ils étoient, qu'il n'y avoit rien que de naturel dans la pente que la corruption de la nature fait avoir à ces plaisirs, il n'arrivoit guere qu'ils les recherchassent hors le mariage, sans que la loi éternelle, toujours présente à l'esprit de tous les hommes, fît quelque impression sur leur esprit pour les en détourner. La plupart des jeunes gens de ce temps-là n'avoit pas sur cela d'autres sentiments que leurs Poëtes. Et on peut juger par ceux-là, si ce leur étoit une chose ordinaire d'avoir du remords, & de s'estimer coupables, quand ils avoient satisfait leur passion. VII. Cl. N. XIV.

Les crimes que commettoient les Idolâtres contre la loi naturelle, par les préjugés de leur fausse Religion, sont une autre preuve de la fausseté de cette pensée: *Que la loi naturelle, toujours présente, ne manque guere de faire impression dans les occasions qui se présentent de la violer.* Faisoit-elle impression dans l'esprit de ces filles, dont Jérémie parle dans sa Lettre, qui se prostituoient en l'honneur d'Astarte ou de Vénus, & qui se glorifioient d'avoir rendu ce culte à leur Déesse plus souvent que leurs compagnes? Faisoit-elle impression sur les adorateurs de Moloch, qui croyoient faire un Acte de Religion, en brûlant des enfants en l'honneur de cette Idole? Faisoit-elle impression sur l'esprit des Mexicains, qui ne sacrifioient aussi que des hommes à leurs fausses Divinités? Baruch. cap. 6.

Cependant, selon notre Ami, si la loi éternelle, toujours présente à l'esprit de tous les hommes, n'avoit fait aucune impression sur l'esprit de ceux dont je viens de parler, leurs crimes auroient été commis par une ignorance invincible: ce qu'il prétend qui les auroit exemptés de péché. C'est donc de lui qu'on doit dire, à moins qu'il ne renonce à ses faux principes: *Bon Dieu, que d'innocents il y auroit au monde, qui passent pour fort coupables!*

En voilà assez, ce me semble, pour conclure, que le sentiment mystérieux, qu'on a trouvé mauvais que je n'aie pas embrassé, est appuyé, d'une part, sur de très-fausses suppositions, & qu'il engage, de l'autre, à des conséquences très-pernicieuses, qui iroient à excuser une infinité de crimes.

[1693.]

FIN du Tome XI.

TABLE.

REgles du bon sens, pour bien juger des Ecrits polémiques dans des matieres de science, appliquées à une dispute entre deux Théologiens, touchant cette question métaphysique: Si nous ne pouvons voir les vérités nécessaires & immuables que dans la vérité souveraine & incréée. p. 153

ARTICLE I. *Diverses sortes de disputes.* . . . . Ibid.
ART. II. *Etat de la question.* 155
§. I. *Quelles choses sont comprises dans cette question: Si on voit de certaines vérités dans la vérité incréée?* 156
§. II. *Vérités ou choses auxquelles cette vérité ne s'étend pas.* . 157
§. III. *Du sens propre de ces mots:* Voir une chose dans une autre. 158
ART. III. *Définitions de S. Thomas.* 160
ART. IV. *Principes & conséquences.* 168
ART. V. *Pensées imperceptibles.* 170
§. I. *Que c'est mal connoître la nature de nos pensées, que de s'en figurer d'entiérement imperceptibles.* 172
§. II. *Préjugés naturels contre les pensées imperceptibles.* . . 173
§. III. *Sophismes qui ont fait croire qu'il n'y a rien de plus commun que les pensées imperceptibles.* 174
§. IV. *Qu'on doit reconnoître en l'homme des actions machinales qui se font sans pensée, & qui par conséquent ne peuvent être une preuve qu'il y ait des pensées imperceptibles.* 177
§. V. *Que de prétendues pensées imperceptibles ne pourroient être d'aucun usage dans la matiere de la Grace.* 178
§. VI. *Que les pensées imperceptibles peuvent encore moins être reçues dans la dispute de la vue des choses en Dieu.* 189
ART. VI. *Instances.* 190
ART. VII. *Des idées.* 200
ART. VIII. *Confiance excessive.* 205
ART. IX. *Bonnes réponses mal réfutées.* 210
ART. X. *Ignorance du droit naturel.* 217
ART. XI. *Equivoques.* 224
ART. XII. *Mauvaises réponses: Vaines déclamations.* . . . 229
ART. XIII. *Dieu conçu comme justice par les Iroquois.* . . 237
ART. XIV. *De l'amour de la justice.* 241
ART. XV. *Fausses suppositions. Pernicieuses conséquences.* . . 248

FIN de la Table.

ŒUVRES
DE MESSIRE
ANTOINE ARNAULD,
DOCTEUR DE LA MAISON ET SOCIÉTÉ
DE SORBONNE.

www.ingramcontent.com/pod-product-compliance
Lightning Source LLC
Chambersburg PA
CBHW050657170426
43200CB00008B/1321